*THE GOD
OF ALL COMFORT*
모든 위로의 하나님

The God of all comfort
by Hannah W. Smith

모든 위로의 하나님

초판 발행   2021년 11월 17일
초판 2쇄   2022년 6월 30일

지은이   한나 스미스
옮긴이   박혜리

발행인   박혜리
발행처   하나님의 사람들
등록   2020년 3월 3일(제409-2020-000015호)
주소   경기도 김포시 풍무로69번길 51(10119)
전화   070-7785-7425 | 팩스 0504-072-0589

홈페이지   www.mogpublisher.com
이메일   info@mogpublisher.com

값은 뒤표지에 있습니다.
ISBN   979-11-91542-15-8

Copyright © 2021, 하나님의 사람들

본 저작물의 모든 내용, 이미지, 디자인, 편집 형태에 대한 저작권은 출판사에 있습니다.

본 저작물에 인용된 성경은 저자가 원저작물에서 사용한 제임스왕역 성경(KJV)의 한글 판본에 해당하는 한글킹제임스성경입니다. 출판사는 저자의 의도를 충실히 반영하기 위해 원저작물에 인용한 성경이 한국어로 번역된 경우 해당 판본을 사용하며, 인용한 판본과 출판사는 관련이 없습니다.

THE GOD OF ALL COMFORT

모든 위로의 하나님

한나 스미스 지음
박혜리 옮김

CONTENTS

이 책을 펴내며　6

───────────────────

1. 그의 이름이 무엇이냐?　22
   What is his name?

2. 모든 위로의 하나님　44
   The God of all comfort

3. 우리의 목자　68
   The Lord our Shepherd

4. 아버지에 관한 말씀　94
   He spake to them of the father

5. 여호와　114
   Jehovah

6. 주는 선하다　138
   The Lord is good

7. 우리의 거처 158
　The Lord our dwelling place

8. 더 많이 vs 더 적게 182
　much more vs much less

9. 자아 성찰 202
　self-examination

10. 흔들리지 않는 것들 224
　Things that cannot be shaken

11. 의심하는 자에게 240
　A word to the wavering ones

12. 낙심 258
　Discouragement

13. 믿음의 함성 282
　The shout of faith

14. 감사 vs 불평 300
　Thanksgiving vs Complaining

15. 그리스도의 형상과 일치하려면 326
　Conformed to the image of Christ

16. 하나님으로 충분하다 352
　God is enough

제 마음은 선한 일을 노래합니다.
왕의 마음에 감동을 주는 것들을 말하지요.

이 책을 펴내며

Why this book has been written

00

 과거에 현명한 불가지론자와 종교를 주제로 이야기를 나누었습니다. 저는 이 불가지론자에게 강렬한 인상을 남기기 위해 부단히 노력했지만, 그는 잠시 동안 제 말에 귀 기울이더니 예상외의 답변을 내놓았습니다. "부인, 차마 이 말밖에는 드릴 말씀이 없네요. 부인과 같은 그리스도인들이 저와 같은 불가지론자, 무신론자가 부인이 믿는 종교로 마음을 돌리길 원한다면 부인 스스로 가지고 계신 것에서 편안해지셔야 해요. 제가 지금까지 만나본 그리스도인들은 장소를 불문하고 어디에서나 불편한 사람들이었어요. 두통을 안고 사는 사람처럼 자기 종교를 이리저리 지고 다니니 당연한 결과지요. 그런데 그런 사람들은 두통을 떨치고 싶어 하지 않을 뿐더러 오히려 그 불편을 감수하더라고요. 저는 그런 종교는 믿고 싶지 않아요."

잠깐의 대화는 수년이 지나도 잊지 못할 교훈이 되었습니다. 이 책을 쓰게 된 이유도 이 때문이지요.

이 대화를 나눌 당시에 저는 영적으로 매우 어린 그리스도인이었습니다. 구원의 기쁨, 첫 기쁨을 맛본 지 얼마 되지 않은 시기였기에 불가지론자의 주장처럼 하나님의 자녀들이 종교로 인해 불편하게 산다는 말을 도무지 믿을 수가 없었지요. 하지만 시간이 흘러 매일의 의무와 책무에 둔감해지는 침체기에 이르렀을 때 스스로의 경험과 주변 그리스도인들의 경험을 통해 그 불가지론자의 주장이 완전히 틀린 말은 아니라는 걸 알게 되었습니다. 진정 우리의 신앙생활은 불편했고 불안했습니다. 하루는 그리스도인 친구와 이에 관한 서로의 경험을 나누는데, 친구의 입에서 이런 말이 나왔습니다. "우리가 믿는 종교가 우리를 불행하게 하는 거 같아."

전혀 다른 간증을 기대했건만, 친구의 입에서 나온 말은 실망 그 자체였습니다. 순간, 종교와 신앙이 심각한 모순처럼 보였습니다. 성경에서는 신앙이 실제로 사랑, 기쁨, 화평의 열매를 낸다고 되어 있는데 제가 본 모습은 그 정반대였으니까요. 절망적이게도 신앙이, 종교가 온갖 종류의 불편, 갈등, 불안, 두려움, 의심의 열매를 내고 있었습니다. 무엇이 문제인지 알아야 이 매듭을 풀 수 있습니다. 그래서 저는 스스로에게 물었습니다. 분명, 하나님께서는 당신의 멍에는 쉽

고 짐은 가볍다고 하셨는데 왜 하나님의 자녀들은 불편한 종
교 생활, 신앙생활을 하고 있을까? 왜 우리는 극심한 영적 의
심과 불안으로 괴로워할까? 왜 우리는 하나님께서 우리를 진
정으로 사랑하신다는 말씀에 확신하지 못할까? 왜 우리는 하
나님의 선의와 보살핌을 지속적으로 믿지 못할까? 어째서 우
리는 어려운 시기가 닥치면 하나님께서 우리를 잊으셨다고,
버리셨다고 의심할까? 이 땅의 친구들은 신뢰하면서 왜 하늘
에 있는 친구는 신뢰하지 못할까? 이 땅의 친구들과는 편안
히 교제하면서 왜 하나님은 편안히 섬기지 못할까?

저는 이 질문의 답을 찾았습니다. 그래서 제 관점을 솔직
하게 이 책에 적었지요. 제 글이 어려움을 겪는 그리스도인
들에게 조금이나마 위로가 되었으면 합니다. 제 생각은 이러
합니다. '주 예수 그리스도를 믿는 신앙은 충만한 위로를 위
해 존재한다.' 신약 시대의 편견 없는 독자라면 누구나 이 생
각에 동의할 거라고 확신합니다. 또한, 구원의 첫 기쁨을 맛
보고 새로워진 혼들도 이 고백을 충분히 예상했으리라고 믿
습니다. 그러나 제 고백에도 불구하고 다수의 그리스도인은
여전히 종교와 신앙으로 인해 생활에 불편을 느끼고 있을 테
지요. 그런 상태에 대한 책임은 누구에게 있을까요? 주님일
까요? 주님께서는 분명 주실 수 있는 것보다 더 많은 복을 약
속하지 않으셨나요?

한 작가는 이렇게 말합니다. "우리는 과대 광고가 무엇인지 알고 있다. 그것은 마치 모두가 앓고 있는 20세기의 질병과도 같다. 광고판에는 각종 포스터가 붙어있고 밋밋한 벽에는 허위 과대 광고로 가득 찼으며 그럴듯한 설명과 사칭이 난무한다. 우리가 보는 광경은 아무개의 씨앗에서 자라난 믿을 수 없는 열매와 꽃들이다. 모든 게 과장되어 있다. 천국도 다를 바 없는 것일까? 왕국의 좋은 씨앗에서 자라난 열매가 그 씨앗을 준 하나님의 말씀을 입증할까? 하나님이 우리를 속였던 걸까? 그리스도께서는 줄 수 있는 것 이상의 것을 복음으로 주셨다는 느낌이 든다. 사람들은 하나님의 자녀가 되면 뒤따르는 선물들, 예상할 수 있는 일들이 정확히 무엇인지 알지 못한다고 생각한다. 왜 그럴까? 천국이 과장된 걸까 아니면 믿음이 부족한 탓일까? 주 예수 그리스도가 과대평가된 걸까 아니면 신뢰가 부족한 탓일까?"

제가 이 책을 통해 부족한 역량으로나마 보여드리고 싶은 건 제가 굳게 믿고 있는바, 곧 '천국은 과장될 수 없을뿐더러 주 예수 그리스도 역시 과대평가될 수 없다'는 진리입니다. 눈으로 본 적도 없고 귀로 들은 적도 없으며 사람의 마음속에 들어가 본 적도 없지만 이 점은 확실합니다. 하나님께서는 자신을 사랑하는 자들을 위해 많은 선물을 예비해 놓으셨습니다. 실상, 우리 삶에 어려움이 닥치는 건 대부분 우리의 믿음과 신뢰가 부족한 탓이지요.

그러니 주 예수 그리스도를 믿는 신앙에 깊고 영원한 혼의 화평과 위로가 있다는 점을 최선을 다해 보여드리겠습니다. 지상의 그 어떤 것도 혼의 화평과 위로를 깨뜨릴 수 없습니다. 진정 복음을 받아들인 자만이 누릴 수 있는 몫이지요. 여기서 한 걸음 더 나아가봅시다. 이것이 정말 우리의 정당한 몫이라면 우리는 그 몫을 어떻게 활용해야 할까요? 그 몫을 누리지 못하게 방해하는 것에는 무엇이 있을까요? 이 문제에는 하나님의 역할과 인간의 역할이 있습니다. 그리고 우리는 두 역할 모두를 주의 깊게 보아야 합니다.

*

일화를 하나 말씀드리지요. 선교회에 참석했다가 주님께로 이끌리어 행복한 그리스도인이 된 이후로 모범적인 생활을 하고 있던 한 청년은 구원을 위해 무얼 했냐는 질문을 받았습니다. 청년의 대답은 이러했습니다. "아, 저는 제 역할을 했고 주님은 주님의 역할을 했지요."
"당신의 역할은 무엇이고 또 주님의 역할은 무엇인가요?" 질문자가 다시 질문을 던졌습니다.
"제 역할은 도망치는 거였고 주님의 역할은 제가 그분의 손에 붙잡힐 때까지 쫓아오시는 거였지요." 정말 훌륭한 답변입니다. 그러나 이 답변을 이해할 수 있는 사람은 거의 없습니다.

하나님의 역할은 항상 우리를 쫓아오는 겁니다. 그리스도께서는 잃어버린 자를 찾고 구원하러 오셨습니다. 주님께서는 이렇게 말씀하셨습니다. **너희 가운데 누가 양 일백 마리를 가졌는데, 그중 한 마리를 잃었다면 아흔아홉 마리를 광야에 두고 그 잃어버린 양을 찾을 때까지 찾아다니지 아니하겠느냐? 그러다가 그가 그 양을 찾으면 자기 어깨에 메고 기뻐하리라.** 이 말씀은 항상 큰 울림을 주지만 우리의 어리석음 때문에 온전히 이해하지 못하곤 합니다. 자, 위 전제를 바꿔볼까요? 주님을 잃어버린 양으로 두고 주님을 찾는 게 우리의 역할이라고 쳐봅시다. 말이 안 되는 상황이지만 놀랍게도 우리는 이런 실수를 자주 범합니다. 생각해보세요. 우리는 죄인들에게 "주님을 찾으라고" 충고하고 어떻게 그분을 "찾았는지" 이야기합니다. 열성적인 소녀 전도사에게 "구세주를 찾았니?"라고 물어보세요.

분명, 화들짝 놀라며 "네? 저는 구세주가 잃어버린 양인 줄 몰랐는데요!"라고 답할 겁니다.

하나님에 관한 우리의 무지가 초래한 결과입니다. 하나님을 알지 못하기 때문에 잘못된 개념을 계속해서 쌓아가고 있지요. 하나님에 관한 우리의 생각은 대개 이렇습니다. 우리의 사소한 실수까지도 감시하고 있는 성난 심판자, 최상의 섬김을 바라고 강제로 거둬가는 엄한 감독관, 충만한 영광과 찬양을 요구하는 자아 도취한 신, 자기 일만 신경 쓰고 우리의 행복에는 무관심한 아득한 통치자. 그런 하나님을 누가 사랑하고 신뢰할 수 있겠어요? 하나님을 그런 분으로 생각하는 그리스도인이 어떻게 불행하지 않을 수 있겠어요?

  분명히 말하지만, 하나님에 관해 거북한 개념을 가진 사람은 결코 그분을 온전히 알 수 없습니다. 반박의 여지가 없지요. 표면상으로는 불편해 보이고 지상의 슬픔과 시험이 닥쳐온다 해도 하나님을 진정으로 아는 혼은 완벽한 화평의 요새에 은밀히 거합니다. 주님은 이렇게 말씀하셨습니다. **내게 경청하는 자는 누구나 안전하게 거할 것이요, 악의 두려움에서 벗어나 편안하리라.** 그 누구도 이 말씀에 토를 달 수 없습니다. 진정 우리가 하나님께 경청한다면, 그분의 말씀을 들을 뿐만 아니라 들은 것을 믿는다면 뒤따르는 진리를 모를 수가 없습니다. 그분은 하나님이십니다. 그저 우리를 눈동자처럼 지켜보고 돌보실 뿐이지요. 그분의 다정한 사랑과 거룩한 지혜는 우리를 행복하게 합니다. 지금껏 그래왔고 앞으로도 그럴 겁니다. 하나님을 아는 혼에는 걱정이나 두려움이 들어올 구멍이 단 하나도 존재하지 않으니까요.

  여러분은 제 말에 이렇게 답하실 수도 있습니다. "아, 그렇군요. 근데 어떻게 해야 하나님을 알 수 있는 건가요? 다른 사람들은 하나님을 알게 되는 내적 계시 같은 걸 받는 거 같던데 전 그런 적이 없거든요. 아무리 기도를 해봐도 눈앞이

캄캄해요. 저도 하나님을 알고 싶어요. 근데 방법을 모르겠어요."

문제는 여러분이 하나님을 아는 것이 무엇인지, 적어도 안다는 의미 자체에 관해 잘못된 생각을 갖고 있다는 겁니다. 하나님을 안다는 건 신비로운 내적 계시가 아닙니다. 물론, 그런 계시를 받으면 기쁘겠지만, 여러분 마음대로 할 수 있는 일도 아닐뿐더러 때때로 불확실하고 불완전합니다. 하나님을 안다는 건 사실에 근거한 하나님의 성품과 특징을 아는 걸 말합니다. 그래서 우리는 성경에서 제시하는 하나님의 성품과 특성을 믿음으로써 하나님을 알아가지요. 요한 사도는 복음서를 마무리하면서 자신의 기록에 관해 이렇게 말합니다. **실로 예수께서는 그의 제자들의 면전에서 이 책에 기록되지 아니한 다른 많은 표적을 행하셨으나 다만 이것들을 기록한 것은 너희로 예수가 그리스도, 곧 하나님의 아들이심을 믿게 하려는 것이요, 또 믿음으로써 그의 이름을 통해 생명을 얻게 하려 함이라.** 문자 그대로 복음서는 단순히 보여주려고 기록한 것이 아니라 믿음을 위해 또 예수님의 이름을 믿음으로써 생명을 얻게 하려고 기록된 겁니다. 즉, 기록된 걸 믿음으로써 알게 되는 거지요. 이것이 바로 '아는 것'의 참 의미입니다.

현실적으로 보면 저도 "**하나님은 사랑이라**"는 성경 말씀을 읽었을 때 그저 그렇게 "기록되어있다"는 이유로 사실 그대로로 받아들였고 믿었습니다. 그 말씀이 진리라는 내적 계시를 받아서 믿은 게 아니었지요. 성경에서 하나님이 들의 백합화들과 공중의 나는 새들처럼 우리를 돌보고 우리의 머리카락까지도 다 세어 두셨다고 말하면 저는 기록되어있는 그대로를 믿었습니다. 내적 계시를 받았든 받지 못했든 그건 중요한 게 아니었지요.

*

성경의 진술이 이론인지 사실인지를 따지는 것보다 그 말씀 있는 그대로 이해하는 게 가장 중요합니다. 성경에 기록되어 있기 때문에 그 말씀이 진리가 아닌 게 아니라 진리이기 때문에 성경에 기록된 거니까요. 하루는, 아메리카 신대륙 발견에 관해 공부하던 한 소년이 아버지에게 물었습니다. "아버지, 제가 콜럼버스였다면 큰 어려움 없이 아메리카 대륙을 발견했을 거예요."

"그래? 너라면 어떻게 찾을 거니?" 아버지가 물었습니다.

"아, 그냥 지도를 보고 찾으면 되지요." 소년이 답했습니다. 이 소년은 지도가 이미 알려진 장소를 그림으로 그려둔 종이라는 걸 알지 못했습니다. 당시 지도에는 아메리카 대륙이 없었습니다. 존재한다는 사실이 밝혀지기 전까지는 지도에 그릴 수 없으니까요. 성경도 이와 같습니다. 지도처럼 사실을 진술해 놓은 책이지요. 성경에서 하나님이 우리를 사랑한다고 말하면 오로지 사실만을 말한 겁니다. 이미 사실로 드러난 것이 아니라면 성경에 기록될 수가 없으니까요.

참으로 놀라운 발견이었습니다. 이 개념을 깨닫고 나서 주 예수 그리스도의 구원에 관한 성경의 계시 중에서 불확실했던 부분, 추측으로 남겨 두었던 부분이 즉시로 해결되었을 뿐만 아니라 하나님에 관해 기록된 성경 말씀이 논쟁의 여지 없이 참이라는 사실을 확신하게 되었지요. 이제 우리는 믿을 수 있습니다. 더 나아가 믿자마자 기록된 말씀이 참이라는 걸 알게 될 겁니다. 내적 계시는 우리의 영역 밖이지만, 정상적인 사람이라면 누구나 기록된 말씀을 믿을 수 있습니다. 처음에는 있는 그대로를 믿는다는 게 너무 적나라하게 느껴질 수도 있지만, 꾸준히 해보면 복된 내적 계시를 경험하게 되고 머지않아 하나님에 관한 지식으로 인해 삶이 변화할 겁니다. 이런 종류의 지식은 우리에게 확신을 주고 마음의 확신은 그 어떤 내적 계시보다도 뛰어나며 지속적인 기쁨을 줍니다. 내적 계시는 당사자의 건강 상태에 따라, 다른 여러 상황에 따라 뒤틀릴 수도 있지만, 확신은 변하지 않습니다. 어떤 사람이 [2+2=4]라는 명제를 확신한다고 가정해봅시다. 아마 그 사람은 소화불량과 간 질환에 걸려도, 동풍이 불고 무슨 일이 일어나도 정신병에만 걸리지 않는다면 자기 확신을 뒤엎지 않을 겁니다. 그 사람은 소화불량이 왔을 때도, 소화기관이 제 역할을 잘할 때도 그 명제가 참이라는 사실을 잘 알고 있을 겁니다. 확신은 지식에서 오며 감정이 좋든 나쁘든, 건강이 좋든 나쁘든 상관 없습니다. 상황은 지식을 바꿀 수 없습니다.

저는 독자 여러분이 명백한 사실에 기반하여 하나님을 알고 그 지식을 통해 확신에 이르게 하기 위해 이 책을 썼습니다. 우선, 신학상 혹은 교리상으로 접근하지 않고 실제 현실에서 우리 각자의 아버지와 하나님으로서 하나님이 어떤 분인지를 보여드리고 그분을 아는 데 있어 주된 방해 요인들을 알려드리겠습니다.

*

있는 그대로의 하나님을 알게 되면 괴로운 마음에 확실한 위로와 화평이 찾아오게 됩니다. 이 점은 의심의 여지 없이 분명합니다. 독자 여러분 중 괴로운 마음을 가진 분이 있다면 꼭 하나님을 알아 위로를 받길 바랍니다. 욥의 친구는 욥의 격한 불평을 듣고 이런 말을 남겼습니다. **지금 너는 그분과 친하니 맘을 편히 하라. 그리하면 복이 네게 임하리라.** 우리 주님의 마지막 기도를 보세요. **영생은 이것이니, 곧 사람들이 유일하시고 참 하나님이신 아버지와 아버지께서 보내신 예수 그리스도를 아는 것이옵니다.** 중요한 건 스스로를 알고 내가 누구인지, 내가 무얼 하는지, 내가 어떤 감정을 느끼는지 아는 게 아니라 하나님을 알고 그분이 어떤 분인지, 어떤 일을 하는지, 어떤 감정을 느끼고 계시는지를 아는 겁니다. 위로와 화평은 스스로를 아는 것에서, 나에 관한 지식에서 비롯된 게 아닙니다. 하나님을 아는 지식에서 오는 거지요.

여러분이 종교적인 의무라 부르는 일을 하고 열성적으로 헌신한다 해도 여전히 불행에서 헤어나오지 못할 수도 있습니다. 하나님을 아는 것만이 우리 마음에 쉼을 줄 수 있으니까요. 결국, 우리의 모든 구원은 마지막 순간까지 하나님께 달려있습니다. 반드시 그분만이 우리의 위로가 되어야 합니다. 신뢰할 수 있는 유일한 분이지요. 우리가 위험한 항해를 계획 중이면 우선 선장에게 중대한 문제를 보고하고 물을 겁니다. 기본적으로 신뢰할 수 없는 사람이 선장이라면 아무리 개인의 능력이 출중하다고 해도 안전한 항해를 하기란 매우 어렵습니다. 각자의 기질보다는 선장의 기질이 항해에 큰 영향을 미치니까요.

제 부족한 글을 통해 독자 여러분의 불안한 마음에 확신이 생기고 불편하고 슬픈 종교 생활에서 벗어나 확실한 유산, 곧 사랑과 기쁨과 화평의 왕국에 들어가게 된다면 이 책은 제 역할을 다 한 겁니다. 그러면 저는 주님께 이렇게 고백할 수 있겠지요. "주여, 주의 말씀대로 이제 주의 종을 평안히 가게 하소서. 이는 내 눈으로 주의 구원을 보았고 내 펜으로 그 구원을 말했기 때문입니다."

그러나 분명히 짚고 넘어가야 할 부분이 있습니다. 이 책은 우리 신앙에 대해 비판적이거나 신학적으로 접근하지 않으며 성경의 진위에 관한 의문을 다루지 않습니다. 그런 문제는 더 능력 있는 분들이 다루실 테니까요. 제 책은 주 예수 그리스도를 믿는다고 고백하고 하나님의 계시로 성경을 받아들인 저와 같은 사람들을 위해 마련된 겁니다.

그러니 비판적인 의문은 제쳐두고 믿음의 필수적인 결과, 그 결과를 이루어낸 성도들, 그 성도들이 어떻게 개인적으로 그 결과를 깨달았는지에 관해서만 말하도록 하겠습니다.

제 글에 실수가 있을 수도 있습니다. 독자 여러분이 너그러운 마음으로 실수도 품어 주기 바랍니다. 다만, 누구나 이해할 수 있도록 서술한 문장은 실수가 아닙니다. 예를 들면 이런 문장 말이지요. '우리가 하나님을 잘 알게 되면 신앙생활에 기쁨, 화평, 위로가 넘칠 겁니다. 분명 그럴 겁니다.'

모세가 하나님께 말씀드리기를
"보소서, 내가 이스라엘 자손에게 가서
'너희 조상들의 하나님께서
나를 너희에게 보내셨다.'
라고 그들에게 말할진대
그들이 내게 말하기를
'그의 이름이 무엇이냐?'하면,
내가 무엇이라고 그들에게 말하리이까?"

01

그의 이름이 무엇이냐?

What is his name?

01

 인류의 모든 세대가 마음에 품고 있는 중요한 질문입니다. "그의 이름이 무엇이냐?"

 인류의 모든 운명은 이 질문에 달려있습니다.

 익히 알고 있듯 한 국가의 형세는 통치자의 성품에 달려 있고 군대의 상태는 지휘관에게 달려 있습니다. 이는 정부의 힘이 강하고 절대적일수록 필연적이지요.

 그러니 우리는 우주의 모든 것이 그 우주의 존재를 결정하는 통치자와 창조자의 손에 달려 있다는 사실, 인류의 모든 행복이 인류의 존재를 결정하는 창조주의 성품과 밀접한 연관이 있다는 사실을 볼 수 있어야 합니다. 우리를 창조한 하나님이 선한 신이라면 만물은 필연적으로 우리에게 선한 영향만 줄 수 있으며 모든 걸 마음껏 누려도 문제가 없습니다. 선한 신은 선한 일만 할 수 있으니까요. 그러나 하나님이 악한 신, 무관심한 신, 냉혹한 신이라면 우리는 분별력이 흐려져 선한 것이 무엇인지 알 수 없고 얻을 수도 없습니다. 어디를 가도 위로나 화평을 찾을 수 없겠지요.

화평과 위로는 하나님 안에서만 찾을 수 있습니다. 그리고 이를 위해 우리는 그분의 이름이 무엇인지, 풀어 말하면 그분의 성품이 어떠한지를 알아야 합니다. 즉, 어느 정도는 하나님에 관해 알아야 한다는 거지요.

성경에서 이름은 항상 성품을 뜻합니다. 무작위로 주어지는 게 아니라 그 사람의 성품이나 사역의 방향성을 고려해서 붙여지지요. 크루든 Cruden 성구사전에서는 하나님의 이름들이 그분이 어떤 분인가를 보여줄 뿐만 아니라 성경을 통해 그분의 속성, 목적, 영광, 은혜, 사랑, 지혜, 힘, 선을 보여준다고 말합니다. 하나님의 이름들을 자세히 공부하다 보면 이 말이 무슨 뜻인지 분명히 이해하게 될 겁니다.
그렇기 때문에 이스라엘 자손의 질문, "그의 이름이 무엇이냐?"라는 물음에는 그 저의에 "네가 말하는 하나님이 누구냐? 그의 성품, 속성은 무엇이냐? 그는 무슨 일을 하느냐? 그가 누구냐?"라는 의문이 깔린 겁니다.

시편의 저자는 이렇게 말합니다. **주의 이름을 아는 자들은 주를 의지하리니 이는 주여, 주께서 주를 찾는 자들을 버**

리지 않으셨음이니이다. 주의 이름은 견고한 망대라, 의로운 자는 그 안으로 달려가 안전하니라. 주의 이름을 아는 자들은 주를 신뢰하리라. 이스라엘 자손 역시 시편의 저자처럼 그분의 이름을 알면 그분의 성품과 속성뿐만 아니라 그분이 온전히 신뢰할 수 있는 하나님이라는 사실을 알게 되기 때문에 그분을 의지하는 것 외에는 달리 할 수 있는 게 없습니다. 수많은 그리스도인이 불편하고 불안한 이유가 바로 여기에 있습니다. 하나님의 이름을 알지 못하기 때문이지요. 의심의 여지가 없습니다.

어떤 이들은 병거를 의지하고 어떤 이들은 말을 의지하나, 우리는 주 우리 하나님의 이름을 기억하리로다. 그들은 굽어 엎드러졌으나 우리는 일어나 바로 서는도다. 이스라엘 민족은 이스라엘의 하나님이 "주"라는 사실을 믿기 때문에 옛 이스라엘에 관한 말씀을 읽을 때 위와 같은 표현이 반복적으로 나타납니다. 자기들의 하나님이 주이신 민족은 복이 있으며 주께서 자기 유업으로 택하신 백성은 복이 있도다. 오 주여, 우리가 우리 귀로 들은 모든 것에 의하면 주와 같은 이가 없고 주 외에는 어떤 하나님도 없음이니이다. 땅의 어떤 민족이 주의 백성 이스라엘과 같으리이까? 하나님께서는 주께서 이집트에서 구속해 내신 주의 백성 앞에서 민족들을 몰아내심으로써 위대하시고 두려우신 이름을 얻으셨나이다. 주께서 주의 백성 이스라엘을 영원히 주의 백성으로 삼으셨으니 주여, 주께서 그들의 하나님이 되셨나이다. 주께서 자기들의 하나님이신 백성은 행복하도다.

자기들의 하나님이 "주"인 백성, 민족은 복이 있습니다! 이스라엘의 모든 복과 행복은 그들의 하나님이 "주"라는 사실에서 오니까요. 여러 특권 중에서 거의 유일하게 반복적으로 언급되는 만큼 이스라엘에게는 매우 중요한 특권이라 할 수 있습니다. 이스라엘의 하나님이 주 여호와라는 사실은 그 자체로도 이스라엘이 받은 수많은 복을 설명하기에 충분합니다.

그러니 모든 질문 중의 질문은 "그의 이름이 무엇이냐?"라고 할 수 있습니다. 하나님께서는 이 질문에 이렇게 답하셨습니다. 하나님께서 모세에게 말씀하시기를 "나는 곧 나니라." 하시고, 또 말씀하시기를 "너는 이스라엘 자손들에게 이같이 말할지니 '나이신 분께서 나를 너희에게 보내셨다.' 하라." 하시니라. 하나님께서 모세에게 또 말씀하시기를 "너는 이스라엘 자손에게 이같이 말하기를 '너희 조상의 주 하나님, 즉 아브라함의 하나님, 이삭의 하나님, 야곱의 하나님께서 나를 너희에게 보내셨느니라.' 하라. 이것이 나의 영원한 이름이요 이것이 모든 세대에게 나의 기념이 되리라.

요한복음에서 그리스도께서는 "나"라는 이름을 스스로에게 쓰셨습니다. 유대인들이 그분의 권위에 대해 의심을 품자 이렇게 말씀하셨지요. 진실로 진실로 내가 너희에게 말하노니, 아브라함이 나기 전부터 나는 있느니라. 계시록에서는 다시 한번 더 분명히 말씀하십니다. **나는 알파와 오메가요, 시작과 끝이라. 주, 곧 지금도 계시고 전에도 계셨고 앞으로 오실 전능하신 분이 말하노라.**

"**나**"라는 단어는 신뢰받아 마땅한 분이신 하나님의 첫 번째 속성, 존재의 영원과 불변을 나타냅니다. 시시각각 변하는 하나님이라면 그 누구도 그분을 신뢰하거나 의지할 수 없습니다. 우리가 화평과 위로를 얻으려면 그분은 어제도, 오늘도, 내일도, 영원히 동일한 분이셔야만 합니다.

여기서 의문이 들 수 있습니다. 그분의 이름이 "**나**"라면 그래서 그게 무슨 뜻인 걸까요? 그냥 거기서 끝일까요? 그 뒤에 붙을 수 있는 말은 무엇일까요? "**나는**"이라는 말에 내포된 의미가 무엇인가요?

저는 이 이름이 인간의 마음이 바라는 모든 걸 내포하고 있다고 믿습니다. 하나님의 미완성 이름은 부자 친구가 부른 백지수표처럼 우리의 바람으로 가득 채울 수 있지요. 성경 전체에서 이것이 어떤 의미인지 알려주고 있습니다.

하나님의 모든 속성, 하나님의 성품에 관한 모든 계시, 하나님의 영원한 사랑에 관한 모든 증거, 하나님의 자상한 돌보심에 관한 모든 진술, 하나님의 자비와 목적에 관한 모든 주장, 하나님의 자애가 드러나는 모든 말씀이 전부 미완성의

"**나**"를 채울 수 있습니다.

하나님은 성경을 통해 자신이 어떤 존재인지 알려주십니다. "나는 내 백성들이 바라는 모든 것이다." "나는 그들의 힘이라." "나는 그들의 지혜라." "나는 그들의 의라." "나는 그들의 화평이라." "나는 그들의 구원이라." "나는 만물 안에서 그들의 모든 것이라."

이 미완성의 이름은 인간의 마음이 바랄 수 있는 선에서 가장 큰 위로를 줍니다. 어떠한 제약도 받지 않고 그 이름 뒤에 내가 소망하는 걸 더할 수 있으니까요. 바람이나 생각이 "과할 정도로 많아도" 상관없습니다. 그저 나열하면 됩니다.

그러나 우리 마음이 스스로의 "나"에만 갇혀 있으면 하나님의 영광스러운 목소리, 혼을 만족시키는 "**나**"를 들을 수 없습니다. 우리는 종종 이렇게 말합니다. "아, 나는 너무 나약한 피조물이야." "나는 너무 어리석어." "나는 아무짝에도 쓸모없어." "나는 너무 무력해." 우리는 스스로를 한심한 "나"로 만드는 경향이 있습니다. 우리 신앙생활이 불편하고 비참한 원인이 바로 여기에 있지요. 우리는 어려운 일들이 닥치면 스스로를 불쌍히 여기면서도 우리의 필요나 바람을 원하는 대로 적을 수 있도록 하나님이 승인하신 하나님의 놀라운 이름, "**나**"라는 백지 수표를 완전히 무시해버립니다.

독자 여러분 중 마음이 불편한 그리스도인이 계신가요? 하나님을 알면 편안한 신앙생활을 할 수 있습니다. 시편의 저자 역시 주의 이름을 아는 자들이 주를 의지한다고 고백했습니다. 확신하건대, 하나님을 아는 사람이 그분을 의지하지 않는 건 불가능합니다. 신뢰할 수 있는 사람은 당연히 신뢰를 받는 법입니다. 사람들로부터 신뢰를 요구하지 않아도 자기가 가진 신용으로 자연히 다른 사람의 신뢰를 얻으니까요.

우리 주님께서 하신 말씀은 영원히 진리입니다. **내가 땅에서 들리면 모든 사람을 내게로 이끌어 오리라.** 일단 여러분이 그분을 알게 되면 그리스도께 압도당하게 될 겁니다. 숨을 쉬듯 그분을 의지할 수밖에 없는 거지요. 온 세상이 하나님을 주로 알게 되면 온 세상의 죄인들이, 모든 인류가 그의 발아래 엎드려 경배할 겁니다. 그 누구도 저항할 수 없는 필연적인 결과입니다.

*

그렇다면, 우리는 어떻게 하나님과 친해질 수 있을까요?

두 가지 필수적인 조건이 있습니다. 첫 번째는 하나님께서 자신을 드러내 보이셔야 합니다. 두 번째는 우리가 그분의 현현, 곧 계시를 받아들이고 그분이 나타내 보이신 것을 믿어야 합니다.

사도 요한은 이렇게 말합니다. **아무도 어느 때나 하나님을 본 사람이 없지만 아버지의 품 안에 계신 독생자, 그가 하**

나님을 분명히 밝히셨느니라.** 그리스도는 하나님의 현현입니다. 우리 중 누구도 하나님을 보지 못했고 지금의 상태로는 그분을 볼 수도 없으며 우리에게는 그럴만한 능력도 없었지만, 하나님께서는 그리스도를 통해 육신을 입고 나타나셨습니다. 우리와 같은 사람이셨기에 우리는 그리스도를 볼 수 있게 되었지요.

 개미와 대화를 나누고 싶다는 마음에 개미둑에 서서 온종일 열변을 토해봤자 개미는 단 한 마디도 알아들을 수가 없습니다. 그저 사람의 존재를 무시하고 이리저리 기어 다닐 겁니다. 익히 알고 있듯 개미한테는 인간과 교감할 수 있는 능력이 없습니다. 그러나 사람이 개미의 몸을 입는다면 개미 떼에 합류하여 개미의 삶을 살고 개미의 언어로 이야기 할 수 있습니다. 개미들도 그 사람의 말을 분명히 이해할 수 있겠지요. 이처럼 고등 생물이 하등 생물과 교감하기 위해서는 "현현"이 필수적입니다.

 그리스도는 자신의 존재, 행위, 말을 통해 하나님을 드러내 보였습니다. 요람에서 무덤까지, 생애의 모든 순간이 하나님의 현현이었지요. 하나님을 알기 위해서는 그리스도께 가야 합니다. 또한, 그리스도를 통해 드러나지 않은 하나님에 관해서는 담대히 거절할 줄도 알아야 합니다. 이외에 다른 현현은 모두 불완전하기 때문에 전적으로 참이라 할 수 없습니다. 그리스도는 하나님의 "현현"입니다. 오직 그리스도를 통해서만 하나님을 볼 수 있습니다.

그리스도는 하나님이 하실 법한 말과 행동을 그대로 지상에서 말했고 행했습니다. 그리스도는 계속해서 이렇게 말합니다. **나는 스스로 아무것도 하지 아니하노라. 나는 스스로 아무 말도 하지 아니하노라. 내 안에 거하시는 아버지께서 그 일들을 하시는 것이라. 나와 나의 아버지는 하나니라. 나를 본 자는 아버지를 보았느니라.**

성경은 하나님을 알기 위해서 그리스도만을 바라보아야 한다고 분명히 말합니다. 우리가 할 일은 그리스도의 증거를 받아들이는 거지요.

위 구절을 찬찬히 살펴보면 하나님과 그리스도가 하나라는 진리를 확신하게 될 겁니다. 예수님이 성전 안 솔로몬 행각을 거닐 때 유대인들이 와서 네가 그리스도냐고 물었고 예수님은 이렇게 답하셨습니다. **나와 나의 아버지는 하나니라.** 또한, 제자들과 마지막 만찬을 하실 때도 제자들의 질문에 이렇게 답하셨습니다. **만일 너희가 나를 알았더라면 나의 아버지도 알았으리라. 이제는 너희가 그분을 알고 또 보았느니라.** 그러나 빌립은 이 말씀을 이해할 수 없었습니다. 그래서 이런 말을 남겼지요. **주여, 아버지를 우리에게 보여 주소서. 그러면 만족하겠나이다.** 그러자 예수님은 앞서 말한 진리를 더 강조하여 되풀이하셨습니다. **빌립아, 내가 너희와 그처럼**

오랜 시간을 있었는데 네가 나를 모르겠느냐? 나를 본 자는 아버지를 보았느니라. 그런데 어찌하여 '아버지를 보여 주소서.'라고 말하느냐?

신약에서 이보다 더 강하게 말씀하신 부분은 찾아보기 힘듭니다. 거의 유일하지요. 우리가 이 진리를 깨달으면 **예수 그리스도의 얼굴에 있는 하나님의 영광을 아는 빛**을 보게 될 뿐만 아니라 어디에도 없는 빛을 만끽할 수 있습니다.

하나님께서 모세에게 준 미완성의 이름, "**나**"를 통해 하나님의 존재에 관한 깊이, 높이, 폭, 정도를 알게 되면 그리스도를 통해 나타난 하나님의 존재를 알게 될 겁니다. 그리스도만이 하나님의 현현입니다. 그분만이 볼 수 없는 하나님의 형상입니다.

그러니 그리스도를 통해 본 하나님과 반대되는 하나님의 개념은 그 어떤 것이라 해도 거부하는 게 당연한 처사입니다. 우리는 어떤 사람이 하나님의 성품, 행실, 인류와의 관계에 관해 주장하는 말이나 관점이 그리스도께서 나타낸 진리와 상충하는 것이라면 많은 사람의 지지를 받는다 해도 받아들이지 말아야 합니다.

*

우리는 구약에 나타난 하나님에 관한 계시와 그리스도를

통해 나타난 계시가 모순처럼 보인다는 사실은 잘 알고 있습니다. 이 때문에 무엇을 진리로 받아들여야 할지 의문이 들곤 하지요. 하나님께서 자기 아들에 관해 **하나님의 영광의 광채이자 그분의 인격의 정확한 형상**이라고 하신 말씀을 비추어 봤을 때 그리스도의 증거를 받아들이는 것이 옳다고 볼 수 있습니다. 우리는 그리스도를 통해 나타난 계시와 차이가 있는 구약의 계시는 부분적이고 불완전한 계시로 여기고 그리스도의 증거를 하나님에 관한 진리로 받아들여야 합니다. 그리스도만이 하나님의 참된 이름과 진리를 우리에게 알려 주시니까요. 예수님의 아름다운 마지막 기도를 보세요. **나는 아버지께서 이 세상으로부터 나에게 주신 그 사람들에게 아버지의 이름을 나타내 보였나이다. 그들은 아버지께서 내게 주신 모든 것들이 다 아버지께로부터 온 것임을 알았나이다. 아버지께서 내게 주신 그 말씀들을 그들에게 전하였으니, 그들은 그 말씀들을 영접하여 내가 아버지께로부터 온 것을 분명히 알았으며, 또 아버지께서 나를 보내신 것을 믿었나이다.**

이보다 더 위대한 권위가 있을까요?

그리스도의 전 생애에서 이 진리, 곧 그분이 하나님의 충만하고 완전한 현현이라는 사실보다 더 쉽고 확실한 진리는 없습니다. 예수님은 분명히 말씀하셨습니다. **내가 너희에게 하는 말들은 내 스스로 하는 것이 아니라 내 안에 거하시는 아버지께서 그 일들을 하시는 것이라. 나는 스스로 아무것도 하지 아니하나 오직 나의 아버지께서 내게 가르치신 대로 이**

런 것들을 말하노라.

한 사도는 그리스도 안에 **신격의 모든 충만함이 몸의 형태로 거하며** 그것이 **아버지를 기쁘게 한다**고 분명히 말합니다. 신학상으로 이 의미를 완전히 이해하지 못할 수도 있습니다. 그래도 최소한 하나님을 알고 싶다면 하나님의 길과 성품을 알기 위해 그리스도의 길과 성품을 알려고 노력해야 합니다. 그리스도께서는 **나를 본 자는 아버지를 보았느니라**고 말하며 다시 한번 더 분명한 진리를 밝히십니다. **아들과, 누구라도 아들이 아버지를 계시하고자 하는 자 외에는 아버지를 아는 사람이 아무도 없나이다.** 사사로운 트집을 종결지어 버리는 말씀입니다. 우리는 하나님에 관한 여러 생각을 갖고 있고 또 할 수도 있으며 이를 추측하고 상상해볼 수도 있습니다. 그러나 여러 추측과 망상은 에너지 낭비일 뿐입니다. 그리스도의 계시를 통하지 않고는 그 누구도 하나님을 알 수 없으니까요.

우리가 하나님에 관한 선한 일들을 많이 알고 있을 수는 있지만 그건 하나님, 그분 자체의 속성과 성품을 아는 것과는 별개의 문제입니다. 여러 증인이 하나님이 행하신 일들을 우리에게 이야기해 줄 때 우리는 그 이야기를 듣고 종종 그분의 진짜 성품에 관해 잘못된 인상을 받기도 하니까요. 그리스도 외에 그 어떤 증인도 하나님의 마음 깊은 곳에 있는 신비들을 알려줄 수 없습니다. 그분 외에 그 어떤 사람도 이렇게 말할 수 없지요. **아버지의 품 안에 계신 독생자, 그가 하나님을 분명히 밝히셨느니라.** 이 말씀을 진리로 믿느냐 아니냐가 평안한 신앙생활과 불편한 신앙생활의 모든 차이를 만듭니다. 이 말씀을 진리로, 사실로 받아들이고 믿으면 우리가 지금껏 따르려고 노력했으면서도 무서워했던 가혹한 심판자와 엄격한 감독, 지겹고 불편했던 모든 섬김은 사라지고 **예수 그리스도의 얼굴**을 통해 드러난 하나님의 사랑이, 참새와 들꽃을 돌보듯 우리를 돌보시는 하나님이, 우리의 머리카락까지도 모두 세어 두셨다고 말씀하신 하나님이 그 자리를 채울 겁니다.

그 누구도 위와 같은 하나님을 무서워하고 겁내지 않습니다.

만일 하나님의 친절을 불신한 채 그분께 다가가는 데 익숙해졌다면, 신앙생활이 공포에 중독된 상태라면, 하나님의 성품에 관해 부정한 생각이 들고 그분의 선에 대한 의심이 마음속에 싹튼다면, 하나님을 부당하게 재물을 요구하는 이기적인 독재자로 그리고 있다면, **예수 그리스도의 얼굴**을 통해 나타난 하나님 외에 다른 하나님을 상상하고 있다면 일단, 우리 마음을 단순히 하여 사람의 몸을 입고 인류와 함께 하신 예수 그리스도의 아름다운 지상 생애의 기록으로 돌아가 하나님에 관한 우리의 개념이 그리스도의 길과 성품에 완전히 부합하도록 일치시켜야 합니다. 그리스도는 하나님의 이름을 인류에게 나타내 보이려고 오셨으니까요.

*

"그의 이름이 무엇이냐?"라는 질문에 답을 해야 한다면 저는 "그리스도께 물으라."고 답할 겁니다. 성경은 "하나님께서 육신으로 나타나신 분"이 그리스도며 그분을 본 자는 누구나 그분을 보내신 하나님을 본 거라고 말합니다. 그러니 그분의 이름을 알고 싶다면 당연히 하나님의 현현, 그리스도께서 나타나신 구절을 읽어야 합니다. 이는 우리가 그리스도의 생애, 길, 말씀을 공부해야 한다는 뜻이기도 합니다. 이뿐만 아니라 그리스도를 본 자는 하나님을 본 거라는 진리, 그리스도가 지상에 계실 때 하나님은 하늘에 계셨다는 진리를 스스로 각인해야 합니다. 그리스도께서 비추신 빛을 받아들이고, 그분이 "하나님의 이름을 나타낼 때" 그 이름을 믿고, 그리스도가 나타내신 것 이외에 다른 것은 받아들이지 않으면 하나님의 성품을 뒤덮었던 모든 흑암이 사라질 겁니다.

니코데모가 밤에 예수님을 찾아와 어떻게 주님이 말씀하신 일들이 가능할 수 있냐고 물었을 때 예수님은 그가 이해하든 못하든 그 말씀은 사실이라고 말하며 위대한 진리를 알려주셨습니다. **진실로 진실로 내가 너에게 말하노니, 우리는**

아는 것을 말하고 또 본 것을 증거하노라. 그리스도를 믿는 사람 중에 그분이 하나님을 안다는 사실을 의심하는 사람은 없습니다. 그리스도의 증거를 받아들여야 할지 말지, 의문을 제기하는 사람도 없지요. 그리스도께서는 자신이 무엇을 말하는지 분명히 안다고 계속해서 강조하셨고 그분의 말을 완전한 진리로 받아들이라고 확언하셨습니다. 그리스도는 하늘에서 내려온 유일한 분이셨습니다. 하늘의 일들을 아는 유일한 분이셨지요.

우리 중 누구도 감히 이 진리에 의문을 제기할 수 없습니다. 그럼에도 수많은 하나님의 자녀들이 그리스도의 증거를 무시하고 마음속에 자라난 의심의 증거에 귀를 기울여 과오를 범합니다. 이 의심의 증거는 그리스도께서 나타내 보이신 증거, 곧 우리 연약함과 어리석음을 감싸는 하나님의 부드러운 손길, 다정한 보살핌, 죄를 용서하는 하나님의 은혜를 의심하게 하지요. 제가 여러 번 강조해서 말하는 게 독자 여러분에게는 헛수고로 보일 수도 있습니다. 그러나 아주 소수라 해도 누군가가 이 진리를 깨닫게 된다면 이 책의 목적을 이룬 겁니다. 다시 한번 더 반복하지만, 성경에서는 그리스도가 나타낸 아버지의 성품이 바로 아버지의 참된 이름과 성품이라고 분명히 가르칩니다. 그리스도는 지상에 계시는 동안 계속해서 자신이 아버지의 살아있는 현현이며 지금껏 한 모든 말과 행동은 하늘의 보좌로부터 받은, 하늘에 계신 아버지께서 하신 말과 행동이라고 강조하셨지요.

　주님의 입에서 나온 절대적인 진리를 마주하면 그 진리가 우리의 특권이자 의무가 되어 그리스도의 가르침, 성품, 복된 생애와 상충하는 우리의 모든 생각을 마음에서, 머리에서 몰아낼 겁니다. 진정 하나님의 이름을 안다면 그리스도께서 나타내 보이신 이름을 받아들이고 다른 데에는 귀를 내주면 안 됩니다.

　우리가 그리스도 안에서 발견한 모든 특징은 미완성의 이름, 하나님의 "**나**"를 채웁니다. 그리스도의 생애를 들여다보고 그분의 말씀에 귀를 기울이면 하나님의 음성을 들을 수 있으니까요. "나는 피곤한 자의 쉼이라." "나는 몰아치는 폭풍우에 휩쓸리는 자의 평안이라." "나는 무력한 자의 힘이라." "나는 어리석은 자의 지혜라." "나는 죄인을 위한 의라." "나는 지상의 혼이 바랄 수 있는 전부라." "나는 네가 바랄 수 있는, 생각할 수 있는, 소망할 수 있는, 보살필 수 있는 것, 그 전부를 뛰어넘는 충만한 이라."

　그러나 여러분 중에서 의심이 많은 사람은 이렇게 말할지도 모릅니다. "뭐, 의심의 여지 없이 전부 진리입니다. 근데, 어떻게 해야 그 진리를 붙들 수 있나요? 저는 가련하고 보잘것없는 피조물이라 감히 그 충만한 은혜가 제 것이 될 수 있다는 사실을 믿을 수 없습니다."

어떻게 그 진리를 붙들 수 있냐고 물었지요? 여러분은 결코 그 진리를 붙들 수 없습니다. 그러나 그 진리가 여러분을 붙들게 할 수는 있지요. 성경을 통해 좋은 소식이 전해졌습니다. 그저 믿을 수 있는 출처를 통해 전달된 세상의 좋은 뉴스를 접했을 때처럼 성경의 좋은 소식을 믿기만 하면 되지요. 연설자가 믿음직스러우면 여러분은 그가 한 말을 믿고 따릅니다. 진리를 붙드는 것도 이와 동일합니다. 여러분이 진정 그리스도를 신뢰한다면 그분이 하나님의 현현이라고 말할 때 그 말을 믿고 따르면 됩니다.

반드시 주님을 신뢰해야 합니다. 스스로 이렇게 다짐하고 친구들에게 간증할 수 있어야 합니다. "나는 그리스도께서 하나님에 관해서 하신 말씀을 믿을 거야. 겉보기에 어떻든지, 내 생각이나 감정이 어떻든지, 다른 사람이 뭐라고 떠들던지 신경 쓰지 않고 무슨 일이 닥쳐도 그리스도를 굳게 믿을 거야. 그리스도께서는 자신이 하나님과 하나라고 말씀하셨어. 그러니 그리스도의 모든 것은 하나님의 것이지. 더는 하나님을 무서워하지 않을 거야. 스스로 하나님을 죄 때문에 내게 화를 내는 가혹한 입법자나 불가능한 일을 요구하는 엄격한 감독 또는 자기 영광에만 몰두하고 내 슬픔과 두려움에는 무관심한, 닿을 수 없는 신으로 생각하게끔 내버려 두지도 않을 거야. 그리스도가 하나님의 참된 형상이라는 걸 알았으니까."

그리스도와 하나님이 하나라는 사실을 확고히 하고 그 사실에 담긴 수많은 진리를 이해하면 그리스도의 증거와 상충하는 잡다한 생각에 흔들리지 않고 단호하게 뿌리칠 수 있습니다. 완전히 다른 차원의 삶이 펼쳐지는 거지요.

종종 묵은 의심과 두려움이 찾아와 자기 자리를 내놓으라고 요구할 때면 우리는 단단한 돌처럼 고개를 돌리지 말고 진리에만 눈을 두어야 합니다. 또한, 과거의 나, 옛사람을 등지고 서서 이제는 하나님의 성품, 이름, 하나님과 무관한 것들이 무엇인지 안다고 단호히 못 박아야 합니다. 하나님의 성품과 길을 훼손하는 것들이라면 그게 무어라 해도 철저히 거절하는 거지요.

하나님께서 모세에게 자기 이름을 "**나**"라고 했을 때 그 의미가 "나는 가혹한 입법자라." "나는 엄격한 감독이라." "나는 내 영광에만 몰두하고 내 백성의 슬픔과 두려움에는 무관심한 하나님이라."라는 뜻이었을 리 만무합니다. 그런 것들로 미완성의 이름을 채운다면 전 세계의 모든 그리스도인이 충격에 빠질 겁니다. 의심과 공포에 싸인 그리스도인들은 지금 당장 재고해 보세요. 일상 속에서 위와 같은 허무맹랑한 주장들을 스리슬쩍 하고 있지는 않나요?

하나님께서 그분의 이름에 관한 모든 의심과 두려움을 불식시켜버린 우리의 고찰을 지금부터 영원토록 기뻐하시기를 소망합니다.

예수님은 하나님이라!
지금은 땅과 바다를 전부 이해할 수 없지만,
단 하나의 진리를 배웠네.
얼마나 행복한가!
오, 천사의 음성으로
소리 높여 외치리!
선하고 아름다운 예수님은
하나님의 형상이라!

하나님을 송축하리로다.
그는 우리 주 예수 그리스도의 아버지시요,
자비의 아버지시요,
모든 위로의 하나님이시며
우리의 모든 환난 가운데서
우리를 위로하시는 분이시라.
그러므로 우리 자신이
하나님께 받은 위로로써
어떠한 고난 중에 있는 사람들도
위로할 수 있는 것이라.

모든 위로의 하나님

The God of all comfort

02

드러난 하나님의 이름 중에서 "**모든 위로의 하나님**"은 가장 사랑스럽고 마음에 평안을 주는 이름입니다. "**모든 위로**"라는 말은 그 어떤 추론이나 한계도 인정하지 않습니다. 하나님을 따르는 자들이라면 외적인 삶이 불안하더라도 내적인 삶은 항상 편안해야 한다고 생각할 수 있습니다. 그러나 실상 이와 정반대의 모습을 더 자주 봅니다. 수많은 하나님의 자녀들이 위로와 평안과는 거리가 먼 불안한 신앙생활을 이어가고 있지요. 이 불안은 하나님과의 관계에 대한 염려, 그분의 사랑에 대한 의심에서 옵니다. 불안한 신앙생활을 영위하고 있는 사람들은 자신이 하나님의 보살핌을 받기에는 너무 형편없다고 생각하며 그런 생각들로 스스로를 괴롭힙니다. 게다가 하나님을 어려울 때에 자녀들을 저버리고 자녀들의 시련에 무관심한 분으로 생각하고 의심하기까지 하지요. 이들은 신앙생활에서 뒤따르는 모든 일, 자기 기질과 감정, 성경에 무관심한 자기 태도, 열성이 부족한 기도, 차가운 자기 마음에 불안해하고 그로 인해 골치를 앓습니다. 이미 지나간 과거를 후회하고 미래의 일을 걱정하며 괴로워하기도 하지요. 뿐만 아니라 스스로 하나님의 임재에 들어가기에는 부끄럽다고 생각하며 자신이 하나님께 속했다는 사실을 감히 믿을 수 없다고 말하기도 합니다. 이 땅의 친구들과는 편안하고 행복한 관계를 유지할 수 있을지는 몰라도 하나님과는 편안하고 행복한 관계를 유지할 수 없는 자들입니다. 하나님께서 자신을 모든 위로의 하나님이라고 선포하셔도 이들은 위로와 평안을 어디에서도 찾을 수 없다며 끊임없이 불평할 뿐만 아니라 슬픔에 찬 눈과 애절한 목소리로 자기가 하는 말이 옳다는 걸 증명하려 합니다.

모든 위로의 하나님을 따른다고 주장해도 이런 그리스도인들은 어디를 가나 우울과 불안을 퍼뜨립니다. 단 한 사람이라도 하나님께서 선포하신 아름다운 이름을 믿도록 이끌어 올 수 없는 자들이지요. 이런 걸 바라봐야 소용없습니다. 하나님의 이름은 경건한 구절 그 이상의 의미가 있지만, 실상 이들에게는 어떤 의미도 없으니까요. 수많은 그리스도인들의 신앙생활이 불행한 이유는 안타깝게도 많은 부분 세상의 불신 때문입니다.

한 사도는 우리가 모든 사람이 읽고 아는 살아있는 편지, 일종의 성경이 될 거라고 말합니다. 또한, 사람들이 우리 안에서 무엇을 읽느냐는 우리 생각보다 그리스도의 왕국을 전파하는 데 매우 중요하다고 경고하지요. 내뱉는 말이 아니라 우리 자신의 상태가 중요합니다. 겉으로는 모든 위로의 하나님에 관한 놀랍고 아름다운 일들을 떠들어댈 수 있습니다. 그러나 진정한 위로를 받은 적이 없다면 그 말들은 바람에 흩날려 사라지고 말 겁니다. 사람들은 우리의 생애에 심겨진 말씀을 읽어야 합니다. 그렇지 않으면 우리의 모든 설교는 백해무익할 뿐이지요.

*

이쯤에서 하나님이 주시는 위로가 무슨 뜻인지 묻겠습니다. 일상에 타격을 주는 시련과 고통을 견디는 데는 소용없지만, 하늘의 삶과는 일치하는 경건한 은혜일까요? 아니면 인생의 시련과 고통을 모든 화평으로 감싸 안는 순수하고 진실한 위로일까요?

저는 후자가 하나님이 주시는 위로라고 믿습니다.

위로는 순수하고 단순합니다. 인간이라고 해서, 거룩한 존재라고 해서 다를 건 없지요. 위로를 받고 싶어서 경건한 구절을 살펴보는 사람은 거의 없습니다. 우리는 실제를 원합니다. 위로를 줄 수 있는 존재, 그 실체를 원하며 무엇보다도 마음을 편안하게 해주는 대상을 원합니다. 어린아이는 넘어지거나 다치면 어머니의 무릎에 앉아 감싸 안는 부드러운 손길을 느끼고 이마에 뽀뽀를 받으면 응어리졌던 마음이 풀어져 위로를 받습니다. 그 아이가 자라서 성인이 되면 고된 하루를 마치고 집으로 들어와 슬리퍼로 갈아 신은 뒤 좋아하는 책을 들고 벽난로 앞에 있는 편안한 의자에 앉을 때 편안함을 느끼겠지요. 아픈 사람은 끔찍한 질병으로 고통받다가 차츰 회복되기 시작해서 아침에 고통 없이 눈을 뜨고 기지개를 필 수 있으면 위로를 받습니다. 또한, 사랑하는 사람이 사경을 헤맬 정도로 위중하다가 건강을 되찾으면 마음이 한결 놓이고 큰 위로를 받지요. 여러분도 지금껏 인생을 살아가면서 힘든 일이나 짐을 내려놓는 순간이 오면 깊은 한숨을 쉬며 "휴, 이제 좀 편하다."고 수없이 말했을 겁니다. 그리고 그 말에는 쉼, 안정, 만족, 기쁨을 넘어서는, 언어로 표현할 수 있는 개념을 뛰어넘는 그 이상의 것이 담겨있습니다. 고로 하나님의 이름, **"모든 위로의 하나님"**이 가진 의미를 이해하지 못할 리가 없습니다.

하지만 안타깝게도 수많은 사람이 이 이름을 믿지 못합니다. 사실이라기엔 너무 좋아서 믿지도 못하고 의심해 버립니다. 그 이름의 기쁨과 환희가 사실이라 해도 우리의 의심 많은 본성은 그것을 받아들이지 못합니다. 우리는 하나님의 이름이 손톱만 한 위로라도 주기를 바라지만 실상 주 예수 그리스도의 구원을 통해 우리의 것이 된 "**모든 위로**", 그 개념에는 지레 겁을 먹고 도망가 버리기 일쑤이지요.

위로에 관한 주님의 말씀을 보세요. 이보다 더 큰 위로가 어디에 있을까요? **자기 어미가 자식을 위로하듯 나도 그렇게 너희를 위로하리니 너희가 위로를 받으리라.** 주님께서 무엇과 무엇을 비교하고 있는지 주의해서 보세요. **자기 어미가 자식을 위로하듯 나도 그렇게 너희를 위로하리라.** 진정한 위로는 "어머니의 품에 안겨서 어머니의 무릎에서 재롱을 부릴 때" 아이가 받는 위로와 같습니다. 그럼에도 하나님의 위로가 어머니의 위로처럼 진실되고 따뜻하다는 사실을 믿는 사람은 거의 없습니다. 심지어 하나님의 위로가 어머니의 위로의 절반 혹은 반의반도 안 된다고 생각하는 사람들도 있지요. 스스로를 어머니의 품에 안기듯 하나님의 품에 안겨 그분의 무릎에서 "재롱부리는" 자녀로 생각하지 않은 채 섬김을 강요하고 작은 실수도 지적할 뿐만 아니라 거리까지 두는 엄하고 고집스러운 심판자로 하나님을 바라보고 있지는 않나요? 우리 신앙생활이 우리를 불안하고 불편하게 만든다는 사실은 어찌 보면 당연한 결과입니다. 그런 심판자와 함께하는데 누가 평안할 수 있겠어요?

그러나 우려와 달리 하나님은 엄한 심판자가 아닙니다. 그런 심판자는 존재하지 않습니다. 하나님은 어머니 같은 분이며 우리에게 이렇게 약속하셨지요. **자기 어미가 자식을 위로하듯 나도 그렇게 너희를 위로하리라.**

하나님은 겁먹은 이스라엘 자손들에게 계속해서 **나, 곧 내가 너희들을 위로하는 이**라고 말하며 위로를 받지 못한 백성들을 책망하십니다. 너를 위로하길 원하는 주가 여기 있는데 어찌하여 죽을 사람을 두려워하며 풀같이 될 사람의 아들을 두려워하느냐? 하늘들을 펴고 땅의 기초들을 놓으신 주, 곧 너를 만든 이를 잊어버리고 마치 압제자가 멸하려고 준비해 둔 것처럼 압제자의 분노 때문에 날마다 계속해서 두려워하느냐? 압제자의 분노가 어디에 있느냐?

하나님은 우리 주 예수 그리스도의 아버지요, 세상을 사랑하여 자기 아들을 보내신 분입니다. 아들은 세상을 심판하러 온 것이 아니라 세상을 구원하러 오셨지요. 아버지는 주 예수 그리스도께 **기름을 부어** 마음에 상처 입은 자들을 싸매고 포로들에게 자유를 선포하며 죄수들을 해방하고 슬픔에 빠진 자들을 위로하셨습니다. 이 "모든" 은혜를 기억하세요. 일부만 기억하지 말고 "전부" 다 기억하세요. 죄에 속박된 자들, 병든 죄수들, 울부짖는 자들이라면 한 명도 **빠짐**없이 전부 다 이 은혜를 받을 수 있습니다. 만일 예외가 단 하나라도 포함되어 있다면 "전부"라는 말을 쓸 수 없습니다. 그 사람이 아무리 우둔하고 하찮다고 해도 이 은혜를 받는 데 아무 문제가 없지요. 바울은 낙심한 자들을 언급하면서 데살로니가 그리스도인들에게 서로 위로하라고 권고하며 낙심한 자들을 꾸짖지 말고 오히려 위로해주라고 말합니다. 참으로 옳은 말씀이지요. 가장 큰 위로를 주실 수 있는 분은 오직 한 분, 어머니와 같은 분, 강한 자들이 아니라 낙담한 자들을 위로하고자 하시는 우리 하나님뿐입니다.

이것이 바로 사랑으로 가득 찬 신앙의 영광이자 주 예수 그리스도를 믿는 신앙의 영광입니다. 예수님은 **모든 슬픈 자**를 위로하기 위해 기름 부음 받으셨고 "**모든 위로의 하나님**"은 자기 아들을 슬피 우는 세상의 위로자로 보내셨습니다. 그리고 그 아들은 지상 생애 동안 아버지가 내린 임무를 완수했지요. 제자들이 주님을 믿지 않는 자들에게 하늘에서 불이 내리도록 명하여 불살라 버려도 되겠냐고 물었을 때 주님은 돌아서서 제자들을 꾸짖으며 이렇게 말씀하셨습니다. **너희는 너희가 어떤 영을 지녔는지 알지 못하고 있도다. 인자는 사람들의 생명을 멸하려고 온 것이 아니라 구원하려고 왔느니라.** 주님은 죄인들을 받아들이고 함께 식사하셨으며 모든 사람이 막달라 마리아를 저버렸을 때도 그녀와 함께하셨습니다. 심지어는 간음한 여인을 정죄하는 대신 여인을 데려온 바리새인들과 서기관들에게 **너희 중에 죄 없는 자가 먼저 그 여인에게 돌을 던지라**고 말씀하셨지요. 그 말을 들은 자들이 양심에 가책을 받아 여인을 정죄하지 않고 하나씩 자리를 떠 버리자 주님은 여인에게 이렇게 말씀하셨습니다. **나도 너를**

정죄하지 않노라. 가라, 그리고 더 이상 죄를 짓지 말라. 그분은 어디에서나 항상 죄인의 편에 서셨습니다. 이를 위해 하늘의 보좌에서 이 땅으로 내려오셨지요. 그분은 죄인들을 구원하러 오셨습니다. 그 외에 다른 임무는 없었습니다.

*

어느 날, 어린 두 소녀가 하나님에 관해 이야기를 나누고 있었습니다. 한 소녀의 입에서 나온 말은 실로 안타까웠지요. "하나님은 날 사랑하지 않아. 나 같이 작고 어린 애는 신경도 안 쓰실 걸?"

그러자 옆에 있던 소녀가 이렇게 답했습니다. "무슨 소리 하는거야! 하나님은 우리처럼 스스로를 챙길 수 없는 작고 어린 애들을 돌보시려고 계신 거야!"

그 말에 소녀의 얼굴은 미소를 되찾았습니다. "정말? 그건 몰랐네. 그럼 더 이상 걱정할 필요가 없겠다! 그렇지?"

마음에 의심이 가득하고 두려움이 날마다 찾아와 괴로운 분이 있다면 이 말을 꼭 기억하세요. 주 예수 그리스도께서는 모든 슬픈 자를 위로하고 보살피려고 오셨고 지금도 계십니다. 기억하세요, "모든"이라는 말에는 여러분도 포함되어 있습니다. 여러분이 빠지면 "모든"이라는 말을 쓸 수 없지요. 여러분이 현재 심히 낙심하여 고개를 드는 것조차 힘들 수도 있습니다. 그러나 바울 사도는 우리에게 "**낙심한 자들을 위로하시는 하나님**"이 우리 하나님이라고 말합니다. 이것이 바로 슬퍼하는 모든 사람, 낙심한 모든 사람을 위한 그리스도의 위로입니다. 슬픔에 빠진 세상 사람들이 우리처럼 위로의 사역을 곱씹기를 바랍니다. 그리고 하나님의 위로로 슬픈 마음과 상한 마음이 위로받기를 소망합니다.

*

    우리의 위로자는 먼 곳에 계시지 않습니다. 가까운 곳에서 우리와 함께 거하십니다. 그리스도께서는 이 땅을 떠나실 때 제자들을 고아로 남겨 두지 않고 제자들과 함께 영원히 거할 "**또 다른 위로자**"를 보내겠다고 약속하셨습니다. 주님이 말씀하신 이 위로자는 제자들에게 모든 것을 가르치며 주님이 말한 모든 것을 기억나게 하시는 분이지요. 이어서 주님은 이 위로자가 어떤 의미인지 알려주십니다. **내가 너희에게 화평을 남겨 두노니 나의 화평을 너희에게 주노라. 내가 너희에게 주는 것은 세상이 주는 것과 같지 아니하니, 너희는 마음에 근심하지 말고, 두려워하지도 말라.** 아, 어떻게 이 사랑스러운 말씀을 두고 근심하거나 두려워할 수 있겠어요?
    의미를 깨닫기만 하면 **위로자**라는 말은 실로 축복의 단어가 될 겁니다. 이 이름이 마음속 깊은 곳에 자리 잡을 때까지 계속해서 되뇌어 보세요. "함께 하는" **위로자**는 왔다가 떠나

버리고 필요한 순간에 곁을 지켜주지 못하는 사람과 달리 항상 함께하며 **슬픔 대신 기쁨을, 근심하는 영 대신 찬양의 옷**을 줄 준비를 합니다.

"함께 하는" **위로자**라는 말에는 놀라운 계시가 담겨 있습니다. 그 계시를 찬찬히 들여다보세요. 힘든 일을 겪을 때 단 며칠만이라도 친구가 함께 있어 주면 우리는 스스로를 운 좋은 사람으로 여깁니다. 하물며 인간 위로자도 힘이 되는데 거룩한 위로자는 어떨까요! 거룩한 위로자는 항상 우리와 함께하실 뿐만 아니라 그 위로의 힘이 영원합니다. 모든 순간이 위로이기 때문에 불안할 수가 없지요.

종종 이런 생각이 들곤 합니다. 과연 초기 제자들이 위로자가 주는 영광스러운 유산이 어떤 의미인지 알았을까? 그 당시에는 어땠을지 모르겠지만, 제 생각에 현재 그리스도의 제자들은 잘 모르는 거 같습니다. 알았더라면 불편한 신앙생활을 이어나가는 그리스도인이 이렇게나 많지는 않았겠지요.

여러분 중에서 누군가는 거룩한 위로자가 때때로 우리 죄를 꾸짖는데 그게 어떻게 위로가 될 수 있는지 의아할 수도 있습니다. 저는 바로 이것이 위로의 근원 중 하나라고 생각합니다. 거룩한 선생이 직접 우리 죄를 보여주고 그 사실을 깨우쳐주지 않으면 일개 피조물이 어떻게 죄를 제거할 수 있겠어요?

제가 아무것도 모르고 뒤에 흉한 구멍이 뚫린 옷을 입은 채 길을 걷고 있다고 가정해 봅시다. 그때 마음씨 좋은 사람이 와서 그 사실을 이야기해주면 어떨까요? 정말 고맙지 않겠어요? 이처럼 아는 것은 그 자체로 위로가 될 때도 있습니다. 우리와 함께하며 모든 것을 보는 위로자는 우리의 죄를 꾸짖고 그 죄에 무지한 상태로 내버려 두지 않습니다. 에머슨 Emerson 은 내 잘못을 타인이 알아채는 것보다 스스로 인지하는 게 더 중요하며 순간적인 죄의 자각이 옳다는 걸 알게 되면 그 죄를 보여주신 위로자께 감사를 표하게 될 거라고 말합니다.

지금도 선명히 기억합니다. 어렸을 적에 무엇이 옳고 그른지 잘 아는 똑똑한 언니가 있었는데 함께 나가면 항상 저를 바로잡아주었습니다. 언니가 곁에 있으면 스스로를 책임져야 한다는 걱정이나 불안이 없었습니다. 언니가 저를 예의 주시하다가 제가 실수를 하면 귓속말이나 고갯짓으로 알려줄 테니까요. 언니의 존재만으로도 항상 마음이 놓였습니다. 그러다 혼자 나가야 하는 날이 있으면 바로잡아 줄 사람이 없어서 매우 불안했지요.

주님께서 **모든 황폐한 곳들을 위로**한다는 말씀은 우리에게 그 황폐한 것들을 보여 주실 뿐만 아니라 동시에 우리의 **광야를 에덴같이, 사막을 주의 동산같이** 만들어 주시겠다는 뜻을 담고 있습니다.

스스로 위로자의 위로를 받을 자격이 없다고 생각해서 이 말씀을 받아들이지 않을 수도 있습니다. 그러나 저는 그렇게 생각하지 않습니다. 자격이 없기 때문에 오히려 위로자의 위로가 더 필요한 법이지요. 그리스도께서는 선한 사람이 아니라 죄인을 구원하기 위해 세상에 오셨습니다. 고로, 우리는 자격이 없기 때문에 그리스도의 구원을 주장할 수 있습니다.

위 구절과 같은 이사야서에서 주님은 우리의 길을 보고 우리에게 진노하셨으나 우리를 치유하고 위로를 회복하겠다고 약속하십니다. 주님이 우리에게 진노하셨기 때문에 (사랑하는 사람이 실수를 바로잡는 게 사랑입니다) **위로를 회복하시는 겁니다.** 그분은 우리의 죄를 드러냄으로써 우리를 치유하시지요.

거룩한 위로자의 위로에 이르는 길을 가려면 위로가 필요한 순간을 거쳐야 합니다. 이 문장은 왜 주님께서 종종 우리의 몫으로 슬픔과 시련을 허락하는지, 그 이유를 잘 설명해줍니다. **그러므로 보라, 내가 그녀를 꾀어 광야로 데려가서 그녀에게 위로하여 말하리라.** 우리는 낙담과 고통의 광야에 놓이면 왜 우리를 사랑하시는 하나님이 이런 시련을 허락하셨는지 궁금해합니다. 하나님은 누구보다도 우리를 잘 아는 분입니다. 우리가 그 광야에 가야만 그분이 부어주는 "위로의 말"을 듣고 받아들일 수 있다는 사실 역시 잘 알고 계시지요. 위로가 필요해야 위로의 말을 들을 수 있습니다. 하나님은 위로의 필요성을 느끼지 못하는 것보다 위로가 절실히 필요해서 위로를 받아들이는 게 훨씬 더 좋고 행복하다는 사실을 알고 계십니다. 하나님이 주는 위안을 얻기 위해 무언가를 잃는다 해도 그 위로가 더 고상하고 아름다운 것으로 그 자리를 채울 겁니다. 우리가 땅의 것을 잃으면 주님은 하늘의 것으로 대체해 주시니까요. 우리 중 누군가가 감사하게도 하나님께 꾀여서 광야로 가게 된다면 위로자와 연합하여 말로 다 할 수 없는 기쁨을 얻기를 바랍니다. 바울은 빌립보서에서 **그리스도를 얻기 위해 모든 것을 손실로** 여겼다고 고백합니다. 우리 역시 그리스도를 얻는다는 말의 의미를 조금이나마 이해했다면 위와 같은 고백을 하게 될 겁니다.

그러나 아이러니하게도, 우리가 행복하고 위로가 필요하지 않을 때는 우리 하나님이 "**모든 위로의 하나님**"이라는 사실을 쉽게 받아들이고 믿는데, 오히려 어려운 일을 겪고 위로가 필요한 순간에는 그 어디에서도 위로를 얻을 수 없다고 불평하며 위 진리를 믿지 못하는 경향이 있습니다. 마치 **애통하는 자들은 복이 있나니, 그들이 위로를 받을 것이요**라는 말씀이 완전히 뒤집어져 "기뻐하는 자들은 복이 있나니, 오직 그들만 위로를 받을 것이요."라는 말씀으로 재탄생하는 것 같은 상황이 펼쳐져 버리는 거지요. 마음속 은밀한 곳에서 무의식적으로 성경 단어를 바꿔 완전히 정반대의 말씀을 만들거나 기록된 말씀에 "만일", "하지만"이라는 단어를 첨가

하여 논점에서 벗어나 버리다니 참으로 이상한 일입니다. 예를 들어, **낙심한 자들을 위로하시는 하나님**이라는 아름다운 구절을 뒤틀린 마음의 소리를 따라 읽어보면 "낙심한 자들을 저버리시는 하나님", "낙심한 자들에게 무관심한 하나님", "위로받을 자격이 있다는 사실을 스스로 입증할 수 있는 자들만 위로하시는 하나님"이라는 말도 안 되는 구절로 바뀝니다. 결과적으로 보면 위로는커녕 절망과 고통으로 몰아넣어 버리는 끔찍한 구절이 되는 셈이지요.

시편 저자는 하나님이 **모든 면에서 우리를 위로하시리라**는 말씀을 통해 모두를 포용하는 위로를 보여줍니다. **모든 면에서**라는 말은 단 하나의 아픈 부위도 내버려 두지 않을 거라는 말입니다. 그럼에도 수많은 그리스도인이 시련의 때에 이 구절을 꼬아서 읽습니다. "하나님이 우리 시련만 빼놓고 모든 면에서 우리를 위로하시리라. 시련의 광야에는 그 어디에도 위로가 없노라." 하나님은 분명 **모든 면에서**라고 말씀하십니다. 우리의 불신이 예외의 영역을 만들어 냈을 뿐이지요.

이스라엘 자손도 위와 같은 우를 범했습니다. 하나님께서 시온에게 오 **하늘들아, 노래하라. 오 땅아, 기뻐하라. 오 산들아, 노래를 터뜨리라. 이는 주가 자기 백성을 위로하셨으며 그의 고난 받는 자들에게 자비를 베풀 것임이라**고 말씀하셨을 때 시온은 **주께서 나를 버리셨고 내 주께서 나를 잊으셨**

다고 말했지요. 이에 하나님은 온 인류를 영원히 위로하기에 충분한 아름다운 답을 내놓으셨습니다. "너를 잊다니! 어머니가 자기 자녀를 잊을 수 있겠느냐? 정녕, 어머니가 잊을지라도 나는 너를 잊지 아니할 것이라. 보라, 내가 너를 내 손바닥에 새겼으니 내가 너를 잊는 일은 결코 없으리라! 위로를 받고 너를 위해 노래하라."

*

그래도 여전히 의심 많은 분은 어떻게 이 거룩한 위로를 이해할 수 있냐고 물을 수도 있습니다. 그저 받아들이세요. 하나님의 위로는 영원토록 충만하게 부어지지만 받아들이지 않는다면 소유할 수 없습니다.

거룩한 위로는 불가사의하거나 변덕스러운 방식으로 오지 않습니다. 순전히 거룩한 방식의 결과이지요. 내주하시는 위로자는 우리 주님에 관해 위로되는 것들을 "기억나게" 하십니다. 위로자가 기억나게 하시는 위로를 믿기만 하면 우리는 위로를 받습니다. 종류는 다양합니다. 문장이나 찬송가 가사 혹은 하나님의 손길과 그리스도의 사랑에 관한 생각이 될 수도 있지요. 단순한 믿음으로 받아들이면 위로 받지않을 수가 없습니다. 그러나 우리 위로자의 음성에 경청하지 않고 절망과 좌절의 음성에 귀를 기울이면 그 어떤 위로도 혼에 닿을 수 없습니다.

어머니가 우는 자녀에게 최선을 다해 위로해도 부질없을 때가 있습니다. 아이가 뚱하게 앉아 고집을 부린 채 "위로를 거절"해버리면 어머니가 하는 위로의 말들이 불신하는 아이의 귀에는 들리지 않지요. 위로의 말로 위로를 받으려면 반드시 그 말을 믿어야 합니다. 하나님께서는 온 우주를 위로할 수 있을 만큼 "위로의 말"을 충분히 하셨지만 우리 주변은 불행한 그리스도인, 근심하는 그리스도인, 우울한 그리스도인으로 가득합니다. 딱딱한 마음에 위로의 말이 들어가지 못한 탓입니다. 실상 많은 그리스도인이 위로받는 게, 편안한 게 잘못되었다고 생각합니다. 자신을 너무도 하찮게 생각하는 게 문제입니다. 실낱 같은 위로가 마음에 닿으려고 하면 잽싸게 문을 닫아버리지요. 이들은 라헬과 야곱과 다윗처럼 **"위로받기를 거절한"** 혼입니다.

바울은 우리의 교훈을 위해 성경이 기록된 것이며 우리가 **성경이 주는 인내와 위로로써 소망을 지닐** 수 있다고 말합니다. 그러나 성경이 주는 위로를 받으려면 우선, 그 말씀을 믿어야 합니다. 성경 말씀을 진리로 받아들이지 않는 사람에게 하나님의 말씀이 어떻게 위로를 줄 수 있겠어요? 선장이 배가 안전하다고 말하면 우선, 선장의 말을 믿어야 마음이 편안해질 수 있을 겁니다. 또한, 기관사가 열차를 안전히 운행하고 있고 본래 노선을 따라 잘 가고 있다고 말하면 우선, 기관사의 말을 믿어야 편안히 좌석에 앉을 수 있겠지요. 이는 설명할 필요도 없을 만큼 매우 자명한 사실입니다. 그러나 신앙에 있어서는 이런 사실을 쉽게 간과해버리곤 합니다. 실제로 하나님의 말씀에 의심을 품은 채로 그분의 위로를 깨닫고 싶다고 고집을 부리는 사람도 봤고 직접 경험하지 않는 한 위로를 주는 말씀을 전혀 믿지 못하겠다고 말하는 사람도 봤습니다! 이런 사람들은 기관사의 말을 믿을 마음도 없으면서 자기가 맞는 열차를 탄 건지 확신을 달라고 고집하는 승객과도 같은 부류입니다. 위로는 항상 전제 조건으로 믿음을 요구합니다. 결코 믿음보다 앞설 수 없지요.

이 문제는 신앙생활의 여러 측면에서 그대로 반복됩니다. 하나님은 "믿으라, 그러면 알게 되리라."고 말씀하시지만, 우리는 "알라, 그러면 믿을 수 있으리라."고 말합니다. 하나님의 명령은 변덕스럽거나 독단적이지 않습니다. 매우 자연스러운 명령이지요. 물론, 세상만사를 통해 우리가 익히 알고 있는 사실은 이와 좀 다를 수도 있습니다. 세상에서는 내 소유를 알고 느끼는 게 우선이고 그 후에 수중에 있는 것을 믿는 경우도 많으니까요. 그게 어리석은 일은 아닙니다. 예를 들면 이런 거지요. 제가 재산이 많다고 칩시다. 하지만 그 재산이 어디에 어떻게 있는지 보고 알아야 재산이 많다고 믿겠지요? 세상에서는 믿음이 후자인 경우도 있습니다. 그러나 문제의 핵심은 우리가 영적인 문제에서도 하나님의 명령(자연의 법칙도 하나님의 명령을 따릅니다)을 뒤바꾸고 무언가를 알거나 느낄 수 없으면 믿지 않는다는 거지요.

예를 들어, 우리가 걱정이나 불안에 휩싸였다고 칩시다 (세상에서 흔히 일어나는 일이지요). 그러면 주님은 우리를 위로하기 위해 "어떤 것에도 불안해하지 말라. 내가 너를 돌보리니, 모든 관심을 내게 두라."고 말씀하실 겁니다. 이런 모습, 구절은 우리에게 매우 친숙합니다. 주님은 분명 성경을 통해 **공중의 새들을 보라, 들의 백합화를 생각해보라**고 말하며 우리가 그들보다 더 귀하기 때문에 주님이 그들을 돌보듯 우리를 돌보실 거라고 약속하셨습니다. 누군가는 이 말씀이 세상의 모든 불안과 슬픔을 충분히 위로할 수 있다고 생각할 겁니다. 하나님께서 우리 짐과 걱정을 들어 주시겠다고 약속하셨는데, 만물을 관장하고 내다보며 우리를 최상의 길로 이끌 수 있는 하늘과 땅의 창조주, 전지전능한 하나님께서 우리를 보살피시겠다고 약속하셨는데 이보다 더 큰 위로가 어디 있겠어요? 그럼에도 이 약속을 통해 위로를 받는 사람이 거의 없습니다. 왜 그럴까요? 믿지 않기 때문입니다. 의심 많은 자는 하나님의 말씀을 믿기 전에 그 말씀이 진리라는 내면의 느낌을 기다립니다. 하나님의 말씀을 아름다운 것으로 여길 뿐만 아니라 그 말씀을 믿을 수 있기를 바라지만, 내면의 느낌이 들지 않으면 자기 상황에는 적용할 수 없다고 결론지어 버리지요. 아마 솔직하게 말할 기회가 있다면, 내면의 느낌이나 확신이 들기 전까지는 하나님의 말씀을 자신의 상황에 적용하거나 믿을 수 없다고 고백할 겁니다. 진정, 하나님께서 우리를 돌보실 거라는 말씀에 기대조차도 하지 않는 태도이지요. 우리가 "아, 성경 말씀이 전부 진리라는 걸 알거나 느낄 수 있다면 좋을 텐데!"라고 말할 때 하나님께서는 "아, 너희가 성경 말씀이 전부 진리라는 걸 믿으면 좋을 텐데!"라고 말씀하십니다.

*

　위로의 결핍, 그 밑바닥에는 불신이 깔려 있습니다. 그 외에 다른 건 없지요. 하나님은 모든 면에서 우리를 위로하지만, 우리는 위로의 말씀을 믿지 않습니다.
　이를 해결하는 방법은 간단합니다. 위로를 받고 싶다면 마음을 새롭게 하여 하나님께서 하시는 모든 위로의 말을 전부 다 믿겠다고 결심하면 됩니다. 뿐만 아니라, 우리 마음이나 상황이 내뱉는 불안의 말에 귀를 닫고 어떤 슬픔이나 시련이 닥쳐도 돌처럼 단호히 위로자를 믿으며 모든 걸 감싸 안는 그분의 위로를 받아들이고 기뻐해야 합니다. 제가 "돌처럼 단호히"라고 말한 이유는 우리 주변 상황이 언짢을 때 하나님이 주는 위로의 말들을 믿기가 쉽지 않기 때문입니다. 우리는 위로의 문제에 있어서 다른 영적 문제만큼이나 의지를 써야 합니다. 위로받기를 거절한 혼이 아니라 위로받기로 결심한 혼이 되어야 하지요.

상황이 악화되어 손쓰기 힘들 정도에 이르면 어머니가 자기 자녀를 돌보듯 하나님이 우리를 돌보신다는 사실을 믿는 게 불가능에 가깝게 보일 수도 있습니다. 그래서 하나님이 부드러운 손길과 사랑으로 우리를 돌보신다는 말씀을 잘 알면서도 입 밖에서는 "아, 내가 그 말씀을 믿을 수 있다면 위로를 받을 텐데."라는 한탄이 새어 나올 수도 있지요. 이때, 우리의 의지를 써야 합니다. 말씀을 믿고 스스로에게 이렇게 다짐해야 합니다. "하나님께서 그렇게 말씀하셨고 그 말씀은 진리야. 나는 무슨 일이 있어도 그 말씀을 믿을 거야." 또한, 의심으로 자기 자신을 괴롭히지 말아야 합니다.

저는 누구든지 이 단순한 의지를 사용하면 머지않아 풍성한 위로를 받게 될 거라고 확신합니다.

시편 저자는 **내 속에 생각이 많은 때에, 주의 위로들이 내 혼을 즐겁게 하나이다**라고 고백합니다. 생각이 많을 때 그 생각들을 들여다보기가 겁날 수도 있습니다. 하나님의 위로보다는 불안의 생각이 더 많은 자리를 차지하고 있을까 염려가 될 수도 있지요. 그러나 하나님의 위로로 위로를 받으려면 하나님이 주는 위로를 생각해야 합니다. 우리 생각을 꼼꼼히 분석해 보고 불안이 만들어낸 생각에 비해 하나님의 위로를 주는 생각이 얼마나 많은지 비교해보세요. 혼에 좋은 훈련이 될 뿐만 아니라 장담하건대, 생각보다 하나님의 위로가 셀 수 없이 많아 깜짝 놀랄 겁니다!

*

 결론적으로, 독자 여러분 중 우리 주 예수 그리스도의 복음을 전파하는 분이 있다면 위탁받은 설교, 사명이 무엇인지 묻고 싶군요.
 제 생각에 진정한 사명은 이사야 40장 1, 2절에 있습니다. **너희는 위로하라. 너희는 내 백성을 위로하라. 너희의 하나님이 말하노라. 너희는 예루살렘에 다정하게 말하며 그녀에게 부르짖으라. 그녀의 싸움이 다 되었고, 그녀의 죄악이 용서받았나니 이는 그녀가 그녀의 모든 죄에 대하여 주의 손에서 배로 받았음이라. 너희는 내 백성을 위로하라.** 참으로 거룩한 명령입니다. 꾸짖지 마세요. 진정 복음 전파를 위해 부름 받았다면 사람의 복음이 아니라 그리스도의 복음을 전하세요. 사람은 꾸짖지만, 그리스도께서는 위로하십니다. 그리스도의 복음은 나쁜 소식이 아니라 항상 좋은 소식입니다. 그러나 일반적으로 사람의 복음은 약간의 좋은 소식과 많은 양의 나쁜 소식이 한데 뒤섞여 있습니다. 좋은 소식으로 가장한다 할지라도 사람이 만든 조건, "만일", "그러나" 같은 말들이 방해공작을 부려 영원한 기쁨이나 위로를 줄 수 없지요.

제 생각에 복음이라 불리기에 가장 합당한 복음은 주의 천사가 두려워하는 목자들에게 전한 좋은 소식입니다. 이 목자들은 들에 묵으면서 밤에 양 떼를 지키고 있다가 기쁜 소식을 들었지요. **보라, 내가 너희에게 큰 기쁨의 좋은 소식을 알리니, 두려워 말라. 이것은 모든 백성을 위한 것이라. 오늘 다윗의 성읍에서 너희에게 구주가 나셨으니, 그분은 주이신 그리스도시니라.**

이보다 더 큰 위로를 주는 설교는 없습니다. 위와 같이 모든 설교자가 위로를 주는 설교를 한다면, 그 설교를 들은 모든 회중이 말씀을 믿고 위로를 받아들인다면 더 이상 불편한, 불안한 그리스도인은 없을 겁니다. 그리고 온 땅은 바울의 기도로 가득 차게 되겠지요.

이제 우리 주 예수 그리스도와
우리를 사랑하시고 은혜 가운데서 영원한 위로와
선한 소망을 주신 하나님 곧 우리 아버지께서
너희 마음을 위로하시고 모든 선한 말과 일에
너희를 견고케 해주시기를 바라노라.

주는 나의 목자시니,
내가 부족한 것이 없으리로다.

03

우리의 목자

The Lord our Shepherd

03

시편 23편을 통해 드러난 하나님의 모습보다 더 큰 위로를 주는 구절은 아마도 없으리라 생각합니다. 그리고 요한복음 10장은 이 시편 23편의 연장선에 있습니다.

시편 저자는 주님이 나의 목자라고 고백하며 주님께서는 스스로를 선한 목자로 칭하십니다. 이보다 더 위로되는 말씀이 있을까요?

주 예수 그리스도를 믿는 신앙의 뿌리를 다지는 고상하고 숭고한 진리가 단순하고도 평범한 성경 구절에 담겨 있다는 건 실로 놀라운 일입니다. 제게 이 구절은 어린 시절부터 귀에 익숙한 구절이었습니다. 유아 시절, 제 어머니는 하늘에 계신 아버지의 사랑과 그분을 신뢰해야 하는 이유에 관해 가능한 한 쉽게 설명해주고 가르치는 걸 좋아하셨습니다. 그 시절, 어머니의 무릎에 앉아 이 구절을 들었을 때 이 단순한 문장에 어머니가 말하고자 했던 모든 진리가 담겨있다는 사실을 발견했었지요.

저는 우리 모두가 어머니의 무릎에 앉아 성경 말씀을 들었던 그때 그 시절로 돌아가야 한다고 생각합니다. 다시 그때로 돌아가 다 자란 성인의 지혜가 아니라 어린아이의 순수한 관점으로 성경 구절을 읽고 믿어야 한다는 거지요.

독자 여러분, 저와 함께 어린아이의 시편, 즉 유치원에서 어린아이들에게 보편적으로 가르치는 시편으로 돌아가 봅시다. 현재, 시편 23편의 내용을 기억하나요? 아마 기억하실 겁니다. 그렇다면 시편 23편을 실수 없이 처음 읽어 내려갔을 때 느꼈던 자부심과 기쁨을 다시 떠올릴 수는 없을까요? 처음으로 암기했던 날, 그 이후로 항상 이 구절을 알고 있었을 겁니다. 그 말씀에 담긴 의미를 알지 못해도 너무 오랫동안 들어서 친숙할 테지요.

사실, 시편 23편은 각 구절에 우리 신앙의 전말을 담고 있습니다. 이 전말을 모르는 분들이 너무도 많아, 가끔은 이 구절이 아직 사람의 마음에 심겨지지 못해서 그 참 의미가 드러나지 않은 건지 의심스러울 때도 있습니다.

이 친숙한 구절을 되뇌어 봅시다. **주는 나의 목자시니, 내가 부족한 것이 없으리로다.**

여러분의 목자는 누구인가요?

주님입니다! 아, 독자 여러분, 얼마나 아름다운 소식인가요! 하늘과 땅의 주 하나님, 만물의 전능한 창조주, 아주 사소한 것이라 해도 우주를 손안에 두고 계시는 그분이 바로 여러분의 목자입니다. 바로 그분께서 목자가 자기 양을 돌보고 지키듯 여러분을 돌보고 지키겠다고 약속하셨습니다.

여러분의 마음이 이 진리를 받아들이기만 하면 약속하건대, 여러분의 신앙생활은 이전보다 더 많은 위로와 평안으로 가득 차게 될뿐더러 작렬한 여름 태양 아래 안개가 사라지듯 불편했던 옛 신앙생활과 작별을 고하게 될 겁니다.

시편 23편은 한때 제 신앙생활에 강렬한 기억을 남겼었습니다. 물론, 어린 시절부터 지금까지 항상 친숙한 구절이긴 했지만 그렇게 특별한 의미가 담겨있는지는 알지 못했었지요. 이 강렬한 기억은 위로가 너무도 필요하지만 찾을 수 없었을 때 시작되었습니다. 당시에 저는 성경이 손에 들려있지 않았던 터라, 도움이 될 만한 성경 구절들을 제 마음속에서 찾아 헤맸습니다. 그때 갑자기 이 구절이 떠올랐습니다. **주는 나의 목자시니, 내가 부족한 것이 없으리로다.** 처음에는 그 구절을 무시했습니다. 그래서 속으로 "이렇게 평범한 구절이 도움이 되겠어?"라고 생각하며 더 독특한 구절을 생각해 내려고 애썼습니다. 그러나 그 어떤 구절도 떠오르지 않았습니다. 마치 성경에 있는 구절이 시편 23편 밖에 없는 거 같았지요. 결국, 이전에 했던 생각을 뒤집을 수밖에 없었습니다. "뭐, 일단 다른 구절이 생각나지 않으면 이 구절에서 도움을 얻는 수밖에 없지." 저는 이 구절을 되뇌기 시작했습니다. **주는 나의 목자시니, 내가 부족한 것이 없으리로다.** 그러자, 갑자기 말씀이 신비한 빛을 내더니 엄청난 위로를 제게 부어주었습니다. 더 이상 그 어떤 어려움도 겪지 않을 거 같은 생경한 기분이 들었지요.

저는 이 말씀을 깨닫자마자 성경 구절을 펴서 지금 경험한 위로, 말로 다 할 수 없는 위로의 보물이 진정 내 것인지 또 마음 놓고 그 위로의 보물이 주는 기쁨을 만끽해도 되는 건지 숙고해보고 찾아보았습니다. 이렇게 다시 확인하는 습관은 지금껏 제게 좋은 유익을 주었습니다. 당시에 주님이 우리 목자라는 약속과 고백을 구체화하고 체계적으로 정리해 놓은 덕분에 시편 23편의 진리는 의심과 시련의 폭풍우가 불어도 무너지거나 흔들리지 않는 확신이 되었습니다. 진정 주님이 나의 목자라는 진리, 그분께서 그 이름에 자신의 책무를 포함하고 있다는 진리, 그분께서 스스로를 "양들을 위하여 자기 생명을 내어놓는 선한 목자"로 칭하셨고 그 말이 참이라는 진리는 모든 의심을 뛰어넘어 진짜 제 확신이 되었습니다.

시편 23편과 이어지는 요한복음 10장에서 주님은 선한 목자와 악한 목자를 대조하십니다. **나는 선한 목자**라는 구절은 이어지는 구절, **삯꾼은 목자가 아니요, 양들도 자기 양들이 아니므로 이리가 오는 것을 보면 양들을 버려두고 도망치느니라. 그리하여 이리가 양들을 채 가고 흩어지게 하느니라**는 구절과 대조를 이룹니다. 또한, 주님은 선지자의 입을 통해 어리석은 목자에게 거센 비난을 쏟아내십니다. 스카랴 선지자는 이렇게 말합니다. **이에 주께서 내게 말씀하시니라. 너는 다시 어리석은 목자의 도구들을 취하라. 양 떼를 버려둔 우상 목자에게 화 있으리라! 칼이 그의 팔과 그의 오른눈에 임하리니, 그의 팔은 바싹 마르고 그의 오른눈은 완전히 어둡게 되리라.**

에스겔 선지자는 이렇게 말합니다. **주 하나님이 목자들에게 이같이 말하노라. 자신들만 먹는 이스라엘의 목자들에게 화가 있도다! 목자들이 양무리를 먹여야 하지 아니하냐? 너희가 환자에게 힘을 돋우어 주지 아니하고 병든 자를 치유하지 아니하며 상한 자를 싸매어 주지 아니하고 쫓겨난 자를 다시 데려오지 아니하며 잃어버린 자를 찾지 아니하였도다. 그 대신 너희가 폭력과 잔인함으로 그들을 다스렸도다. 그러므로 오 너희 목자들아, 주의 말을 들으라. 주 하나님이 이같이 말하노라. 보라, 내가 목자들을 대적하노라. 내가 내 양무리를**

그들의 손에서 찾고 그들이 양무리를 먹이는 것을 그치게 하리라.

분명, 그 어떤 그리스도인도 우리 거룩한 목자를 위 구절의 잔인한 목자와 같은 부류로 생각하지 않을 겁니다. 그러나 일부 그리스도인의 마음에 숨겨져 있는 불편한 무언가가 드러나는 순간 이야기는 달라집니다. 입 밖으로 꺼내 본 적은 없겠지만, 자기 자신도 모르게 주님을 불성실한 목자로 생각하는 불손한 감정이나 마음이 있을 수도 있으니까요.

주님은 우리가 영적 음식을 갈구할 때 듣지 않으셨고 사방에서 적이 괴롭히는데 구원하지 않으셨으며 우리 혼이 어둠에 갇혔을 때 구해주러 오지 않으셨고 약할 때 힘을 주지도, 영적으로 아플 때 치유해주지도 않으셨으며 우리를 저버리셨다고 그리스도인이 불평한다면 그게 무얼 의미하겠어요?

우리 선한 목자에 대한 모든 의심과 좌절, 은밀한 비난은 다 무얼 말하는 걸까요? 무얼 의미하는 거죠?

자신의 의심이 어떤 의미인지 또 시편 23편의 말씀이 어떤 의미인지 깨달은 사람은 마음이 변화를 받을 겁니다. "이제 저런 의심 따위는 내게 아무런 의미가 없어. 나는 시편을 기록된 대로 믿을 거야. 예전에는 '주는 양이고 나는 목자라. 내가 주를 꽉 붙들지 않으면 그가 도망치리라.'고 생각했어.

어리석은 생각이지. 어두운 때가 오면 주님은 단 한 순간도 나와 함께 하지 않는다고 생각했고 내 혼이 굶주려서 울부짖어도 그분이 나를 먹이시는 건 꿈속에서나 가능한 일이라고 생각했지. 이제야 알겠어, 난 주님을 신실한 목자로 전혀 생각하지 않았던 거야. 맞아, 주님은 선한 목자야. 그게 전부지. 더 필요한 건 없어. 이제는 주님이 나의 목자며 내가 부족한 것이 없다는 사실을 믿어!"

그리스도인 여러분, 여러분이 이 문제를 똑바로 마주하기를 기도합니다. 제가 묘사한 위 그리스도인과 같이 되고 싶나요? 아마도 여러분은 이미 시편 23편을 잘 알고 있다고 말할 겁니다. **주는 나의 목자시니, 내가 부족한 것이 없으리로다.** 그렇다면 정말 이 말씀을 실제 사실로 믿나요? 선한 목자의 보살핌을 받는 양으로서 반드시 느껴야 하는 자유, 행복, 안전을 만끽하고 있나요? 아니면 스스로를 목자 없이 버려진 가련한 양으로 생각하나요? 그것도 아니면 현재 나의 목자를 끼니도 챙겨주지 않고 위험한 상황이나 어둠에 방치하는 불성실하고 무능한 목자로 보고 있지는 않나요?

여러분의 혼은 이 질문에 솔직히 답할 수 있어야 합니다. 현재 신앙생활이 편안하신가요, 불편하신가요? 후자라면 어떻게 시편 23편과 조화를 이룰 수 있겠어요? 여러분은 주님이 자신의 목자라고 말하면서도 불평합니다. 누가 잘못한 걸까요? 여러분인가요, 주님인가요?

아마도 여러분은 이 질문에 대해 이렇게 답할 겁니다. "아, 아니요, 저는 주님을 비난하지 않아요. 그저 제가 너무 연약하고 어리석고 무지해서 그분의 보살핌을 받을 자격이 없을 뿐인걸요?" 그러나 여러분이 간과하고 있는 사실이 있습니다. 양은 항상 연약하고 무력하고 어리석습니다. 자기 자신을 돌볼 수 없기 때문에 목자가 있어야 하고 목자의 보살핌이 필요하지요. 양들의 행복과 안전은 양의 힘이나 지혜나 양이 가진 무언가에 달려 있는 게 아니라 전적으로 목자의 손길에 달려 있습니다. 여러분이 양이라면 여러분 역시 전적으로 여러분의 목자를 의지해야 합니다. 자기 자신을 의지해서는 안 되지요.

*

두 양 떼가 겨울 끝자락에 만나서 서로의 경험을 나눈다고 상상해봅시다. 한 양무리는 포동포동하고 건강하지만 다른 양무리는 병에 걸려 비쩍 마르고 볼품없습니다. 자, 이 상황에서 건강한 양 무리는 뭐라고 말할까요? "우리가 혼자 힘으로 얼마나 멋지게 가꿨는지 보이니? 이렇게 건강하고 튼튼하고 똑똑한 양은 없을걸?" 아닙니다. 분명, 이 양들은 자기 주인인 목자를 자랑할 겁니다. "우리 목자가 얼마나 멋진 분인지 아니? 겨울 폭풍 내내 돌봐주고, 야생 동물이 접근하지 못하게 지켜주고, 항상 맛있는 풀을 먹여 주셨다니까!"

그렇다면 병에 걸려 비틀거리는 양 무리는 어떨까요? "나는 정말 못된 양이야. 그러니 이 모양이지!"라고 말하며 스스로를 탓할까요? 아닙니다. 이 양들도 자기 목자에 관해 이야기하겠지요. "우리 목자는 너희 목자랑 정반대야! 우리 목자는 자기 입 챙기기도 바빠서 우리 먹을 건 신경도 안 쓰고 우리가 비틀거려도 부축해주지 않는걸? 심지어 아플 때도 치료해주지 않아. 이뿐만이 아니야. 다리를 다쳤을 때 붕대로 싸매 주지 않고 길을 잃었을 때도 찾으러 오지 않거든. 날씨가 쾌청하고 좋을 때나 밤에 천적이 없을 때면 같이 있어 주긴 하는데, 폭풍이나 위험이 닥치면 우리를 버리고 달아나버려. 아, 우리도 너희처럼 선한 목자를 만나면 좋을 텐데!"

 이 예시는 양의 관점에서 목자의 책임이 어떠한지 잘 보여주고 있습니다. 그러나 상황을 바꾸어 우리 신앙에 적용하려고 하면 갑자기 모든 책임이 목자의 어깨에서 양의 어깨로 옮겨지는 기이한 현상이 나타납니다. 거룩한 목자에게만 속한 일들이 인간 양에게 옮겨지면 인간 양은 스스로를 돌볼 지혜, 보살핌, 힘을 갖춰야 하는 상황에 놓이게 됩니다. 결국, 인간 양은 실패할 수밖에 없습니다. 불편한 신앙생활이 시작되었으니 때론 불행에 빠져 허우적대겠지요.

 양과 우리 사이에는 분명 차이가 존재합니다. 이를 부정하지는 않겠습니다. 양은 스스로를 돌볼 지혜나 힘이 없지만 우리는 분명 갖고 있으니까요. 우리는 양들이 다음과 같이 말하는 걸 상상할 수 없습니다. "아, 맞아. 우리에게는 우리를 돌보시겠다고 약속하신 선한 목자가 있어. 근데, 우리는 그 보살핌을 받을 자격이 없는걸? 그래서인지 그분을 신뢰하기가 겁나. 목자는 푸른 초원과 안전과 튼튼한 울타리를 약속했지만 우린 아무짝에도 쓸모없는 피조물이니까 감히 그런 울타리에 들어가지도, 그런 풀을 먹지도 못할 거야. 주제넘은 말일지 모르겠지만, 우리는 지금껏 스스로를 잘 돌보기 위해 최선을 다했어. 건강하고 튼튼한 양들은 목자의 보살핌을 신뢰할 거야. 근데, 우리처럼 불행한 양들은 그럴 수 없어. 우리가 힘든 시기를 보내고 있고 상태가 말이 아니라는 거에는 공감해. 하지만 어쩌겠어. 우리는 자격 없는 피조물이라 이게 최선이고 받아들이는 수밖에 없는걸?"

그 어떤 양도 이런 어리석은 말은 하지 않을 겁니다. 여기서 차이가 나타납니다. 우리 평가 기준으로 보면 우리는 양보다 훨씬 더 현명하기 때문에 양과 우리의 경우는 다르다고 치부해버립니다. 그래서 우리의 뛰어난 지적 능력으로 문제를 스스로 해결하려고 하며 목자의 손길을 거부해 버리지요.

실상은 이렇습니다. 그리스도의 양무리 중 어떤 양이 스스로 상태가 좋지 않다고 생각한다면 두 가지로 이 상황을 설명할 수 있습니다. 주님이 선한 목자가 아니어서 자기 양을 돌보지 않았거나 그 양이 주님의 보살핌을 믿지 못해서 부끄럽지만 자기 자신을 신뢰했거나 둘 중 하나이지요. 여러분 중에는 주님이 선한 목자가 아니라고 생각하거나 말하는 사람이 단 한 명도 없을 겁니다. 문제는 여러분이 주님을 자신의 목자로 믿지 않거나 믿는다 해도 그분의 보살핌을 거절한다는 거지요.

바라건대, 이 문제를 담대히 직면하고 정확한 답을 내리세요. 이 복된 관계를 정확히 이해하느냐가 여러분의 행복과 평안뿐만 아니라 목자의 영광도 결정지으니까요. 여러분의 비참한 상태가 하나님께 얼마나 큰 슬픔과 불명예를 안겨드리는지 생각해 본 적이 있나요? 목자의 신용은 양무리의 상태에 달려 있습니다. 그가 목자로서 자랑할 만한 자질을 갖추었다 해도 맡아서 기르고 있는 양무리가 병에 걸리고, 없어지고, 이리저리 다쳐서 상처가 난다면 그런 자질이 다 무슨 소용이겠어요?

양의 주인이 목자를 고용하려고 할 때는 당연히 과거의 고용주에게 이 목자가 양무리를 어떻게 돌보았는지, 고용주로부터 잘 배웠는지 물을 겁니다. 자, 주님은 자신을 가리켜 선한 목자라고 말씀하십니다. 그분은 온 우주에, 세상에, 교회에 **나는 선한 목자라**고 선포하십니다. 이들이 "주님의 양은 어디 있나요? 상태가 어떤가요?"라고 물을 때 주님께서는 우리를 자랑스럽게 보여주실 수 있을까요? 우리 중에 누군가가 목자의 보살핌을 거절한 탓에 상태가 말이 아니어서 주님의 이름에 불명예를 안겨다 드린다면 그보다 더 통탄할 일이 있을까요? 온 우주가 주 예수 그리스도께서 우리를 어떻게 바꾸실지, 우리가 어떤 양이 될지, 우리가 얼마나 잘 먹고 건강하고 행복할지 기대하며 바라보고 있습니다. 주님에 대한 판단은 그들이 우리 안에서 무엇을 보느냐에 따라 갈릴 겁니다.

바울은 이방인들에게 헤아릴 수 없는 그리스도의 풍요함을 전파하고 세상이 시작될 때부터 하나님 안에서 감추어져 왔던 신비의 교제를 모든 사람에게 알리기 위해 부르심을 받았다고 에베소 교회에 편지를 쓰면서 이 말을 덧붙였습니다. **이는 이제 교회를 통하여 천상에 있는 정사들과 권세들에게 하나님의 다양한 지혜를 알게 하려는 것이라. 이것은 하나님께서 그리스도 예수 우리 주 안에서 계획하신 영원한 목적에 따른 것이니라.**

우리는 온 우주가 하나님의 **"다양한 지혜"**, 즉 하나님께서 우리를 위해 무얼 하셨는지 알게 하려고 그분이 자기 양을 위해 놀라운 일을 계획하셨다는 말씀에 놀라 정신을 차리지 못할 수도 있습니다. 이 진리를 깨닫는 순간, 우리는 마음이 뜨거워져 주님의 구원을 완전히 신뢰하고 우리의 전부를 주님께 맡기게 될 겁니다. 그러면 하나님께서는 온 우주에서 큰 영광을 받으시고 온 세상은 그분을 신뢰하겠지요.

그러나 우리가 주님의 구원, 보살핌, 푸른 초장, 울타리와 우리를 거절하면 굶주려서 바들바들 떠는 양들로 전락해 불평을 쏟아내고 비틀거리며 주님께 불명예를 안겨다 드릴 겁니다. 그리고 세상은 우리의 비참한 모습을 보고 주님께로 가지 않으려 하겠지요.

　주변 그리스도인들의 상태를 생각해보세요. 세상 사람들이 교회에 가지 않으려는 건 어찌 보면 당연한 결과입니다. 일부 교회에서 한 해가 다 가도록 단 한 명의 혼도 이겨오지 못하는 현상은 놀랄 일이 아니지요. 제가 광야를 떠도는 가련한 양이라고 칩시다. 광야를 떠도는 중 아파 보이는 양이 울타리 틈새로 눈을 맞추며 이리 오라고 불러서 양우리를 보니 황량하고 불편해 보입니다. 당연히 그 우리에는 들어가고 싶지도 않을 거고, 들어가지도 않겠지요.

　누군가는 교회가 너무 잘 정돈된 묘지 같다고 말합니다. 사람들이 와서 묻히고 그게 끝인 그런 곳 말이지요. 살아있는 사람이 무덤에 거처를 두기를 바라는 건 말도 안 되는 상상입니다. 바깥에서 떠돌던 양이 양우리로 들어오길 바란다면 적어도 건강한 양으로 가득한 양우리가 되어야 합니다. 마찬가지로, 세상 사람들을 주 예수 그리스도의 구원으로 이끌어 오고 싶다면 만족감과 평안을 주는 구원을 보여줄 수 있어야 합니다. 그 누구도 이 땅에서 겪는 불안에 불편한 신앙까지 더하고 싶어 하지 않습니다. 분명히 말하지만, 세상 사람이 우리의 비참한 모습을 보고 구원받기를 바라는 건 말도 안 되는 망상입니다.

여러분이 자신을 돌보지 않으려 한다면 여러분의 초라하고 비참한 상태 때문에 거룩한 목자가 욕을 먹을 수밖에 없습니다. 주님을 섬기고 그분께 영광을 돌리고 싶다면 온 세상에 그분이 신실하고 선한 목자라는 사실을 보여주면 됩니다.

*

우선, 목자는 어떠해야 하는지, 선한 목자가 되려면 무엇을 해야 하는지 말씀에 담긴 진리를 마주하고 주님이 진정 선한 목자라는 사실을 대해야 합니다. 그 뒤에, 모든 의지를 모아 말씀을 되뇌세요. "주는 나의 목자다. 내가 뭐라고 생각하든지 그분은 나의 목자다. 그분은 나의 목자다. 주님께서 그렇게 말씀하셨어. 무슨 일이 있어도 나는 이 진리를 믿을 거야." 자, 이제 아래 구절을 각각 다른 단어에 강조점을 두고 읽으세요.

'**주**'는 나의 목자시니
주'**는**' 나의 목자시니
주는 '**나의**' 목자시니
주는 나의 '**목자**'시니

자격을 갖추었을 뿐만 아니라 책무를 다하는 이상적인 목자는 어떤 모습일지 생각해보세요. 그런 뒤에 **나는 선한 목자**라는 말씀을 읽어보면 여러분의 이상향보다, 여러분이 꿈꿔온 것보다 더 뛰어난 목자가 우리 주님이라는 사실을 깨닫게 될 겁니다. 주님은 그 누구보다도 뛰어난 목자입니다. 그분은 자기 양을 알며 목자의 책무와 자기 양무리를 위해 해야 하는 일, 곧 양무리 중 단 한 마리의 양도 잃지 않고 양들의 편안한 환경, 건강, 생명을 책임지며 보살피다가 안전히 주인의 양우리로 데려가야 하는 임무를 잘 알고 계시지요. 그래서 주님은 이렇게 말씀하셨습니다. **이것이 나를 보내신 아버지의 뜻이니, 즉 그분께서 내게 주신 모든 사람을 하나도 잃지 않고 마지막 날에 다시 살리는 것이라. 내 양들은 내 음성을 들으며 나는 그들을 알고 그들은 나를 따르느니라. 내가 그들에게 영생을 주노니 그들은 영원히 멸망하지 않을 것이며, 또 아무도 나의 손에서 그들을 빼앗지 못할 것이니라.**

아버지는 그리스도가 이 땅에 오기 몇 세기 전에 이렇게 말씀하셨습니다. **그러므로 내가 내 양무리를 구해 내리라. 내가 한 목자를 그들 위에 세우면 그가 그들을 먹이리니, 곧 나의 종 다윗이라. 그가 그들을 먹일 것이요, 그가 그들의 목자가 되리라.** 이 말씀을 읽을 때마다 아버지의 뜨거운 사랑을 조금이나마 맛본 거 같아 행복해집니다. 저는 아버지께서 전능한 아들에게 우리를 맡기시고 모든 악으로부터 이 양무리를 지켜주실 거라고 확신합니다.

주님께서는 자기 임무를 분명히 알고 수행하십니다. 그분은 어리석은 양도 지키고 돌보십니다. 비록 어리석은 양이 스스로를 지킬 힘도 없고 자기 길을 걸어갈 지혜도 없으며 내세울 만한 거라곤 나약하고 부실한 몸 밖에 없더라도 말이지요. 이런 것들로는 주님의 의지를 꺾을 수 없습니다. 주님의 힘과 능력이 이 모든 양무리를 살리기에 충분하니까요.

주님을 방해하는 것은 양의 특성이 아니라 주님의 보살핌을 거부하고 신뢰하지 않는 불신의 태도입니다. 양들이 배고프다고 징징거리면서도 주님께서 마련하신 음식을 그저 바라보기만 하고 먹지 않겠다고 고집을 부리면 주님이라 해도 그들의 허기를 채워줄 수 없습니다. 또한, 양들이 주님께서 만드신 보금자리를 신뢰할 수 없다고 말하거나 그곳에 들어가기에는 자격 없는 존재라고 말하며 밖에 서 있으면 주님이라 해도 그들을 보호하실 수 없지요. 이렇게 어리석은 짓을 하는 양은 없습니다. 그러나 아이러니하게도 양보다 현명한 사람이 이 어리석은 짓을 합니다. 그 어떤 양도 목자에게 이렇게 말하지 않습니다. "당신이 마련한 음식과 편안한 보금자리를 원하며 그 모든 것을 누리기를 열망합니다. 아아! 그렇지만 저는 자격이 없습니다. 저는 너무 어리석고 연약합니다. 고마운 줄 모르는 양이지요! 생각보다 허기도 참을 만하고 그렇게 보살핌이 필요한 것도 아닙니다. 겁이 나지 않는다면 거짓말이지만, 당신이 저를 위해 이 좋은 것들을 모두 마련하셨다는 말을 믿지 못하겠습니다." 선한 목자가 이 말을 듣는다면 마음이 심히 상하고 슬플 겁니다. 그래서 우리 주님께서는 그분을 신뢰하지 않는 자들 때문에 느끼는 슬픔을 어렴풋이 알려 주셨지요. 주님은 예루살렘을 보고 슬퍼하며 **적어도 이 너의 날에 너만이라도 너의 화평에 속한 일들을 알았더라면 좋았으련만! 그러나 이제는 그것들이 너의 눈에서 감추어졌느니라**고 말씀하셨습니다. 아, 그리스도인 여러분, 이런 말을 내뱉어서 거룩한 목자에게 상처를 준 적은 없나요? 잠깐이라도 목자의 편에 서서 양을 걱정하는 그분의 생각과 감정을 숙고해본 적이 있나요? 선한 목자는 자기 양을 돌봅니다. 주님이 여러분의 목자인가요? 그렇다면 그분은 모든 방법을 다 동원해 여러분을 돌보실 겁니다. 여러분의 생각과 감정은 중요하지 않습니다. 여러분은 목자가 아니라 양일 뿐이니까요. 중요한 건 목자의 생각과 감정입니다. 잠시 동안 여러분의 위치를 생각하지 말고 목자의 입장에 서 보세요. 목자의 관점으로 여러분의 상태를 보세요. 여러분이 무리에서 떨어져 헤매고 있을 때 여러분을 찾으러 오신 목자를 보세요. 여러분을 구원하려고 오는 목자의 다정한 사랑을 보세요. 이 모습을 기억하세요. 주님의 달콤한 말씀을 믿고 받아들이세요.

우리 믿음이 단순하다면 성경 말씀대로 주님을 받아들이

고 믿을 겁니다. 그러면 우리 삶은 우리 주님이 비추는 눈부신 햇살 아래 더할 나위 없이 행복하겠지요.

그렇습니다, 우리 믿음이 문제입니다. 우리 믿음은 하나님의 말씀을 있는 그대로 받아들일 만큼 단순하지 않습니다. 그래서 말씀에 "그러나", "만일"이라는 불신의 단어를 맘대로 갖다 붙이지요. 우리 상상으로 하나님의 사랑 빛을 가리면 본질이 흐려져 말씀을 똑바로 이해할 수 없습니다. 우리가 불신의 단어를 던져 버린다면! 하나님의 전능, 변치 않는 사랑, 손길을 의심하지 않고 믿는다면! 그래서 화평의 말씀을 이해한다면 얼마나 좋을까요! 제 글을 읽고 이런 의문이 들 수도 있습니다. "목자에 관한 말씀이 모두 참이라고 칩시다. 그러면 양의 역할은 무엇인가요?" 완전한 신뢰와 순종입니다. 그저 우리가 따르는 주님의 능력을 온전히 신뢰하면 되지요.

*

자, 이제 여러분의 목자를 따르고 순종하는 법을 알려 드리겠습니다. 양이 목자의 손에 자신을 맡기듯 주님의 보살핌과 인도에 여러분을 맡기고 그분을 완전히 신뢰하세요.

우리는 주님께서 어디로 이끄시든지 두려워 말고 따라야 합니다. 그분은 항상 자기 양을 푸른 초장과 잔잔한 물가로 이끄시니까요. 나 자신이 사막 한복판에 있는 것처럼 느껴질 수도 있습니다. 주변 환경이나 내 마음 상태에 풀이라고는 눈을 씻고 찾아봐도 보이지 않고 푸른 초장까지 가기 위해서는 긴 여정을 해야할 수도 있지요. 여러분의 상황이 그럴 수 있습니다. 그러나 기억하세요. 선한 목자는 여러분이 서 있는 곳을 푸른 초장으로 만드실 겁니다. 그분의 능력은 사막에서도 장미를 피워낼 수 있습니다. 그래서 **가시나무를 대신하여 전나무가 나오며 찔레를 대신하여 도금양나무가 나올 것이라. 광야에는 물이 솟아 나오며 사막에는 시내가 흐르리**라고 약속하셨지요.

이렇게 말하는 분이 있을 수도 있습니다. "제 삶에는 유혹과 슬픔의 폭풍우가 끊이질 않습니다. 그러니 한동안은 잔잔한 물가를 거닐 수 없겠지요." 그러나 여러분의 목자는 성난 바다 앞에서 **잠잠하라, 고요하라**고 명령하시지 않았나요? 그 명령에 바다가 아주 잠잠해지지 않았나요? 그 능력은 여전히 유효합니다!

수많은 그리스도인 양 떼가 자신을 하나님의 손에 완전히 맡겼더니 그분께서 성난 폭풍을 잠재우고 사막을 꽃밭으로 바꾸셨다고 고백합니다. 제 말에 오해가 없기를 바랍니다. 외부의 문제, 안전, 고통이 완전히 사라진다는 뜻이 아니라 마음속 깊은 곳에 있는 혼의 장소가 푸른 초장과 잔잔한 물가로 변한다는 뜻이니까요. 목자는 어떤 초장이 자기 양에게 적합한지 잘 알고 있습니다. 그러니 양들은 의심을 지우고 목자를 신뢰하며 따라야 합니다. 때로는 양무리 중 일부에게 꼭 필요한 초장이 적진 한가운데나 세상의 역경 속에 있을 수도 있습니다. 목자가 여러분을 그곳으로 이끈다면 그곳에 여러분을 위한 푸른 초장이 있다고 확신해야 합니다. 그곳에 가서 먹어야 한층 더 성장하게 될 테니까요.

선한 목자가 그를 신뢰하는 양무리를 위해 무얼 하는지 말로 다 설명할 수는 없지만, 성경을 보면 더 자세히 알 수 있습니다. 주님의 약속에 따르면 선한 목자가 하는 일은 이러합니다. **내가 그들과 화평의 언약을 세우고 악한 짐승들을 그 땅에서 그치게 하리라. 그리하면 그들이 광야에서 안전하게 거하며 수림 가운데서 잠자리라. 내가 그들과 내 산 사면에 있는 곳들을 복이 되게 할 것이며 또 내가 때를 따라 소나기를 내리게 하리니 거기에는 복된 소나기가 있게 되리라. 들의 나무들은 열매를 맺고 땅은 그 소산을 내리라. 그들은 그들의 땅에서 안전할 것이라. 그들이 다시는 이방에게 약탈물이 되지 아니하리라. 아무도 그들을 두렵게 하지 아니하리라.**

*

자, 이쯤 되면 어떻게 해야 주님을 나의 목자로 삼을 수 있을지 궁금할 겁니다. 답은 간단합니다. 여러분은 주님을 여러분의 목자로 삼을 필요가 없습니다. 이미 주님이 여러분의 목자시니까요. 여러분은 그저 주님을 여러분의 목자로 알고 그분의 손에 모든 걸 내어드리면 됩니다.

여동생을 원했던 아이들에게 부모가 여동생이 태어났다고 알려주면 아이들은 "아, 여동생이 있으면 좋을 텐데!"라고 말하거나 "여동생을 가지려면 어떻게 해야 해요?"라고 묻지 않습니다. 오히려 기쁨을 주체하지 못하고 폴짝폴짝 뛰며 모두에게 "야호! 우리도 이제 여동생이 생겼어요!"라고 외치겠지요.

이와 마찬가지로 주의 천사들이 모든 사람에게 **두려워 말라. 보라, 이는 내가 너희에게 큰 기쁨의 좋은 소식을 알림이니 이것은 모든 백성을 위한 것이라. 이는 오늘 다윗의 성읍에서 너희에게 구주가 나셨음이니, 그분은 주이신 그리스도시라**는 기쁜 소식을 전했을 때 이 소식을 듣고 "아, 나도 구세주가 있다면 좋을 텐데!"라고 말하거나 "그리스도를 나의 구주로 삼으려면 어떻게 해야 하나요?"라고 묻는 사람은 아무도 없었습니다. 그리스도는 이미 우리 구세주로 태어나셨으니까요. 우리는 그저 이 사실을 기뻐하고 그분의 손에 우리 자신을 맡기면 됩니다. 복잡할 게 없지요. 그저 믿고 따르는 겁니다. 오늘부로 선한 목자를 믿고 그분의 손길을 신뢰하는 모든 혼은 조만간 새로워진 모습, 즉 그분의 푸른 초장에서 먹고 잔잔한 물가를 거니는 자신의 모습을 발견하게 될 겁니다.

우리 목자이신 주님께서 당연히 우리를 잘 돌보시지 않겠어요? 주님의 사전에 불편한 양우리, 누런 초원, 성난 물가는 없습니다. 겉으로 드러나지 않을 순 있지만, 우리는 바깥 사람들에게 우리 내면의 일들을 증거해야 합니다. 주님의 양우리와 초원이 혼의 내적 삶에 항상 화평과 위로를 준다는 사실을 보여주어야 하지요.

이 모든 진리를 이해하기 힘들다면, 완전한 신뢰의 삶이 복잡해 보이고 이해하기 어렵다면 이해하려 하지 말고 그냥 실행에 옮겨 보세요. 어린 아이 같은 마음으로 시편을 읽고 고백하세요. "시편 23편을 믿겠습니다. 이것이 제 간증이니까요. 마음으로는 늘 알고 있었지만 제게 큰 의미를 주지는 못했습니다. 그러나 이제는 주님이 제 목자이며 목자로서 저를 돌보실 거라는 사실을 믿으려 합니다. 다시는 의심하거나 의문을 품지 않겠습니다." 그러고 나서 양이 목자의 손길에 자신을 맡기듯 주님의 손길에 여러분을 내어 드리세요. 그분을 온전히 신뢰하고 어디로 이끄시든지 따라가세요.

여기서 간과하지 말아야 할 건 양은 본능에 따라 무의식적으로 목자를 신뢰하지만, 우리는 본능을 거스르고 의식적으로 주님을 신뢰해야 한다는 겁니다. 실제로 우리는 주님을 신뢰하기 위해 노력합니다. 왜냐하면 그분을 신뢰하겠다고 선택한 거니까요. 아무리 무지하고 연약한 사람이라 해도 이 선택을 내릴 수 있고 노력할 수 있습니다. 선한 목자의 양이 된다는 게 어떤 의미인지 전부 다 이해하지 못해도 괜찮습니다. 주님은 우리를 다 아시니까요. 우리 믿음이 이 복되고 경이로운 관계를 주님께 요구하면 주님께서는 그분의 사랑과 지혜와 능력에 따라 우리를 돌보실 겁니다. 우리의 부족한 이해 능력에 달린 일이 아니지요.

성경에서 다른 구절을 살펴보지 않아도 이 시편 23편이 여러분의 신앙생활에 충분한 위로를 주리라고 확신합니다. 고백하건대, 이 시편을 믿는 성도는 그 마음에 다른 무언가를 걱정할 방이 남아있지 않을 겁니다. 주님이 우리의 목자이신데, 잘못될 일이 있겠어요? 주님이 우리의 목자시니, 시편의 모든 약속은 우리의 것입니다. 시편을 통해 하나님을 알게 되면 신뢰의 환희로 **진실로 선하심과 자비하심이 내 생애의 모든 날 동안 나를 따르리니 내가 주의 전에 영원히 거하리로다**라고 고백하게 될 겁니다.

결론적으로, 독자 여러분 중에 그리스도와 새로운 관계, 목자와 양의 관계를 시작하려 한다면 순종적인 양이 되어 모든 사랑과 보살핌과 애정으로 돌보는 주님을 여러분의 목자로 믿고 그분이 이끄는 대로 따라가세요. 그러면 예전에 갖고 있던 영적 불안이 모두 사라지고 모든 이해를 뛰어넘어 그리스도 안에서 마음과 생각을 지키는 하나님의 화평을 맛보아 알게 될 겁니다.

그들이 주께서 자기들에게
아버지에 관해서 말씀하신 것을
깨닫지 못하므로

아버지에 관한 말씀

He spake to them of the father

04

하나님의 여러 이름 중에 하나님을 가장 잘 설명하는 이름은 우리 주 예수 그리스도를 통해 드러났습니다. 바로 "**아버지**"라는 이름이지요. 특별히 그리스도를 통해 드러났다고 말한 이유는 하나님께서 수많은 세대를 걸쳐 여러 이름으로 불리셨고 각각이 그분의 성품을 드러내고 있지만 그리스도만이 그 모두를 포함한 이름, "**아버지**"란 이름을 통해 하나님을 나타내 보이셨기 때문입니다. 이 이름에는 모든 지혜와 능력의 이름, 모든 선과 사랑의 이름이 담겨 있으며 우리의 모든 바람을 완전히 충족시켜줍니다. 아버지의 품 안에 계신 독생자, 그리스도만이 이 이름을 드러내실 수 있습니다. 아버지를 아는 유일한 분이시니까요. 그리스도께서는 이렇게 말씀하셨습니다. **아버지께서 나를 아시는 것같이 나도 아버지를 아나니 ... 아버지를 본 사람은 아무도 없으나 하나님으**

로부터 온 사람만이 아버지를 보았느니라.

구약에서 하나님은 아버지로 계시되지 않고 자기 백성을 위해 싸우는 강한 전사 혹은 자기 백성을 다스리고 보살피는 위대한 통치자로 나타났습니다. 구약에서는 아버지라는 이름이 여섯 일곱 번밖에 등장하지 않지만, 신약에서는 수백 번 등장합니다. 아버지를 아는 그리스도만이 그분을 계시할 수 있었으니까요. **아버지 외에는 누가 아들인지 아무도 모르며, 또 아들과 아들이 아버지를 계시하고자 하는 자 외에는 누가 아버지인지 아무도 모르나이다.**

여기서 우리 앞에 놓인 중요한 문제는 우리가 그리스도께서 아버지에 관해 하신 말씀을 개별적으로 이해했느냐입니다. 그리스도께서 아버지라는 말을 줄곧 쓰신다는 사실을 알고 있다면 적어도 그 이름의 의미를 이해해야 하지 않겠어요? 아버지가 어떤 분인지, 무얼 뜻하는지 어렴풋이 알기보다는 확실히 알아야 하지 않겠어요?

하나님이 진실로 자신의 아버지라는 사실을 이해하지 못하는 성도들이 참 많습니다. 이 때문에 지금도 수많은 하나님의 자녀들이 불안한 신앙생활을 지속하고 있지요. 이들은 하나님을 보좌에 앉아서 세상이 두려움에 떨게 하려고 지킬 수 없는 법을 내놓을 뿐만 아니라 세상이 그 요건을 채우지 못해서 결국은 발걸음을 돌리게 만드는 엄한 심판자, 가혹한 감독관, 닿을 수 없는 고관으로 생각합니다. 그러나 아버지 이신 하나님은 다정하고 사랑스러우며 충분히 우리를 동정하실 수 있는 분입니다. 우리가 그분을 알지 못하는 자들에 맞서야 할 때 아버지처럼 우리 곁을 지키시는 분이지요.

확신하건대, 하나님을 정말 자기 아버지로 아는 사람은 그 혼에 불안이 있을 수 없습니다.

더 나가기 전에 분명히 해야 할 것이 있습니다. 제가 말하는 아버지는 세상에서 말하는 좋은 아버지보다도 상위개념입니다. 때로 인간 아버지는 무정하고 폭력을 행사하며 이기적이고 잔인하며 무관심하고 태만합니다. 물론, 이런 아버지는 좋은 아버지라 불릴 수 없겠지요. 그러나 하나님은 선하십니다. 선하고 좋은 아버지가 되지 못하실 바에는 아버지 자체를 하지 않으시는 분입니다. 우리는 이 세상에서 좋은 아버지를 알고 있습니다. 주변에 없다고 해도 그려볼 수는 있습니다. 저 역시 세상에서 말하는 좋은 아버지를 알고 있습니다. 덕분에 제 어린 시절은 좋은 아버지가 베푼 넘치는 사랑의 햇살로 가득합니다. 그런 아버지를 두었다는 사실은 인생을 살아갈 때 큰 축복입니다. 수년이 지나도 생생히 기억나는 순간들을 선물해주니까요. 아버지와의 사랑스러운 기억은 분명, 하나님의 완벽한 아버지상을 아는 데 큰 도움을 주었습니다.

그러나 하나님은 아버지일 뿐만 아니라 어머니이기도 하십니다. 우리가 알다시피 어머니의 사랑과 애정은 무한합니다. 부모를 만들었고, 아버지이면서 동시에 어머니이기도 하신 하나님은 자신보다 더 사랑이 많은 부모를 창조하지 않으셨습니다. 즉, 우리가 하나님 아버지를 알고 싶다면 지금껏 알고 있거나 상상해본 최고의 부모상을 총집합 시켜야 한다는 겁니다. 물론, 이 부모상도 하늘에 계신 하나님 아버지의 희미한 형상에 불과합니다.

*

우리 주님께서는 제자들에게 기도하는 법을 가르칠 때 "**하늘에 계신 우리 아버지**"라는 이름으로 기도하셨습니다. 우리 역시 이 관점에서 하나님의 이름을 생각해보아야 합니다. 하나님의 자녀들이 수 세기 동안 수백만 번 입에 올렸던 이름이지만 개중에서 그 이름을 온전히 이해한 사람은 얼마나 될까요? 모두가 그 이름의 의미를 알고 썼다면 하나님의 성품이 와전되거나 그분의 사랑에 대해 의심하는 일은 없었을 겁니다. 그러나 그 의미를 알지 못했기 때문에 수 세기 동안 의심과 와전이 자녀들의 혼을 비참하게 만들었습니다. 아마도 하나님의 성품에 대한 잘못된 생각은 하나님의 이름에서 기인했을 겁니다. 압제, 몰인정, 무시는 왕, 심판자, 입법자라는 하나님의 이름에서 온 생각이니까요. 그러나 우선적으로 보면 하나님은 아버지입니다. 하나님은 선한 아버지이기 때문에 위와 같은 잘못된 생각은 성립될 수 없습니다. 게다가 하나님은 "**영원하신 아버지**"이기 때문에 어떤 상황에서도 그 이름에 충실하십니다. 선한 아버지로서 행하고 "선"에서 벗어나는 일은 하지 않으시지요. 선한 아버지, 좋은 아버지가 자기 자녀를 잊거나 무시하거나 불공정하게 대하는 건 상상도 할 수 없는 일입니다. 막돼먹은 아버지, 악한 아버지는 그럴지 몰라도 좋은 아버지는 결코 그런 짓을 하지 않습니다! 우리 하나님을 복된 이름, 아버지로 부를 때는 그분이 좋은 아버지 중의 단연 최고이자 우리의 상상보다 더 뛰어난 아버지상이라는 사실을 명심해야 합니다. 앞서 말했듯이 이 아버지상은 어머니와 아버지가 하나로 결합된 개념이며 최상의 부모상일 뿐만 아니라 이 이름은 모든 사랑, 애정, 연민, 열망, 자기희생을 포괄하고 있습니다. 이 땅의 부모와 이어진 혈통 때문에 항상 인지하지 못한다 해도 구원받은 그리스도인이라면 하나님 "**아버지**"가 마음속 깊은 곳에 있는 혼의 혈통이라는 점을 인정하지 않을 수 없지요.

이에 독자 여러분은 아버지라는 이름 말고 하나님의 또 다른 이름들에 무서운 인상이 있지 않느냐고 물을 수도 있습니다. 물론, 그 이름들이 하나님의 복된 이름, "**아버지**" 외에 여러 성품을 보여주는 건 맞지만, 그 기저에는 "**아버지**"라는 이름이 깔려있습니다. 하나님은 심판자이신가요? 그렇습니다. 다정한 아버지와 같은 심판자이시지요. 하나님은 왕이신 가요? 그렇습니다. 왕이면서 동시에 아버지이시기 때문에 아버지의 부드러운 손길로 백성들을 다스리시지요. 하나님은 입법자이신가요? 그렇습니다. 무력한 자녀들의 무지와 연약함을 기억하며 아버지의 마음으로 법을 주는 입법자이시지요. **아버지가 자식을 불쌍히 여기듯 주께서도 자기를 두려워하는 자들을 불쌍히 여기시나니, 이는 그가 우리의 체질을 아시며 우리가 진토임을 기억하심이라.** 즉, "세상 심판자가 심판하듯 하나님도 심판한다, 세상 감독관이 통제하듯 하나님도 통제한다, 세상 입법자가 법을 선포하듯 하나님도 법을 선포한다."는 말은 잘못된 생각입니다. "아버지가 자녀를 불쌍히 여기듯 하나님도 우리를 불쌍히 여긴다."가 맞는 말이지요.

"**우리 아버지**"라는 이름을 벗어나서 하나님을 생각하면 안 됩니다. 우리가 개념적으로 두고 있는 하나님의 여러 특성은 반드시 "**우리 아버지**"라는 이름에 기반을 두어야 합니다. 세상의 좋은 아버지가 하지 않는 일은 아버지 하나님께서도 하지 않으십니다. 세상의 좋은 아버지가 할 법한 일은 아버지 하나님께서도 하시지요.

우리 주님께서는 "하나님 아버지께서 자기 아들을 사랑하듯 우리를 사랑하신다"는 놀라운 진리를 우리가 발견할 수 있도록 요한복음 17장에서 마지막 기도를 하실 때 아버지의 이름을 분명히 밝히셨습니다. 과연 우리는 이 진리를 믿고 있을까요? 아마도 많은 그리스도인이 요한복음 17장을 여러 번 읽고 묵상했을 겁니다. 과연 우리는 이 분명한 사실, 곧 하나님께서 그리스도를 사랑하는 만큼 우리를 사랑하신다는 진리를 정말 믿고 있을까요? 이 사실을 실제로 믿는다면 불안한 생각이나 반항적인 생각을 또 할 수 있을까요? 그게 가능할까요? 분명, 주님은 아버지를 아셨을 뿐만 아니라 그분이 자녀를 완벽히 보호하시리라는 사실을 알고 계셨기 때문에 아무것도 염려하지 말라고 하셨지만 안타깝게도, 자기 독생자를 사랑하는 만큼 우리를 사랑하시는 거룩한 아버지께서, 우리 주 예수 그리스도께서 어떤 상황이 닥치더라도 모든 방법을 동원해 우리를 지키실 거라고 항상 확신하는 사람은 거의 없습니다.

주님이 하신 말씀에 종합해서 보세요. "나의 아버지일 뿐만 아니라 너희의 아버지이기도 하신 하늘의 아버지께서 참새와 백합화를 돌보시니, 많은 참새보다 더 귀한 너희도 돌보시리라." 그리스도의 말씀처럼 하늘의 아버지께서 우리의 모든 필요를 아시는데 염려하고 불안해하다니, 이 얼마나 어리석은 모습인가요! 좋은 아버지가 그러하듯 주님은 우리의 필요를 아시고 채워주십니다.

이 땅에서 말하는 좋은 아버지상을 이해하지 못한다고 해서 문제 될 게 있을까요?

다시 말하지만, 우리 주님께서는 하늘의 아버지가 자녀에게 더 선하고 자상하고 복을 주길 원한다는 사실을 보여주시려고 이 땅에 있는 아버지와 하늘에 계신 아버지를 비교하십니다. **너희가 악하다 할지라도 너희 자녀에게 좋은 선물을 줄 줄 알거든 하물며 하늘에 계신 너희 아버지께서 구하는 자들에게 좋은 것들을 주시지 않겠느냐?** 좋은 아버지가 굶주린 자녀에게 빵이나 물고기 대신 돌이나 뱀을 주는 모습을 상상할 수 있나요? 그런 짓을 하는 아버지라면 우리 혼이 경기를 일으키지 않겠어요? 그러나 정말 많은 하나님의 자녀들이 하늘에 계신 아버지를 위와 같은 아버지, 즉 복을 구했는데 저주를 내리고 빵을 구했는데 돌을 주는 아버지로 생각합니다. 아마도 이런 사람들은 전 세계 부모의 만행에 대해 국가적으로 항의하는 아동 보호 협회에 속해 있을 겁니다. 이 땅에 있는 아버지를 처벌하기 위해 한 자리에 모여서는 이것 때문에 하늘에 계신 아버지께 쏟아지는 부정한 여러 고소는 생각하지 않겠지요. 하나님은 이 땅의 악한 아버지들과는 차원이 다른 선한 아버지인데도 말입니다.

하늘의 아버지께서는 우리에게 좋은 것들을 주길 원하시는데, 이는 그저 바람에서 그치지 않으십니다. 우리 주님께서는 이렇게 말씀하셨습니다. **적은 무리야, 두려워 말라. 너희에게 그 왕국을 주시는 것이 너희 아버지의 참된 기쁨이니라.** 하나님은 마지 못해서 주시는 분이 아닙니다. 자신의 "**참**

된 기쁨"을 위해 주시는 분이며 주기를 기뻐하시는 분이지요. 자녀에게 왕국을 주길 원하는 아버지의 바람은 자녀의 바람보다도 훨씬 더 큽니다. 때로는 이 땅의 부모들도 자녀들에게 좋은 것을 주고 싶은 강한 열망이 넘쳐 자녀의 바람을 뛰어넘을 때가 있습니다. 이를 통해 자녀들에게 왕국을 주는 하나님의 **"참된 기쁨"**을 이해할 수 있지요. 그렇다면, 왜 자녀들은 하늘의 아버지께 필요를 구할 때 두려워 떨거나 거절에 대한 불안으로 스스로를 괴롭히는 걸까요?

답은 하나입니다. 아버지를 알지 못하기 때문입니다.

*

우리는 "하나님의 가족"입니다. 성경에서는 누군가 자기 가족을 돌보지 않는다면 그는 **믿음을 부인한 자요, 불신자보다 더 나쁜 자**라고 말합니다. 가족에 대한 기초 원리인 셈입니다. 우리가 "하나님의 가족"이 된 이후부터는 이 원리가 하나님께도 적용됩니다. 고로, 하나님 아버지께서 우리를 돌보지 않는다면 그분이 뱉은 말이 그분을 비난하겠지요. 빈정대는 말이 아닙니다. 이 진리를 깨닫는 사람이 거의 없어서 강조했을 뿐이지요.

하늘에 계신 아버지의 책임감을 처음으로 깨달았을 때가 제 인생에는 큰 변곡점이었습니다. 그 순간에 인생의 짐

이제 어깨에서 떠나 아버지의 어깨로 옮겨갔고 모든 두려움, 불안, 의문이 아버지의 사랑의 심연 속으로 빨려 들어갔지요. 아이를 세상에 태어나게 한 부모는 모든 법, 곧 최선을 다해 자녀를 지키고 보호해야 한다는 인간과 하나님의 법에 묶여 있고 이는 인간의 본능 속에 내재되어 있습니다. 그리고 이를 통해 인간 부모가 자기 자녀를 책임지게 하신 창조주께서도 자기 자녀에게 똑같은 책임을 지신다는 놀라운 사실을 알 수 있습니다. 이 얼마나 큰 기쁨인가요! 이 기쁨을 알았을 때 제 모든 근심은 사라졌습니다. 혼이 이 관점으로 아버지를 바라보게 되면 진정한 쉼이 찾아올 겁니다.

자녀라면 아버지이신 우리 하나님 안에서 쉴 수밖에 없습니다. 제 인생에서 이 기쁨을 맛본 이후로는 의심이나 불안의 유혹이 찾아와도 귀를 내어주지 않고 모든 의심을 아버지께 던져 놓게 되었습니다. 하늘에 계신 아버지를 신뢰하기 때문이지요.

우리는 종종 의심과 두려움이 겸손에서 비롯한 무자격 때문이라고 생각합니다. 또한, 의심과 불안을 특별한 경건의 신호로 여기기도 하며 어떤 면에서는 하나님을 기쁘시게 할 거라고도 생각하지요. 부모와 자녀의 입장에서 생각해보세요. 만일 자녀가 부모와의 관계 속에서 부모의 사랑을 의심하고 부모의 보살핌을 의심하며 두려워한다면 자녀의 입장에서 봤을 때 이 의심과 불안이 효도의 증거일까요? 자녀의 불안과 두려움이 부모를 기쁘게 할까요?

하나님께서 우리 아버지라면 우리는 두려움, 의심, 불안을 저 멀리 던져 버리고 그 짓을 반복하지 말아야 합니다. 충분히 할 수 있습니다. 술고래한테 술을 끊으라고 독촉하는 것처럼 우리도 의심들을 버리면 됩니다. 의심하지 않겠다고 굳게 다짐할 수 있지요. 우리의 의심이 하나님을 거스르는 죄고 하나님의 신용에 의심을 품는 행위라는 사실을 알게 되면 곧바로 근절하게 될 겁니다. 지금까지는 의심이 우리 신앙의 일부라고 생각해서 끌어안고 있었을 수 있고 그게 결국 혼의 태도가 되어버렸을 수도 있습니다. 그러나 지금부터라도 하나님께서 우리 아버지라는 사실을 알게 되면 아버지의 사랑과 보살핌을 훼손시키는 모든 의심과 불안을 떨쳐 버리게 될 겁니다.

"**우리 아버지**"라는 이름에 걸맞은 성품과 길을 갖고 계신 하나님께서 그 이름 그대로 우리의 아버지가 되셨습니다. 이보다 더 바랄 게 있을까요? 빌립의 말이 마음에 와닿는 순간입니다. **주여, 아버지를 우리에게 보여 주소서. 그러면 만족하겠나이다.** 하나님께서 우리의 아버지이시니, 진정 만족합니다. 이 감정을 어떻게 말로 설명할 수 있을까요!

＊

하루는 제 친구가 필라델피아의 가난한 동네에서 사는 흑인 할머니에게 도움이 필요하다는 소식을 듣고 만나러 갔습니다. 상황은 우려했던 것보다 더 심각했습니다. 가난한 흑인 할머니는 류머티즘에 걸려 몸이 불편했고 작은 집에서 혼자 살며 간간이 주변 이웃의 도움을 받고 있었지요. 그러나 할머니는 불우한 상황에도 밝고 쾌활했으며 하나님의 자비에 감사가 넘쳤습니다. 제 친구는 이런 상황에도 감사와 기쁨이 넘치는 할머니의 모습에 놀라 할머니에게 "가뜩이나 몸도 불편하신데 혼자 계시면 안 무서우세요? 무슨 일이라도 생기면 어쩌시려고요?"라고 물었지요.

흑인 할머니는 그 말에 놀라 눈을 동그랗게 뜨고 제 친구를 쳐다보며 이렇게 말했습니다. "무섭냐니! 아가야, 나한테 아버지가 계신데, 그 사실을 까맣게 잊은 거냐? 이 나이를 먹도록 아버지께서 자상히 돌봐 주셨는데, 왜 그런 소리를 하니." 제 친구가 당황하자 할머니는 한 번 더 꾸짖으셨습니다. "내 아버지가 네 아버지인데! 너는 아버지를 알고 아버지께서 항상 자기 아들들을 돌보신다는 것도 알면서 왜 그러니?" 제 친구는 그날 얻은 교훈을 인생에서 결코 잊을 수 없었습니다.

사도 요한은 이렇게 말합니다. **보라, 아버지께서 어떠한**

사랑을 우리에게 주셔서 우리로 하나님의 아들들이라 불리게 하셨는가.** 우리에게 부어진 "**어떠한 사랑**"은 아들을 위한 아버지의 사랑이자 부드러운 보호의 손길이 담긴 사랑입니다. 이 사랑은 우리의 연약함과 필요를 알며 그에 따라 우리를 보살피지요. 그분은 우리를 아들로 대하시기 때문에 우리 역시 그분을 아버지로, 곧 어떤 불안도 없이 신뢰할 수 없는 아버지로 대하길 바라십니다. 우리는 아버지를 신뢰하고 의지하는 아들의 자리에 앉아야 합니다. 그래야 아버지께서 제 역할을 수행하실 수 있으니까요. 우리는 자녀이고 하나님은 아버지이십니다. 아버지께서는 아버지의 역할을, 아들은 아들의 역할을 해야 합니다. 우리는 종종 아버지의 역할을 스스로의 어깨에 얹으려 합니다. 스스로를 돌보고 알아서 필요를 채우려 하지요. 이 땅의 좋은 아버지도 자기 자녀가 그 여린 어깨에 아버지가 해야 할 짐까지 지는 걸 원하지 않는데, 하늘에 계신 아버지는 얼마나 더 하실까요.

하나님께서 우리를 돌보시니, 모든 걸 그분께 맡겨야 합니다. 너무도 당연한 말이지만, 정말로 하나님께서는 우리를 돌보십니다. 아버지로서 마땅히 해야 할 일이니까요. 그렇지 않다면 좋은 아버지가 아닙니다. 하나님께서 우리에게 바라시는 건 단순합니다. 무엇이든 필요한 것이 있으면 아버지께서 채워주실 거라고 믿고 놔두는 거지요. 우리가 그렇게 하면 **모든 지각을 초월하시는 하나님의 평강이 우리의 마음**

과 생각을 지키실 겁니다. 이 땅에서도 좋은 아버지 밑에서 자란 자녀들은 아버지를 신뢰하기 때문에 화평합니다. 그러나 아이러니하게도 하늘에 계신 아버지의 자녀들은 아버지를 신뢰하지 않아 화평을 자주 잃어버립니다. 이런 자녀들도 아버지께 필요를 구하기는 합니다. 문제는 그게 끝이라는 거지요. 꼭 거쳐야 하는 신앙의 형식이라고 생각해서 아버지께 구하기는 하지만, 아버지께서 자녀를 돌보신다는 말씀을 믿지 않기 때문에 그 약속을 기억하지 못하고 결국은 모든 짐을 자기 어깨에 짊어집니다. 마치 하늘에 계신 아버지가 없는 사람처럼 아버지의 손길을 구하지 않으니 이 얼마나 어리석은 짓인가요!

이 땅의 좋은 아버지가 자녀에게 신뢰를 받아 마땅하다면 우리 하늘의 아버지는 얼마나 더 할까요? 그런데 하나님을 신뢰하는 자녀가 왜 이리도 적을까요? 아직, 하나님께서 우리 아버지라는 사실을 알지 못한 걸까요? 아니면 기도할 때 매일 아버지의 이름을 부르는데도 아버지가 어떤 분인지 알지 못하는 걸까요? 이 땅의 좋은 아버지가 그러하듯 하늘에 계신 아버지도 가련한 자녀들을 불쌍히 여기고 친절을 베풀며 보살피십니다. 아버지가 낳은 자녀들을 보호해야 할 의무가 있기 때문이지요. 혹여, 이 진리를 몰라서 그러는 걸까요? 이런 아버지를 신뢰하지 않을 자녀는 아무도 없습니다. 그러나 창조할 때 아버지의 자격을 버리고 우리의 운명에 관심이 없는 낯선 창조자는 그 누구의 신뢰도 받을 수 없습니다. 설마 하나님을 이런 창조자로 생각하는 건 아니겠지요?

*

여러분의 불안과 의심을 해결하기 위해서는 아버지를 알아야 합니다.

바울은 이렇게 말합니다. **너희는 다시 두려워하는 종의 영을 받지 아니하였고 양자 되는 영을 받았으므로 그에 따라 우리가 "아바, 아버지"라 부르짖느니라.** 독자 여러분, 여러분의 마음속에는 "**양자 되는 영**"이 거하고 있나요? 아니면 "**두려워하는 종의 영**"이 거하고 있나요? 신앙생활의 모든 평안과 위로는 여러분의 마음에 어떤 영이 거하고 있느냐에 달려 있습니다. 여러분의 마음속에 "**양자 되는 영**"이 거하지 않는다면 어떤 투쟁도, 고민도, 기도도, 노력도 위안을 줄 수 없습니다.

그렇다면 어떻게 해야 "**양자 되는 영**"을 얻을 수 있을까요? 이 영은 얻는 게 아니라 그저 따라오는 겁니다. 참된 아버지로 하나님을 알면 그에 따른 필수적인 결과로 따라오지요. 이 진리를 발견하면 자녀답게 행동하고 생각할 수밖에 없습니다. 이것이 바로 "**양자 되는 영**"이 하는 역할입니다. 불가사의한 일도, 신비스러운 일도 아닙니다. 심판자인 줄만 알았던 하나님 안에서 아버지를 발견하게 되면 따라오는 자연스러운 결과이지요.

모든 혼이 이 위대한 진리를 발견해야 합니다. 이를 위해 특별한 과정을 거쳐야 할 필요는 없습니다. 그저 그리스도께서 아버지에 관해서 하신 말씀을 읽고 믿기만 하면 됩니다. **진실로 진실로 내가 너에게 말하노니, 우리는 아는 것을 말하고 또 본 것을 증거하노라. 그래도 너희는 우리의 증거를 받아들이지 아니하는도다.** 아버지에 관한 지식에 이르기 위해서는 그리스도의 증거를 받아들여야 합니다. **내가 너희에게 하는 말들은 내 스스로 하는 것이 아니라 내 안에 거하시는 아버지께서 그 일들을 하시는 것이라.** 요한복음에서 주님은 그리스도의 증거를 받아들이는 사람이 매우 적다는 형국에 슬퍼하며 인상적인 말씀을 남기십니다. **그분의 증거를 받은 사람은 하나님께서 참되시다는 것을 확증하느니라.**

그리스도의 모든 권세는 우리의 자세에 따라 서기도 하고 추락하기도 합니다. 우리가 그리스도의 증거를 받아들이면 그분께서 참되시다는 사실이 확증됩니다. 그러나 우리가 그리스도의 증거를 받아들이지 않으면 그분을 거짓말쟁이로 만드는 꼴이 되지요.

그리스도께서는 **만일 너희가 나를 알았더라면 나의 아버**

지도 알았으리라. 이제는 너희가 그분을 알고 또 보았느니라고 말씀하십니다. 이제, 우리가 해야 할 일은 그리스도의 증거를 받아들이고 "아버지를 알겠다고" 마음에 결정을 내리는 겁니다. 다른 사람들이 어떤 하나님을 섬기든지 오늘부로 우리는 "**오직 한 분 하나님, 아버지**"를 섬깁시다.

비록 하늘에나 땅에나 신들이라고 불리는
(많은 신들과 많은 주들이 있어도)
우리에게는 오직 한 분 하나님, 아버지가 계시니
만물이 그분께로부터 났고 우리도 그분 안에 있으며
또 한 분 주 예수 그리스도가 계시니
만물이 그분을 통하여 있고
우리도 그분을 통하여 있느니라.

사람들로 하여금
그 이름이 홀로 여호와이신 주께서
온 땅 위에 지극히 높으신 분임을 알게 하소서.

여호와

Jehovah

05

여호와는 하나님의 모든 이름 가운데 가장 포괄적인 이름입니다. 크루든 성구사전은 이 이름을 말로 표현할 수 없는 하나님의 이름이라고 설명합니다. 여호와라는 이름은 홀로 존재하는 분, "**나**"라는 뜻으로, 일반적으로는 하나님이 어떤 분인지 직접 계시할 때 쓰입니다. 성경의 여러 곳에서는 하나님의 특정 성품을 드러내기 위해 이 이름에 설명어를 덧붙이기도 하는데, 저는 특별히 이 이름들에 주목하고자 합니다.

여호와이레 - 주께서 보시리라 혹은 주께서 예비하시리라.
여호와니시 - 주는 나의 깃발
여호와샬롬 - 화평의 주

여호와칫케누 - 주 우리의 의
여호와삼마 - 주께서 거기 계신다

이 이름들은 몹시 어려운 때에 이스라엘을 통해 나타났습니다. 이스라엘이 하나님의 성품과 특징을 이름으로 서술했기 때문에 이 이름들은 그 성품을 자연스럽게 표출합니다.

여호와이레

아브라함이 어찌할 다른 방도가 없어 자기 아들을 재물로 드리려고 나왔을 때 주님은 이삭을 구원하고 그를 대신해 희생제물이 될 양을 마련해두셨습니다. 그리고 이때, 아브라함은 여호와가 자기 백성들의 필요를 알고 주시는 분이라는 사실과 그것이 그분의 성품 중 하나라는 놀라운 진리를 깨닫게 되었지요. 그래서 아브라함은 주님을 여호와이레라 불렀습니다.

신약에서는 이 이름과 상응하는 구절이 대단히 많습니다. **하늘에 계신 너희 아버지께서는 너희에게 이런 모든 것이 필요한 줄 아시느니라.** 주님께서 우리의 필요를 보고 아신다면 너무도 당연히 그 필요를 예비하고 채워주실 겁니다. 우리의 아버지이신 주님이 마땅히 해야 할 역할이니까요. 좋은 어머니는 자녀가 무엇이 필요한지 보고 바로 그것을 준비해 둡니다. 아이가 구할 때까지 기다리지도 않습니다. 보는 걸로 충분하니까요. 좋은 어머니라면 마땅히 그래야 합니다.

마찬가지로 하나님께서 우리에게 "나는 네 필요를 보는 주라, 나는 예비하는 주라"고 말씀하시면 의심하지 마세요. 주님은 정말 그런 분입니다. 결코 우리의 필요를 놓치지 않으시지요.

여러분이 "근데 왜 저는 필요한 걸 받지 못했을까요?"라고 묻는다면 답은 하나입니다. 하나님께서 여러분이 원하는 게 정말 여러분에게 필요한 게 아니라 오히려 그 정반대라는 사실을 보셨기 때문이지요. 주님께서는 우리에게 꼭 필요한 걸 주시기 위해 부득이하게 우리가 바라는 걸 저지하기도 하십니다. 여러분은 알지 못하지만, 하늘에 계신 여러분의 아버지는 여러분에게 꼭 필요한 것이 무엇인지 아십니다. 여러분이 원하는 걸 모두 받으면 여러분의 욕구는 충족될지 몰라도 꼭 필요한 걸 받지 못할 수도 있습니다. 여호와이레, 우리 하나님으로 만족해야 합니다. 그러면 주님께서 주실 겁니다.

그러나 현시대의 많은 그리스도인이 아브라함의 여호와를 발견하지 못했을 뿐만 아니라 주님이 진정 여호와이레라는 사실을 알지 못합니다. 미래에 혼을 구원해 주실 주님은 신뢰할지 몰라도 주님이 지금 당장 자신의 앞날을 보살피고 책임지실 거라고는 생각하지 못하는 거지요. 이처럼 어리석은 사람의 이야기를 하나 들려드리겠습니다. 한 청년이 등에 무거운 짐을 지고 있었습니다. 다행히도 한 친구가 짐을 내려놓을 수 있는 수레를 주었지만, 산을 오르며 짐을 나르는 도중에도 청년은 짐을 내려놓지 않았습니다. 짐의 무게가 얼마나 무거운지 청년의 등골이 휠 지경이었지요. 그 모습을 보고 친구가 이렇게 물었습니다. "짐을 수레에 실지 그래?"

그러자 청년이 "아, 내 짐이 많아서 차마 너한테 내 짐까지 맡길 수가 없었어."라고 답했습니다. 이렇게 어리석은 사람이 또 있을까 싶겠지만, 여러분의 모습도 이와 비슷하지 않나요? 여러분도 이 청년처럼 주님의 보살핌을 신뢰하지 않고 가녀린 어깨에 무거운 짐을 지고 있지는 않나요? 여러분과 청년 중에 누가 더 어리석은 사람일까요?

여호와니시

"주는 나의 깃발" 여호와니시는 아말렉과 이스라엘이 르비딤에서 싸울 때 모세가 발견한 이름입니다. 주님께서는 이 전쟁에서 이스라엘에게 영광스러운 승리를 주셨습니다. 모세는 주님이 그들을 위해 싸우셨다는 사실을 알았으며 이를 기념하기 위해 제단을 쌓았고 여호와니시라 불렀습니다. 성경은 이 이름을 여러 구절을 통해 해석해줍니다. **주는 전사시요. 너희를 위하여 싸우시는 그분이 너희 하나님이라. 주께서 너희를 위하여 싸우시리니 너희는 가만히 있을 지니라. 너희는 두려워 말고 놀라지 말라. 이는 싸움이 너희에게 속한 것이 아니라 하나님께 속하였음이라. 보라, 하나님께서 친히 우리와 함께하시어 우리의 대장이 되시는도다.**

우리가 주님께 맡기기만 한다면 주님이 우리를 위해 싸우실 거라는 진리를 이보다 더 완벽히 증명할 수 없습니다. 주님께서는 우리에게 영적 원수들을 대적할 힘이나 능력이 없다는 걸 알고 계십니다. 연약한 자녀가 적들의 공격을 받고 있을 때 자상한 어머니가 그러하듯 주님은 우리를 위해 싸우며 "두려워 말고 가만히 있으라"고 속삭이십니다. 주님을 신뢰하는 것만이 영적 전쟁에서 승리할 수 있는 유일한 길입니다. 그러나 우리는 이 진리를 뒤늦게 배우는 경향이 있습니다. 유혹의 목소리가 들려오면 주님께 전쟁을 맡기는 대신 온 힘을 다해 혼자 싸워보려고 버둥거리지요. 물론, 우리도 주님께서 가까운 곳에 계시기 때문에 최악의 경우에는 우리를 도우실 거라고 믿습니다. 다만, 최악의 상황이 오기 전까지 혼자 모든 싸움을 하려 한다는 게 문제입니다. 이런 태도는 대개, 회개에서 결심과 약속으로 이어졌다가 또다시 승리를 위한 싸움에 지쳐 실패하고 마는 주기를 갖고 반복합니다. 회개, 결심, 약속, 또 다른 싸움, 실패가 계속해서 되풀이되는 거지요. 결국은 이번이 마지막이라고, 이번에는 꼭 승리할 거라고 스스로 되뇌면서도 이전보다 더 나쁜 결과를 만들어 내버리고 맙니다. 이런 태도가 몇 주씩, 몇 달씩, 몇 년씩 이어지게 되면 구원에 이를 수가 없습니다.

이에 의문을 제기할 수도 있습니다. "그러면 우리는 싸우지도 말라는 건가요?" 물론, 우리도 싸워야 합니다. 다만, 이런 식은 아니지요. 우리는 바울이 디모데에게 권고한 "**믿음의 선한 싸움**"을 해야 합니다. 이 싸움은 여호사밧이 치른 전쟁에서도 발견할 수 있습니다. 여호사밧과 그의 군대가 적과 싸우기 위해 행군할 때 승리의 노래를 부르자 적들의 시체가 눈 앞에 펼쳐져 있었습니다. 우리의 역할은 전쟁을 주님께 맡기고 승리를 위해 그분을 신뢰하는 겁니다.

또한, 우리는 우리의 갑옷이 아니라 주님의 전신 갑옷을 입어야 합니다. 한 사도가 이 갑옷에 대해 자세히 알려 주었습니다. 바울은 진리의 허리띠, 의의 흉배, 화평의 복음으로 된 신발, 구원의 투구, 하나님의 말씀인 성령의 칼, 그리고 모든 것 위에 믿음의 방패를 가지라고 조언하면서 이 중에서도 특히, 믿음의 방패는 악한 자의 모든 불붙은 화살을 끌 수 있는 능력을 갖고 있다고 말합니다.

여기에 약속이나 결의, 몇 날 며칠 동안 고통스러운 투쟁, 약간의 후회 따위는 없습니다. **모든 것 위에 믿음의 방패를 가지라.** 모든 것 위에 믿음이 있습니다. 믿음이 가장 중요한 본질입니다. 믿음이 없으면 다른 건 소용이 없지요. 이를 통해 알 수 있는 점은 영적 전쟁을 치를 때 주님께 모든 싸움을 맡겨야 할 뿐만 아니라 주님께서 이기실 거라고 믿어야 한다는 겁니다. 그런데 여기서 문제가 발생합니다. 그저 가만히 앉아서 주님을 신뢰하는 것 외에 아무것도 하지 않는 상황이 불안해지기 시작하면 직접 전쟁을 치르고 싶다는 열망도 커지게 되니까요. 물에 빠져 구조를 바라는 사람의 손을 차마 외면할 수 없듯 우리가 영적 문제에 손을 떼는 것도 무척이나 어려운 일입니다. 우리 힘으로 전쟁을 치르겠다고 고집부리면 주님도 달리 손을 쓰실 수가 없습니다. 주님께서 안 하시는 게 아니라 하실 수 없는 겁니다. 우리의 간섭이 하나님의 일을 방해하니까요. 세속적인 힘이 활동하는 동안에는 영적인 힘이 제 역할을 할 수 없습니다.

우리 주님께서는 그분 없이 우리가 아무것도 할 수 없다고 말씀하셨고 우리는 그분의 말씀을 수없이 반복해서 읽었습니다. 그런데 왜 이 말씀을 믿는 사람이 이리도 적을까요? 우리 마음속에 있는 은밀한 생각을 밝은 곳으로 끌고 와보면 어떨까요? "물론, 그리스도께서 그렇게 말씀하신 건 맞지만 우리 스스로 큰일이나 위대한 일을 할 수 없다는 뜻으로 말씀하신 걸 거야. 아무것도 할 수 없다는 뜻은 아니야. 말도 안 되는 소리지. 우리는 아기가 아니야. 온 힘을 다해 적과 싸우다가 힘이 바닥나면 그때, 주님께 도움을 요청하면 돼." 수차

레의 실패에도 불구하고 어리석은 생각, 즉 더 끈질기게 노력하면 능히 적들과 맞설 수 있을 거라는 생각을 버리지 못합니다. 영적인 영역과 그 적들에게는 우리의 타고난 힘이 무용하다는 이 중대한 사실을 완전히 간과해 버린 결과입니다. 잠자리 유충은 연못 바닥에 살면서 건강한 유충으로 자라다가 잠자리가 되면 진흙을 기어 다닐 때 썼던 유충 시절의 힘을 더 이상 쓰지 않게 됩니다. 그런 힘은 공중을 날아다니는 데 무용하니까요.

우리가 하늘을 날아야 한다면 이 땅을 걷는 능력이 무용한 것처럼 우리의 타고난 힘도 영적 전쟁을 치르는 데 무용합니다. 걸으려고 애쓰면 하늘을 나는 데 방해가 되는 것처럼 타고난 힘도 영적 전쟁에는 걸림돌이 됩니다. 이처럼 영적인 적들을 다룰 때 우리 자신을 신뢰하면 심각한 결과를 낳을 수밖에 없습니다. 실패, 패배뿐만 아니라 끝내 반란의 원인이 될 수도 있습니다. "영적 전쟁"이라 불리던 싸움이 "영적 반란"으로 뒤바뀌어 버리는 거지요. 하나님께서는 우리의 투쟁을 멈추고 전쟁을 그분께 맡기라고 말씀하지만, 우리는 단호히 거절해버립니다. 그리고는 열심히 싸웁니다. 싸움을 하는 건 맞지만 믿음의 싸움이 아니라 불신의 싸움이지요. 우리가 종종 자랑스럽게 여기는 영적 "싸움"을 자세히 살펴보면 대개 하나님의 적을 대항하는 싸움이 아니라 하나님을 대항하는 싸움입니다. 우리는 스스로 두려움과 불안에 잠겨 영의 씨름, 혼돈, 흑암에 뛰어들어 놓고는 이것을 "영적 전쟁"이라 부르며 스스로를 "특별한 경우"로 여깁니다. "특별한 경우"를 설명할 수 있는 유일한 단어는 "불신"입니다. 그리고 "믿음"만이 이 "특별한 경우"를 해결할 수 있지요.

그렇다면 "싸우는 야곱"은 어떤 경우일까요? 그도 지독히 싸워서 이기지 않았던가요? 오히려 그 반대입니다. 야곱은 더 이상 싸울 수 없을 정도로 연약할 때 승리를 쟁취한 경우라고 할 수 있습니다. 야곱이 천사와 싸운 게 아니라 천사가 야곱과 싸운 겁니다. 야곱은 천사가 이겨야 할 대상이었습니다. 천사는 야곱의 저항이 너무도 대단해서 "이길 수 없다"는 사실을 알았습니다. 그래서 넓적다리의 우묵한 곳을 쳤고 이에 야곱의 넓적다리는 위골되었지요. 야곱이 천사를 이긴 순간입니다. 야곱은 더 이상 저항할 수 없을 정도로 연약했을 때 하나님을 얻었습니다. 힘을 잃자 힘을 얻었고 더 이상 싸울 수 없을 때 이겼지요.

우리도 야곱과 크게 다르지 않습니다. 주님께서는 완전한 신뢰를 어디에 둘지, 그 자리를 놓고 우리와 싸우십니다. 우리는 힘이 다할 때까지 저항하다가 결국 순종으로 순종의 자리를 차지합니다. 우리의 승리는 항상 우리가 약할 때 옵니다. 그리고 바울은 이 승리를 알았던 사도였습니다. 그래서 이렇게 고백합니다. **주께서 내게 말씀하시기를 "내 은혜가 네게 충분하도다. 이는 내 능력이 약한 데서 온전하게 됨이니**

라."고 하셨느니라. 그러므로 내가 오히려 매우 기쁘게 나의 약한 것들을 자랑하리니 이는 그리스도의 능력이 내게 거하게 하려 함이라. 그러므로 내가 그리스도를 위하여 약한 것들과 모욕과 궁핍과 박해와 곤경을 기뻐하노니 이는 내가 약할 때 곧 내가 강하기 때문이라.

이보다 더 아름다운 승리가 있을까요!

주님을 우리의 깃발로 삼고 그분께 모든 싸움을 맡기면 이 승리는 우리의 것이 될 겁니다.

여호와샬롬

"화평의 주" 여호와샬롬은 기드온이 발견한 이름입니다. 기드온은 주님께서 자신을 불러 주의 일을 맡기셨을 때 자신이 이 일에 적합하지 않은 자라고 느꼈습니다. 그래서 이렇게 답했습니다. 오 나의 주여, 내가 무엇을 가지고 이스라엘을 구원하리이까? 보소서, 나의 집은 므낫세 중에서 가난하고 나는 내 아비 집에서 가장 작은 자니이다. 그러자 주님께서는 이렇게 말씀하셨습니다. 반드시 내가 너와 함께하리니 네가 미디안인들을 한 사람 치듯이 치리라. 내게 화평이 있으라. 두려워 말라. 네가 죽지 아니하리라. 기드온은 주님의 말씀을 믿었습니다. 아직 전쟁을 치르지도 않았고 승리한 것도 아니지만, 그는 믿음의 눈으로 이미 보증된 화평을 보았고 주께 제단을 쌓아 그것을 여호와샬롬이라 불렀습니다.

인간의 마음에 가장 필요한 것이 화평입니다. 그보다 더 간절한 게 없지요. 그리고 이 화평은 복음에 풍성히 약속되어 있습니다. 주님께서는 이렇게 말씀하십니다. **내가 너희에게 화평을 남겨두나니 나의 화평을 너희에게 주노라. 너희는 마음에 근심하지 말고, 두려워하지도 말라. 내가 이런 것들을 너희에게 말한 것은 너희가 내 안에서 화평을 지니게 하려 함이라. 세상에서는 너희가 환난을 당할 것이나 기운을 내라. 내가 세상을 이겼노라.**

화평에 관한 우리의 개념은 내적인 측면보다 외적인 측면이 우세합니다. 모든 적이 달아나고 모든 역경이 끝나는 것처럼 눈에 보이는 현상에 초점이 맞춰져 있지요. 그러나 주님은 내적인 화평, 곧 역경 중에도 존재하며 고난을 이겨내는 화평에 주목하십니다. 이 내적인 화평의 기반은 승리입니다. 단, 이 승리는 우리가 아니라 그리스도께서 세상을 이기셨기 때문에 이룩한 승리이지요. 승리자만이 화평을 선포할 수 있으며 그분을 따르는 자들은 그 화평을 만끽하기만 하면 됩니다. 그분을 따르는 자들은 화평을 이룩할 능력이 없습니다. 그러나 화평을 받아들이지 않고 마음에 화평을 지니지 않을 수는 있습니다. 그래서 그리스도께서 화평을 이루셨다는 사실을 믿지 않고 계속 싸우느라 비참한 상태로 살아갈 수도 있습니다. 화평은 여러분의 선택에 달려 있습니다. 여러분이 믿지 않는다 해도 그분은 화평을 이루셨습니다. 계속되는 투쟁은 유해무익할 뿐이지요.

성경은 그리스도가 우리의 화평이라고 계속해서 강조합니다. 화평을 누리든지 누리지 못하든지, 그리스도 안에서 화평은 우리의 것이며 믿음으로 이 화평을 소유해야 합니다. 믿음은 하나님의 말씀을 믿고 주장하는 겁니다. 하나님께서 화평이 있다고 말하면 믿음은 그렇다고 주장하고 화평을 누립니다. 마찬가지로, 우리도 하나님의 말씀인 성경에서 화평을 선포하면 우리 마음에 화평을 선포하고 무슨 일이 일어나는지 보면 됩니다. **하나님의 나라는 성령 안에서 의와 화평과 기쁨이라.** 이 나라에 들어가지 못한 혼은 화평을 완전히 소유할 수 없습니다.

특별히, 우리 모두가 빌립보서 4장 6, 7절에 순종하면 항상 화평을 누릴 수 있을 거라고 확신합니다. **아무것도 염려하지 말고 다만 모든 일에 기도와 간구로 너희의 구하는 것들을 감사함으로 하나님께 알려지게 하라. 그리하면 모든 지각을 초월하시는 하나님의 평강이 그리스도 예수 안에서 너희의 마음과 생각을 지키시리라.** 절차는 매우 간단합니다. 우선은 아무것도 염려하지 말아야 합니다. 그리고 구하는 것들을 하나님께 맡겨야 합니다. 기억하세요. 이것들을 분명히 지키면 평강이 이를 겁니다. 이 외에 무언가를 해야 할 필요가 없지요.

여호와칫케누

"주 우리의 의" 여호와칫케누는 예레미야 선지자의 입을 통해서 주님이 직접 드러낸 이름입니다. 예레미야는 그리스도의 초림을 예언한 선지자입니다. **주가 말하노라. 보라, 그 날들이 오리니 내가 다윗에게 한 의로운 가지를 일으키리니, 한 왕이 치리하고 번성하여 지상에서 공의와 정의를 실행하리라. 그의 날들에 유다는 구원을 받고 이스라엘은 안전하게 거하리라. 이것이 그의 이름이니 그는 여호와칫케누라, 곧 '주 우리의 의'라 불리리라.**

인간에게는 '의'가 반드시 필요합니다. 그리스도인의 생활에서 대부분의 갈등과 투쟁은 죄와의 싸움, 의를 이루기 위한 노력에서 비롯합니다. 그리고 우리는 이 갈등과 투쟁에서 쓰라린 실패를 수없이 맛보았지요. 우리가 우리의 노력으로 죄를 이기고 또 의를 이루려고 하는 한 실패할 수밖에 없습니다. 그러나 주님이 우리의 의라는 사실을 깨닫는다면 승리의 비결을 얻은 겁니다. 주 예수 그리스도 안에서 우리는 하나님의 아름다운 이름에 관한 풍성한 계시를 받았습니다.

바울 사도는 자신의 지위를 "그리스도의 대사"라 칭하면서 이렇게 말합니다. **하나님께서 죄를 알지도 못하는 그를 우리를 위하여 죄로 삼으신 것은 우리로 하여금 그 안에서 하나님의 의가 되게 하려 하심이라. 너희는 그분께로부터 나서 그리스도 예수 안에 있고 주께서는 하나님께로부터 나서서 우리에게 지혜와 의와 거룩함과 구속이 되셨느니라.** 안타깝게도, 이 말씀의 의미를 온전히 이해하는 그리스도인을 찾아보기 어렵습니다. 말씀을 종교적인 단어처럼 되풀이하고 그리스도의 구원에 속한 좋은 말씀일 거라고 어렴풋이 생각하기만 할 뿐 실제로 어떻게 사용해야 하는지는 알지 못하지요.

"주 우리의 의"라는 하나님의 이름은 대단히 실용적으로 사용할 수 있는 이름입니다. 할 수만 있다면 이 부분에 대해 쉽게 설명해 드리고 싶지만, 참으로 어렵군요. 신학적으로 설명할 수는 없지만, 그래도 제 경험을 이야기해드리겠습니다. 우리는 필요할 때마다 꺼내서 쓸 수 있도록 의를 비축해 두려고 하지 않습니다. 그 대신 그리스도 안에서 우리를 위해 마련된 의를 필요할 때마다 새롭게 꺼내서 쓰려고 하지요. 풀어 말하면, 우리가 인내, 겸손, 사랑과 같은 의가 필요할 때 그저 저절로 받기를 바라면서 바라만 보는 건 헛수고라는 겁니다. 그런 태도로는 결코 의를 발견할 수 없습니다. 우리는 우리의 의이신 그리스도 안에서 우리를 위해 마련된 의를 믿음으로 받아서 소유해야 합니다. 신학적으로 이 일이 어떻게 이루어지는지 설명할 수는 없지만, 경험을 통해 이 점을 뼈저리게 느꼈습니다. 그리고 그 결과 엄청난 환희를 맛보았지요. 믿음의 손을 뻗어 의를 매 순간 소유하고 그리스도 안에서 필요한 모든 것을 쌓아 두자, 햇살이 쏟아져 내리듯 달콤한 평안과 온유가 어둡고 냉랭한 영에 쏟아져 내렸습니다. 그리스도 안에서 우리의 것인 믿음을 믿음으로 받아들이자, 독설을 품던 혀가 상냥한 말을 내뱉었고 불안했던 마음이 차분해졌으며 칭얼거리던 영이 잠잠해졌지요.

바울은 율법을 통한 의(우리의 노력에 따른 의)가 결코 만족을 줄 수 없다는 사실을 로마서 3장을 통해 입증해 보입니다. **그러나 이제는 율법 없이 하나님의 의가 나타났으니 율법과 선지서들을 통해 증거된 것이니라. 곧 하나님의 의는 예수 그리스도를 믿음으로 인한 것으로 모든 자와 믿는 모든 자에게 미치나니 차별이 없느니라.**

오직 믿음만이 의를 소유할 수 있습니다. 그리고 그 의는 그리스도 안에서 우리의 것입니다. 우리가 믿음으로 용서받은 것처럼 믿음으로 인내, 친절, 온유, 오래 참음 등 여러 덕목을 우리의 것으로 만들 수 있습니다. 우리의 수고나 노력으로는 용서는커녕 그 어떤 의도 얻을 수 없습니다. 그럼에도 그리스도인들은 무의미한 노력을 멈추지 못합니다! 바울은 이런 사람들에 대해 이렇게 말합니다. **내가 그들에 대해 증거하노니 그들에게는 하나님께 대한 열성은 있으나 지식을**

따라 된 것은 아니니라. 이는 그들이 하나님의 의를 모르고 자기들의 의를 세우려 함으로써 그들 스스로 하나님의 의에 복종치 아니하였음이니라.

부디 열성적인 혼들이 하나님의 경이로운 이름, "주 우리의 의"를 발견해서 자기 의를 세우기 위해 찾아 헤매던 헛된 여정을 그만두고 하나님의 의에 복종하기를 바랍니다. 한 선지자는 우리의 모든 의가 더러운 걸레 같다고 말합니다. 바울 역시 기도로 그리스도 안에서 발견되고자 함이니 나의 의는 율법에서 나온 것이 아니요, 그리스도를 믿음으로 말미암아 나온 것이니 곧 믿음에 의해서 하나님께로부터 나온 의라고 고백합니다.

여러분은 이 기도의 의미를 이해하나요? 온 마음으로 하나님의 의에 동참할 준비가 됐나요? 그러하다면 율법에서 나온 의는 오늘부로 끝났습니다. 이제, 여호와칫케누가 여러분의 모든 필요를 채워주실 겁니다.

여호와삼마

"주께서 거기 계신다" 여호와삼마는 에스겔 선지자가 포로 생활 중 이스라엘 자손이 미래에 거할 성읍에 관한 환상을 보았을 때 발견한 이름입니다. 에스겔 선지자는 예루살렘의 성읍을 묘사하면서 끝으로 자신이 본 하나님의 이름을 남겼습니다. **그 날로부터 그 성읍의 이름이 '주께서 거기 계신다' 여호와삼마라고 불리리라.**

제가 보기에 이 이름은 다른 모든 이름을 품고 있습니다. 주께서 계신 곳에 주의 자녀들이 거합니다. 이 땅의 좋은 어머니가 가는 곳에 자녀들이 따라가고 어머니는 자녀들을 위해 가장 좋은 길을 택하는데, 하물며 가장 선한 아버지이신 하나님께서는 얼마나 더 하시겠어요? 하나님의 존재 자체로 이미 충분합니다. 자녀들은 어머니의 존재 자체로 만족한다는 사실을 안다면 우리 역시 하나님의 존재만으로 충분하다는 사실을 잊지 말아야 합니다. 우리는 하나님으로부터 위로, 쉼, 구원을 보증받았습니다. 그분의 존재 자체가 그 보증이지요. 이는 어머니의 모습만 보아도 알 수 있습니다. 자녀는 집에 들어와 어머니를 마주하는 순간 이미 모든 위로, 쉼, 구원을 받습니다. 그래도 어머니가 편안한 의자에 앉아 책을 읽거나 글을 쓰거나 일을 하고 있으면 어머니의 품에 와락 안겨 아이가 할 법한 고민들을 한 아름 털어놓지요. 아이에게는 어머니의 존재 자체가 보증인 셈입니다. 우리가 하나님의 존재 자체에 이보다 더 큰 위로, 쉼, 구원이 있다는 사실을 안다면 끝없는 기쁨의 샘이 신앙생활을 적시고 불안과 고통의 흔적을 모두 지워버릴 겁니다.

구약 내내 반복되는 이스라엘 자손들의 불안과 두려움에 대해서 주님은 **내가 너와 함께하리라**고 답하십니다. 뭐라고 더 말씀하실 필요도 없었습니다. 그들에게는 주님의 존재가 완벽한 보증이니까요. 이스라엘이 이 보증을 받아들이는 순간만큼은 사나운 적을 마주해도 더 이상 두렵지 않았습니다.

위 글을 읽고 이렇게 말하는 분도 있을 수 있습니다. "아, 그렇군요. 주님께서 저한테도 이렇게 말씀하시면 저도 두려워하지 말아야겠네요." 그러나 기억을 못 할 뿐이지, 하나님께서는 이미 여러분에게 말씀하셨습니다. 틀림없이 말씀하셨지요. "**주의 천사**"는 그리스도의 탄생을 요셉에게 알릴 때 이렇게 말했습니다. **그의 이름을 임마누엘이라 하리라. 이를 해석하면 '우리와 함께하시는 하나님'이라.** 이 짧은 문장에서 세상이 알 수 없는 위대한 진리, 즉 하나님, 전능한 하나님, 하늘과 땅의 창조주께서 닿을 수 없는 하늘의 영광에 거하지 않으시고 이 땅에 또 가난하고 무지하고 무력한 우리의 삶에 오셔서 우리와 함께 거하신다는 진리가 드러났습니다. 우리가 그리스도를 믿는다면 나불거리는 입을 다물고 하나님의 이름, "**우리와 함께하시는 하나님**"을 믿어야 합니다.

여호와삼마와 임마누엘은 그 이름의 뜻이 동일합니다. 그리고 그 이름의 뜻은 아래와 같습니다. 하나님께서는 무소부재하여 온 우주 어디에나 계시며 만물을 둘러싸고 주관하며 우리를 보살피고 붙드실 뿐만 아니라 온 우주에서 "주께서 거기 계신다."고 말할 수 없는 곳은 그 어디에도 없지요. 시편 저자는 이렇게 말합니다. **내가 주의 영으로부터 벗어나 어디로 가며 주의 면전에서 벗어나 어디로 피하리이까? 내가 하늘로 올라갈지라도 주께서는 거기 계시며 내가 지옥에 잠자리를 마련하여도, 보소서, 주께서는 거기 계시나이다. 내가 아침의 날개를 달고 저 바다의 끝부분들에 거할지라도 거기서도 주의 손이 나를 인도하시며 주의 오른손이 나를 붙드시리이다.**

우리는 '항상 존재하는' 하나님의 보살핌과 사랑에서 벗어날 수 없습니다. 하나님께서 자신을 버리셨다고 생각하거나 그분의 존재를 간절히 바라는 분이 있다면 자신의 무지를 탓하세요. 하나님은 어디에서나 항상 여러분과 함께하십니다. 피하려고, 벗어나려고 아무리 발버둥 쳐도 하나님의 존재를 떨쳐 낼 수 없습니다. 아! 여러분이 이 경이로운 하나님의 이름을 알고 만족하면 얼마나 좋을까요!

<blockquote>
주님께서 들으실 테니 말하세요.
영과 영이 만나는 순간,
주님께서는 숨결보다, 손과 발보다
더 가까이 계십니다.
</blockquote>

하나님의 다섯 가지 이름을 다시 한번 더 정리해봅시다.
그 이름이 여러분에게 무어라 말하고 있나요?

여호와이레 - "나는 네 필요를 보고 예비하여 주는 자라."
여호와니시 - "나는 대장이요, 네 깃발이라. 내가 너를 대신해 네 전쟁을 치르리라."
여호와샬롬 - "나는 네 화평이라. 내가 너를 위해 화평을 이루고 나의 화평을 네게 주리라."
여호와칫케누 - "나는 네 의라. 네가 내 안에서 모든 지혜, 의, 거룩함, 구원을 발견하리라."
여호와삼마 - "나는 너와 함께 하노라. 나는 항상 존재하며 무소부재한 하나님이요, 구세주라. 결코 너를 떠나지도, 버리지도 아니하리라. 네가 어디를 가든지 나는 거기에 있으며 내 손이 너를 붙들고 내 오른손이 너를 인도하리라."

우리가 인지하든지 못하든지, 이 모든 이름은 참입니다. 여러분이 하나님의 참모습을 몰라서 내내 굶주리고 비틀거리며 살았을 수도 있습니다. 지금까지 줄곧 그래왔다면 풍요 속의 빈곤한 삶을 살았던 겁니다. 그 시간 동안 하나님의 충만한 구원은 우리의 믿음을 기다렸고 "**은혜의 풍성함과 의의**

선물"이 여러분을 기다렸으니까요.

독자 여러분이 하나님의 모든 이름을 다 깨닫고 받아들이기를 바랍니다. 받아들였다면, 지금부터 하나님의 넓은 이름이 여러분의 필요를 하나도 남김없이 전부 다 채워주실 테니까요. 여러분이 이 모든 이름을 안다면 이사야 선지자처럼 고백할 수밖에 없습니다.

보라, 하나님은 나의 구원이시니
내가 의뢰하고 두려워하지 않으리라.
이는 주 여호와는 나의 힘이시요, 내 노래시며,
그가 또한 나의 구원이 되심이라.
그러므로 너희가 구원의 샘들에서
기쁨으로 물을 길으리라.

오, 주의 선하심을 맛보아 알지어다.
그를 의지하는 자는 복이 있도다.

주는 선하다

The Lord is good

06

여러분의 마음속 깊은 곳에서 하나님에 관해 진심으로 어떻게 생각하는지 물어본 적이 있나요? 여러분의 하나님은 선한 분인가요, 악한 분인가요? 제 질문이 충격적일 수도 있습니다. 하나님을 감히 악한 분으로 생각할 수 없다며 치를 떨 수도 있겠지요. 그러나 이번 과가 끝나기 전에 장담하건대, 여러분 중 일부는 무의식적으로 자신에게 책임이 있다는 사실을 인정하고 싶지 않아서 하나님 탓으로 돌렸던 의혹과 비난을 인정하게 될 겁니다.

처음으로 하나님이 선한 분이라는 사실을 알았던 순간은 제 인생에서 지울 수 없는 기억으로 남았습니다. 물론, 성경이 말하는 하나님의 선은 알고 있었지만, 종교적인 의미 혹은 양심적인 의미에서만 하나님의 선을 알고 있었습니다. 그래서 하나님이 실제로, 정말로 선하시다는 말씀이 마음에 와 닿지 않았고 우리 역시 하나님의 선을 행해야 한다는 말씀도 온전히 이해하지 못했지요. 제게는 "하나님의 선"이라는 표현이 결코 이해할 수 없는 하늘의 말씀에 지나지 않았습니다. 그러던 어느 날, 성경을 읽다가 이 말씀을 발견했습니다. **오, 주의 선하심을 맛보아 알지어다.** 순간, 그 말씀이 그 자체로 의미 있게 다가왔습니다. 그래서 "주는 선하다"는 말씀을 혼자 여러 번 되뇌어 보았습니다. 선하다는 말은 무슨 뜻일까요? 정확히는 몰라도 가장 고결한, 최상의 것에 합당한 의미를 지녔을 겁니다. 선은 악의 정반대입니다. 악하다는 건 무엇이 옳은지 알면서도 하지 않는 것이고 선하다는 건 가장 좋은 일, 옳은 일을 하는 겁니다. 하나님은 전지하시기 때문에 무엇이 가장 좋은지, 가장 선한지 알고 계십니다. 고로, 하나님의 선에는 그 누구도 이의를 제기할 수 없습니다. 저는 제가 깨달은 바를 말로 다 표현할 수가 없습니다. 이 구절을 통해 하나님의 진정한 선을 볼 수 있게 되자, 그분의 손안에서는 그 어떤 일도 잘못될 수 없으니 불안해할 이유가 전혀 없다는 사실을 깨닫게 되었습니다. 후에도, 하나님을 대적하는 생각이 들거나 하나님이 무정하고 태만하고 무관심한 분일지도 모른다는 유혹이 들면 이 말씀을 떠올렸습니다. "주는 선하다." 선하신 하나님께서는 결코 악한 일을 하지 않으십니다. 상상도 못 할 일이지요.

많은 사람이 마음속 은밀한 곳에서 악한 것을 하나님의 탓으로 돌릴 수 있다는 말에 기겁합니다. 그럼에도 여러분은 어떤 일이 생기면 여러분의 세상 친구들이 으레 그러하듯 하나님을 무정하고 비열한 분으로 간주하고 곧장 하나님의 탓으로 돌려 버립니다. 그리스도인들은 문제가 닥쳐 눈앞이 깜깜해지면 주님의 존재를 까맣게 잊어버리고 주님이 나를 버리신 건 아닐까 걱정합니다. 심지어는 무관심하고 무정하다는 이유로 하나님을 비난하기도 하지요. 이런 비난들은 주님이 약속을 지키지 않는다고 또 사람인 친구들보다도 자녀를 아끼지 않는다고 말하는 것과 같습니다. 그러나 그리스도인들은 이 사실을 깨닫지 못한 채 하지 말아야 할 말을 입에 담습니다. 위험에 빠졌을 때 친구가 도와주지 않고 손을 놔 버리면 우리는 그 친구를 선과는 거리가 먼 사람으로 취급합니다. 우리는 어쩌다가 하나님을 그런 식으로 대하게 됐을까요? 어떻게 그럴 수 있을까요? 결코 그래선 안 됩니다! 주님은 모든 상황 속에서 최상의 선을 추구하고 지키고 행하시기 때문에 "주는 선하다"는 말은 주님이 거룩할 뿐만 아니라 정말로 선하시다는 뜻입니다. 주님 안에서 선은 그분이 아는 최상의 것, 가장 좋은 일, 가장 옳은 일을 지키고 행하는 겁니다.

실제로 주님은 우리를 향한 그 어떤 책무도 소홀히 하지 않으며 우리를 위해 항상 최상의 길을 마련하고 인도하십니다. "주는 선하다"는 말씀은 이 뜻도 내포하고 있지요. 이 말이 진부하게 들리는 분은 이렇게 불평할 수도 있습니다. "왜 이런 얘기를 하세요? 안 믿는 사람이 어디 있다고." 정말요? 정말 믿나요? 그러면 지금껏 하나님을 무관심한 분으로, 무정한 분으로, 태만한 분으로, 배려 없는 분으로, 자아 도취한 분으로 생각해 본 적이 단 한 순간도 없겠네요? 가슴에 손을 얹고 말해보세요. "아, 저는 하나님을 비난한 적이 없어요! 감히 어떻게 그런 짓을 해요?" 그런 적이 없나요? 어떤 일에도 하나님의 탓으로 돌린 적이 없겠네요? 수치스러울 만한 일은 하지 않았다는 거지요? 지난 번에 크게 낙심했다던데, 그건 누구를 향한 건가요? 최선을 다해 주님을 섬기려고 하는데 이렇게 괴로운 일을 허락하신 주님을 무정한 분이라고 생각한 적이 없나요? 하나님의 뜻을 반드시 복종해야 하는 독단적인 뜻으로 간주한 적도 없나요? 모든 뜻을 사랑으로부터 온 뜻으로 받아들였나요? **아버지의 뜻이 이루어지이다**고 말하기 힘들었던 적도 없겠네요? 정말 "주는 선하다"고 믿었으니 항상 선을 행하실 거라고 믿었겠네요? 믿기 어려웠던 적도 없겠군요?

*

주 예수님은 자신이 선한 목자라고 말하며 이를 매우 강조하십니다. 하나님과 정반대의 모습이 얼마나 자주 우리를 유혹해 하나님의 선에 의구심이 들게 만드는지 알고 계셨기 때문이지요. "나는 악한 목자가 아니라 선한 목자라. 악한 목자는 자기 양을 방치하고 버리지만, 나는 선한 목자라. 선한 목자는 자기 양을 결코 방치하거나 버리지 아니하노라. 나는 양들을 위하여 내 생명을 내어놓느니라." 목자에 관한 하나님의 선은 이러합니다. 목자는 생명을 내어주는 한이 있더라도 반드시 양을 보살피고 지켜야 합니다. 이것이 하나님이 생각하는 목자의 선이지요. 자, 이제 우리는 신비롭고 종교적인 방식이 아니라 상식선에서 하나님의 선을 믿을 수 있고 이로 인해 큰 위로와 화평을 표출하게 될 겁니다. 상식적인 선의 개념에서 볼 때 제가 양이고 주님이 선한 목자라면 저는 아무 걱정할 필요 없는 안전한 양입니다! 모든 면에서 최상의 보살핌을 받겠지요! 앞으로 아니, 영원히 안전할 겁니다.

스스로에게 솔직해집시다. 주님이 에스겔서에서 말씀하신 악한 목자의 특징을 주님께 뒤집어씌워 비난한 적은 없나요? 마음에 은밀히 품어본 적도 없나요? 하나님께서 우리보다는 자기 자신의 평안과 영광을 더 중요하게 생각하시는 것 같다고 불평해 본 적은 없나요? 혹여 주님께서 연약한 자에게 힘을 돋우어 주지 않는다고, 상한 마음을 싸매어 주지 않는다고, 잃어버린 자를 찾지 않는다고 투덜거리지는 않았나요? 우리의 질병, 무력감, 상처를 하나님께서 우리를 신경 쓰지 않은 탓으로 돌리지는 않았나요? 툭 까놓고 말해서, 위 예시들이 주님이 악한 목자이고 자기 양에 대한 책무를 다하지 않는다는 말과 다를 게 있나요? 여러분이 마음속으로 품고 있던 불평과 혼잣말이 그대로 옮겨 놓으니 말문이 막히지 않나요? 이렇게라도 묻지 않는다면 여러분은 끝내 솔직해지지 못했을 겁니다. 종종 주님에 대한 여러분의 은밀한 생각과 감정을 끌어내 성령의 충만한 빛에 비추어 봐야 합니다. 그래야 주님을 향한 날것의 태도를 발견할 수 있을 테니까요. 하나님에 관한 잘못된 생각은 쉽게 습관으로 자리 잡아, 서서히 하나님과 우리의 사이를 벌리고 그 틈으로 의혹과 불신의 골이 깊어지게 합니다. 게다가 그 어떤 것보다도, 심지어 죄보다도 더 빠르게 영적 생명의 샘을 마르게 하며 하나님의 마음을 슬프게 하지요. 우리는 경험을 통해 이 점을 잘 알고 있습니다. 친구가 우리를 오해하고 곡해하며 우리를 탓하는 것만큼 우리 마음을 슬프게 하는 것도 없으니까요. 하나님도 마찬가지입니다. 주님도 우리의 오해와 불신에 마음 아파하십니다. 이런 태도는 사실상 우상 숭배라 할 수 있습니다. 우상 숭배도 자기 상상 속의 가짜 하나님을 만들고 섬기며 모든 걸 그 신의 탓으로 돌리니까요.

성경에서는 이를 가리켜 하나님을 거역하는 태도라고 말합니다. *정녕, 그들은 하나님을 거역하여 말하였도다. 그들은 말하기를 "하나님이 광야에서 식탁을 마련하실 수 있겠느*

냐?"하였도다.** 이 질문에 별문제가 없어 보인다고 생각할 수도 있습니다. 그러나 분명 하나님이 광야에서 모든 필요를 채워주겠다고 약속하셨는데, 이런 질문을 하는 건 하나님의 능력에 대한 불신과 의혹이 그 저의에 은밀히 깔려 있다는 뜻입니다. 즉, 겉으로는 악의가 없는 것처럼 보이지만, 사실은 하나님을 "**거역**"하는 거지요. 선한 하나님께서는 자기 백성들을 광야에 그냥 내버려 두지 않으실 뿐만 아니라 그들을 위해 **식탁을 마련**하지 않으신 적이 없습니다. 그분께서 하실 수 있겠냐는 질문은 그분이 선하지 않다는 전제를 깔고 말한 겁니다. 때때로 우리 역시 이런 질문을 하고 싶은 충동에 휩싸이기도 합니다. 하나님께서 우리의 필요를 채워주지 못할 것만 같은 상황이 오면 하나님을 "**거역**"하는 질문이 목 끝까지 차올라 괴로울 때도 있고, 이전에 분명 해결해 주셨는데도 또다시 해결해 주시리라고 믿지 못하여 마음으로 하나님을 "**제한**"해 버리기도 하니까요. 결국은 하나님의 말씀을 믿지 않고 하나님의 선을 신뢰하지 않은 결과입니다.

우리 믿음이 삐뚤어져 버리면 우리의 필요를 공급하는 하나님의 능력을 "**제한**"할 수 있습니다. 하나님께서는 상황을 만드실 수 있고 주관하실 수도 있으며 그분을 신뢰하는 자들을 위해 광야에서조차도 **식탁을 마련하실** 수 있습니다.

*

성경에서는 의혹과 불신이 깔린 질문이 많이 등장합니다. 각 질문은 하나님의 선에 의문을 제기하는 질문인데, 안타까운 점은 지금 하나님의 자녀들도 똑같은 질문을 하고 있다는 거지요.

"주께서 우리 가운데 계신가 안 계신가?"
"하나님께서 은혜 베푸심을 잊으셨는가?"
"그의 자비가 영원히 그쳤는가?"
"그가 노하심으로 온유한 자비들을 닫으셨는가?"
"그의 약속이 영원무궁토록 이루어지지 못할까?"
"오 하나님이여, 어찌하여 주께서는
우리를 영원히 내버리시나이까?"
"어찌하여 나를 이같이 만드셨나이까?"

이 질문들을 자세히 살펴보고 여러분의 마음속 깊이 자리하고 있는 은밀한 의문과 비교해보세요.

"주께서 우리 가운데 계신가 안 계신가?"

이스라엘 자손들에게 그러했듯 주님께서는 어떤 문제가

닥쳐도 우리와 항상 함께하고 결코 저버리지 않겠다고 분명히 말씀하셨지만, 우리는 이스라엘 자손들처럼 주님의 말씀을 의심합니다. 모세는 이런 태도를 가리켜 **주를 시험**하는 것이라고 경고했습니다. 결국, 이스라엘은 시험의 대가로 정죄를 받았지요. 우리도 주님을 시험하면 똑같은 결과를 맞이할 겁니다. 이스라엘이 왜 이런 질문을 했을까요? 하나님의 선과 신실을 의심했기 때문입니다. 이런 질문이 하나님을 모욕하고 그분의 성품을 훼손하는 질문이라는 걸 알았더라면 감히 그 누구도 입에 담지 않았을 겁니다. 안타깝게도, 하나님의 자녀들은 이런 질문을 아무렇지 않게 합니다. 심지어는 자격 없는 피조물로서 하나님의 존재를 확인하고픈 겸손한 자세로 여기기도 하지요. 이 사안의 심각성을 잘 알지 못한 결과입니다. 하나님의 말씀은 무어라 말씀하셨나요? 그분께서는 항상 우리와 함께하며 결코 우리를 떠나지도, 버리지도 않겠다고 약속하셨습니다. 하나님의 말씀에 의문을 던지는 태도는 감히 그분을 "**거짓말쟁이**"로 만드는 겁니다. 선한 하나님께서는 절대 거짓말을 하실 수 없습니다. 마음속에 자리 잡은 의심이나 질문을 당장 뿌리 뽑으세요. 주님께서는 진실로 우리와 함께하십니다. 겉으로 보이는 현상이 어떠하든지 우리는 그저 이 진리를 받아들이기만 하면 됩니다.

"하나님께서 은혜 베푸심을 잊으셨는가?"

이 질문은 하나님을 **대적하는** 말입니다. 선한 어머니에게 자녀를 잊어버렸냐고 물어, 어머니의 마음을 아프게 하는 것과도 같은 질문이지요. 주님께서는 분명히 이렇게 말씀하셨습니다. **여인이 자기의 젖먹는 아이를 잊을 수 있겠느냐? 정녕, 그들은 잊을지라도 나는 너를 잊지 아니할 것이라.** 어머니가 자기 자녀를 잊어버렸냐는 의혹을 받을 때 얼마나 마음이 아픈지 안다면, 그 질문이 얼마나 무례한지 안다면 하나님께서 그 질문을 받으셨을 때 어떤 마음이실지 분명히 알아야 합니다.

"그의 자비가 영원히 그쳤는가?
그가 노하심으로 온유한 자비들을 닫으셨는가?"

실로 하나님을 모욕하는 질문들입니다. 우리를 향한 하나님의 온유한 자비는 결코 닫힐 수 없습니다. 어머니의 온유한 자비에 끝이 없듯 하나님의 자비는 영원히 지속됩니다. 시편 저자는 이렇게 말합니다. **주께서는 모두에게 선하시니 그의 온유한 자비들이 그의 모든 작품들 위에 있도다.** 선한 하나님께서는 만물에 자비를 내리실 수밖에 없습니다.

"그의 약속이 영원무궁토록 이루어지지 못할까?"

그리스도인으로 살아가다 보면 이런 질문의 유혹을 받을 때가 반드시 옵니다. 모든 일이 꼬일 대로 꼬여 풀릴 수 없을 것처럼 보이면 하나님의 약속이 이루어지지 못할 거라는 생각이 슬그머니 고개를 내밉니다. 그러나 "주는 선하다"는 진리를 기억한다면 의문을 말끔히 해소할 수 있을 겁니다. 약속을 지키지 않은 사람은 평판이 나빠지고 신뢰도가 뚝 떨어집니다. 마찬가지로, 하나님께서 약속을 지키지 않으신다면 평판에 큰 흠이 가고 더 이상 신뢰를 받으실 수 없겠지요. 고로, 이런 질문을 하는 건 하나님의 선을 더럽히는 짓이며 **하나님을 대적하는** 행위라고 할 수 있습니다. 보이는 상황이 어떻든 간에 우리는 이 진리를 확고히 믿어야 합니다. 선하신 하나님께서 지키지 못할 약속은 없습니다. 그분의 사전에 약속 불이행은 결코 있을 수도 없지요. 하늘과 땅은 없어져도 주님의 말들은 결코 없어지지 않습니다.

"오 하나님이여, 어찌하여 주께서는
우리를 영원히 내버리시나이까?"

선한 어머니가 자녀를 버릴 수 없듯 선한 하나님께서도

자녀를 결코 내버리시지 않습니다. 우리가 고난과 흑암 가운데 있을 때 버림받았다고 느낄 수는 있지만, 그런 감정은 "주는 선하다"는 사실에 그 어떤 영향도 줄 수 없습니다. 선한 목자는 길 잃은 양을 내버려 두지 않습니다. 오히려 나머지 양들을 두고 길 잃은 양을 찾으러 나가 버립니다. 찾을 때까지 돌아오지 않지요. 선한 어머니가 자녀에 관해 이런 의혹을 받으면 상처받지 않겠어요? 마찬가지로 여러분의 질문이 하나님의 신실한 사랑에 상처를 입히고 그분의 마음을 슬프게 만듭니다. 선한 어머니가 자기 자녀를 버리고 떠나는 모습도 상상할 수 없지만, 하나님께서 길 잃은 자녀를 내버려 두는 것도 결코 있을 수 없는 일입니다.

"어찌하여 나를 이같이 만드셨나이까?"

우리가 쉽게 내뱉는 질문입니다. 살면서 한 번쯤은 나의 타고난 모습에 대해 "하나님께 대꾸하고" 싶었던 적이 있을 겁니다. 사람들은 자신의 타고난 외모나 성품에서 특정 부분을 싫어하며 끊임없이 바꾸고 싶어 합니다. 그래서 자신의 기준으로 봤을 때 훌륭한 외모나 재능을 가진 사람을 부러워하지요. 내적으로나 외적으로나 자신의 타고난 모습에 불만족스러워 할 뿐만 아니라 모든 실패를 불운한 성격 탓으로 돌려 버리기도 합니다. 결과적으로 보면, "그렇게 만드신" 창조주를 비난하고 싶은 겁니다.

저도 한때는 제 타고난 모습을 싫어했었습니다. 특별히 경건한 척을 한 건 아니지만, 좋은 그리스도인이 되려고 입에 바른 소리를 하고 열정을 쏟아부었습니다. 당시에 제 주변에는 성인군자 같은 외모에 경건한 태도를 지닌 언니가 있었는데, 제 눈에는 경건의 화신으로 보였습니다. 언니의 태도나 외양을 닮아가면 더 나은 그리스도인이 될 수 있을 것만 같았지요. 그런데 제 노력은 모두 헛수고였습니다. 성인군자가 되기에는 제 타고난 성격이 너무 열성적이고 거침이 없었습니다. 그래서 마음속으로 하나님을 여러 번 비난했지요. "**어찌하여 나를 이같이 만드셨나이까?**" 그러던 어느 날, 오래 된 책에서 눈에 띄는 문장을 발견했습니다. "하나님께서 만드신 네 모습에 만족하라." 이 문장을 읽고 정신이 번쩍 들었습니다. 저를 만드신 분은 하나님이십니다. 하나님께서는 제 존재의 이유를 아시고 어떤 피조물인지도 잘 아시며 분명, 제가 그 목적에 맞는 피조물이 되기를 바라실 겁니다. 그분께서 저를 감자 덩굴로 만드셨다면, 저는 그 자리에 만족해야 합니다. 장미 덤불이나 장미가 되려고 하면 안 되겠지요. 그분께서 저를 작은 그릇으로 지으셨다면 저는 그 역량에 만족하고 다른 큰 그릇을 부러워하면 안 됩니다. 우리는 모두 "**하나님의 작품**"이며 그분은 선하십니다. 고로, 그분의 작품 역시 선할 수밖에 없습니다. 우리가 스스로 부족하다고 느끼더라도 하나님께서는 그분의 영광에 이르도록 우리를 빚으실 겁니다.

시편 저자는 "주는 선하다"는 후렴구를 계속해서 반복합니다. 이 표현이 얼마나 자주 나오는지, 어떻게 쓰이는지 한 번 정리해보세요. 큰 도움이 될 겁니다. 시편 저자 역시 이 후렴구에 모든 사람이 동참하기를 바랐습니다. **주께 구속받은 자들은 그렇게 말할지니**라는 말씀은 그의 진심 어린 고백이었습니다. 우리는 소리 높여 외쳐야 합니다. "주께서는 선하시다. 주께서는 선하시다." 입으로만 고백하는 게 아니라 우리의 행동으로 입증해야 합니다. 우리가 온몸과 마음으로, 생각으로, 행동으로, 말로 이 진리를 "전하면" 세상 사람들이 그 말씀에 담긴 뜻을 보게 되고 이 위대한 진리를 납득하게 될 겁니다.

하나님의 거룩한 섭리에는 위대한 일들이 넘쳐남에도 불구하고 사람들의 눈에는 그 섭리가 선한 것으로 보이지 않습니다. 그래서 시편 저자의 말에 공감하지 못합니다. **주의 자비는 영원히 지속되도다.** 그러나 믿음은 의심을 가라앉히고 이렇게 고백합니다. "주께서는 선하십니다. 오직 선만을 행하시니, 보이는 현상이 어떻든 간에 저는 주의 뜻을 기다리겠습니다."

살림을 예로 들어보겠습니다. 제 친구가 주변에서 알아주는 유능한 주부라고 가정해봅시다. 그렇다면, 전 제 친구의 살림살이를 염려하지 않을 겁니다. 친구가 집 청소하는 시간에 집안이 야단법석이어도, 카펫이 들려 있고 가구에는 덮개가 씌워져 있으며 페인트와 여러 장식 때문에 방이 어수선해도 청소의 과정일 뿐이라며 이해하겠지요. "내 친구는 유능한 주부야. 비록 지금은 좀 어수선해 보여도 이렇게 한 번 뒤집어서 청소하고 나면 집 안이 몰라보게 달라지겠지." 이 세상은 하나님의 살림입니다. 비록 지금 보이는 모습이 심히 어지럽고 어수선하다 해도 하나님께서 선하시다는 사실에는 변함이 없습니다. 그분은 오직 선만을 행하십니다. 그러니, 현재의 어지러운 상황은 후에 더 아름다운 모습을 갖추기 위한 과정일 뿐입니다. 우리는 때때로 하나님의 살림을 우리가 더 잘할 수 있을지도 모른다고 생각합니다. 어리석은 생각이지요. 그러나 하나님의 선을 깨닫고 나면 더 이상 그런 생각을 품을 수 없을 겁니다. 세상이 점점 엉망이 되어가는 것처럼 보일 때 스스로에게 이렇게 말해보세요. 큰 위로가 될 겁니다. "이건 내 살림이 아니야. 주님의 살림이지. 주님은 선하시니까 결국, 선한 열매를 맺으실 거야. 주님이 하실 일을 걱정하지 말자. 그건 어리석은 짓이니까."

절망한 성도가 "당신 눈에는 만신창이가 된 세상이 보이지 않나요?"라고 물을 수도 있습니다.

위 진리를 깊이 깨달은 성도라면 확신에 찬 목소리로 이렇게 답할 겁니다. "네, 보입니다. 새싹이 나려고 쪼개진 씨앗으로 보이네요." 썩은 도토리의 중심부에서 떡갈나무의 새싹이 나오는 모습을 본 적이 있다면 이 말이 무슨 의미인지 바로 이해할 겁니다. 도토리가 떡갈나무를 낳으려면 우선, 자신의 몸통을 깨뜨려야 합니다. 깨지지 않은 씨앗에서는 어떤 식물도 나올 수 없으니까요.

이를 통해 우리 주님께서는 자신이 지상에서 겪는 과정이 어떤 의미를 지녔는지 설명해 주십니다. **진실로 진실로 내가 너희에게 말하노니, 한 알의 밀이 땅에 떨어져 죽지 아니하면 한 알 그대로 남아 있지만 죽으면 많은 열매를 맺느니라.**
이 구절은 눈에 보이는 세상의 파멸 혹은 각 개인의 삶의 몰락을 설명해 줍니다. 우리가 이 말씀의 조명을 받으면 주께서는 선하신데, 왜 그분이 창조한 세상이 슬픔에 빠지고 잘못되어 가는지 또 그분이 사랑하는 인류의 삶에 왜 슬픔과 시련이 닥치는지 이해할 수 있습니다.

하나님께서는 이 눈에 보이는 파멸을 통과해야만 그분의 목적에 합당한 열매를 맺을 수 있다는 사실을 잘 알고 계시기 때문에 그분의 선으로 이 일을 허락하십니다. 풍성한 열매를 맺고 싶은 자녀들이 하나님의 방식을 이해한다면 눈에 보이는 상황이 힘겹고 감당하기 벅차더라도 충분히 그분의 선을 찬양할 수 있을 겁니다.

바울 사도는 "**선하시고 기뻐하시고 온전하신 뜻**"이 하나님의 뜻이라고 말합니다. 선하신 하나님의 모든 뜻은 "선한 뜻, 기쁜 뜻, 온전한 뜻"일 수밖에 없습니다. 그리고 우리는 이 뜻을 사랑하지 않을 수 없지요. 확신하건대, 하나님의 뜻이 선하다는 사실을 알면 하나님의 뜻에 복종하는 데 방해가 되던 걸림돌들이 전부 사라질 겁니다. 하나님의 선한 뜻을 믿지 못한 채, 그 뜻에 복종하기 위해 수많은 노력을 들이는 건 전부 헛수고일 뿐입니다. 그러나 선한 뜻을 믿으면 그 뜻이 이루어지기를 바라며 기쁨으로 복종하고 우리 마음에서 기쁜 고백이 샘솟을 겁니다.

내가 주께 경배하고
하나님의 아름다운 뜻을 따르리라.
주의 모든 길은 사랑스러우니,
날마다 주를 더욱 사랑하리라.
보이지 않는 주의 발이 걸어간 발자국에
내가 입 맞추리라.
복된 주의 뜻을 두려워하지 않으리니,
그의 나라는 거룩하도다.

이 고백이 주의 영원한 선을 다 말해줄 수는 없지만, 각 문장을 통해 하나님의 선을 **맛보아** 알 수는 있습니다. 진정으로 하나님의 선을 맛보아 알게 된 사람은 시편의 말씀을 이해하게 될 겁니다.

그들이 주의 크신 선하심을 기억하여
충분히 말할 것이며 주의 의로우심을 노래하리이다.

주여, 주께서는 모든 세대에서
우리의 거처가 되셨나이다.

07

우리의 거처

The Lord our dwelling place

07

그 어떤 것보다도 우리의 몸이 어디에 거하는지에 따라 외적인 삶의 안락이 영향을 받듯, 우리의 혼이 어디에 거하는지에 따라 내적인 삶의 평안이 결정됩니다.

우리의 거처, 처소는 그저 잠시 들렀다 가는 곳이 아니라 우리가 생활하는 곳입니다. 우리의 집이지요. 이 땅에서 살아가는 동안 우리의 관심은 집에 쏠려 있습니다. 그래서 더 아름답고 안락한 집을 꾸미기 위해 여러 노력을 기울이기도 합니다. 그러나 우리의 혼은 몸보다도 더 편안한 거처를 필요로 합니다. 여러분도 알다시피, 외적인 평안보다 내적인 평안이 훨씬 더 중요합니다. 혼이 충만한 화평과 기쁨을 누리고 있다면 외적인 상황은 상대적으로 덜 중요하지요.

고로, 우리 혼이 살 곳을 찾는 게 매우 중요하다고 할 수 있습니다. 주님께서는 그분 자신이 모든 세대에서 우리의 거처가 되셨다고 말씀하십니다. 자, 그렇다면 우리는 우리의 거처에서 살고 있을까요? 시편 저자는 이스라엘에 관해 이렇게 말합니다. **그들이 광야의 황량한 길에서 방황하고 거할 성읍을 찾지 못하여 굶주림과 목마름으로 그들의 혼이 그들 안에서 기진하였도다.** 안타깝게도, 광야에서 방황한 이스라엘처럼 그리스도의 교회 안에도 방황하는 혼들이 많습니다. 현재 이들의 혼은 영적 광야에서 방황하고 거할 성읍을 찾지 못하여 굶주림과 목마름으로 기진한 상태입니다. 그러나 이들의 혼이 방황하는 동안에도 하나님의 처소는 항상 활짝 열려 있었습니다. 문을 열고 방황하는 혼들을 애타게 불렀고 지금도 부르고 있지요. 우리 주님께서는 이 초청장을 우리에게 주셨습니다. **내 안에 거하라. 그러면 나도 너희 안에 거하리라.** 주님께서는 그분 안에 거하면 받게 될 복과 거하지 않았을 때 뒤따를 슬픈 결말에 대해서도 계속해서 알려주십니다.

변하지 않는 사실은 우리의 혼을 만드신 분이 하나님이라는 겁니다. 그분이 우리의 고향이자 진정한 집입니다. 다른 곳에서는 결코 쉴 수 없지요. **내 혼이 주의 뜰들을 사모하여 정녕, 기력을 잃기까지 하오니 내 마음과 육체가 살아 계신 하나님께 부르짖나이다.** 주의 뜰들 안에 거하지 않는 한 우리의 혼은 항상 그곳을 사모하여 굶주리고 기력을 잃어 갈 겁니다.

하나님만이 피조물의 집입니다.
가는 길이 험하고 거칠 수도 있지만,
하나님을 사모하는 혼을 만족시킬 수 있는 분은
오직 하나님뿐입니다.
그 어떤 곳도 혼을 만족시킬 수 없습니다.

*

우리의 거처를 어떻게 묘사해야 할까요? 다윗은 이렇게 말합니다. **주는 나의 반석이시요, 나의 요새시며, 나의 구원자시라. 내 반석의 하나님, 그분을 내가 신뢰하리라. 그는 나의 방패시요, 나의 구원의 뿔이시며, 나의 높은 망대시요, 나의 구주시라. 주께서 나를 폭력으로부터 구원해 주시나이다.** 우리의 거처 역시 우리의 요새이자 높은 망대며 반석이고 피난처입니다. 요새는 어떤 곳인가요? 요새는 약하고 무력한 사람들이 적으로부터 완벽하게 숨고 안전하게 거할 수 있는 곳입니다. 고로, 우리가 우리의 거처이신 하나님을 요새라고 부를 때는 그 의미가 분명합니다. 즉, 모든 적의 공격으로부터 완벽하게 숨고 안전하게 거할 수 있는 곳이라는 뜻이지요. **그가 고난의 때에 나를 그의 처소에 숨기시리니 그가**

그의 성막의 은밀한 곳에 나를 숨기시며 나를 반석 위에 두시리라. 지극히 높으신 분의 은밀한 곳에 거하는 자는 전능하신 분의 그늘 아래 살리로다. 주께서 그들을 사람의 음모로부터 주의 면전의 은밀한 곳에 숨기시며 주께서 그들을 장막에 은밀히 감추시어 혀들의 다툼에서 벗어나게 하시리이다.

"하나님의 성막의 은밀한 곳"에서는 그 어떤 적도 우리를 찾을 수 없으며 그 어떤 위험도 우리에게 닿을 수 없습니다. **사람의 음모**와 **혀들의 다툼**도 하나님의 "**장막**"으로 들어가는 입구를 결코 찾을 수 없습니다. **주의 면전의 은밀한 곳**은 수천 개의 견고한 요새보다도 안전한 피난처입니다. 고난이 오지 않는다는 뜻은 아닙니다. 그러나 수많은 시련이 닥쳐온다 해도 그런 시련들은 혼의 피난처를 뚫을 수 없습니다. 주님의 말씀대로 요새에 거하는 혼은 삶의 맹렬한 폭풍우 속에서도 완전한 평안을 누릴 수 있습니다.

하지만 슬프게도 이 사실을 아는 사람이 거의 없습니다. 다윗의 말을 자주 입에 담지만, 정작 현실에는 전혀 반영하지 못합니다. 종교적인 문제에 관해서는 다윗의 고백이 합당하다고 경건한 목소리로 말하지만, 형식적일 뿐이지요. "아, 그럼요. 주님이 제 집입니다. 잘 알고 말고요. 저도 헌신한 사람입니다. 주님의 보살핌에 지대한 관심을 두고 있지요. 물론, 모든 그리스도인이 그럴 겁니다. 그렇지만" 대개 이 대목에서 목소리 톤이 바뀝니다. 진심이 드러나니까요. "그렇지만 저는 아무짝에도 쓸모없는 가련한 사람입니다. 주님이 제 요새라니... 너무 과분합니다. 저는 제 욕망을 제어할 힘도 없고 다윗의 고백처럼 살 자신도 없습니다." 앞의 고백과는 사뭇 대조적인 모습입니다. 마치 하나님의 처소를 전혀 알지 못하는 사람처럼, 위험이 도사리는 세상에서 보호받지 못하고 떠돌아다니는 혼처럼 두려움과 불안에 잠식당한 모습이지요.

저는 시편 91편을 "하나님의 집"이라고 부릅니다. 이 장은 하나님께서 거하는 곳이 어떤 곳인지를 아름답게 묘사하고 있습니다. **지극히 높으신 분의 은밀한 곳에 거하는 자는 전능하신 분의 그늘 아래 살리로다. 내가 주에 관하여 말하기를 그는 나의 피난처시며 나의 요새시요, 나의 하나님이시니 내가 그를 신뢰하리라.** 보통은 요새를 단단한 돌로 지어진 건축물로 생각합니다. 그런 요새는 튼튼하더라도 불편하기 마련입니다. 그러나 하나님의 요새는 그런 요새와 차원이 다릅니다. 시편 91편에 따르면 그분의 요새는 부드럽고 포근하며 안락합니다. **그가 너를 자기 깃털로 덮으시리니.** 연약한 병아리를 감싸는 암탉의 포근한 날개와도 같은 요새이지요. 인간 어머니이든, 암탉이든, 어미 호랑이든 어머니의 마음을 가진 요새는 세상이 익히 아는 요새처럼 견고하지만, 동시에 부드럽고 포근하며 안락합니다. 주님의 요새도 이와 같습니다. **네가 그의 날개 아래서 신뢰하리로다. 그는 어린양들을**

그의 품에 안으시며 ... 그 영원하신 팔 아래에 있도다.

날개, 품, 팔! 얼마나 든든한 요새인가요! 그 안에서는 모든 것이 안전합니다. 자연에는 이런 요새가 가득합니다. 어미 호랑이에 관해 한 작가가 남긴 글을 읽어보면 큰 도움이 될 겁니다. "새끼들이 태어나면 무언의 힘이 어미 호랑이를 순하게 만듭니다. 창조주의 영이 어미 호랑이의 사나운 마음에 들어가는 순간, 어미 호랑이는 그 영을 거부할 수 없습니다. 공격을 받거나 상처를 입었을 때 분노하는 건 호랑이의 본능입니다. 여러분이 호랑이의 털을 뽑거나 옆구리를 때린다면 아마 호랑이는 순식간에 달려들어 여러분을 갈기갈기 찢어 놓을 겁니다. 그러나 그 본능을 뛰어넘는 더 강한 본능이 있습니다. 저기 어미 호랑이와 함께 장난치며 노는 연약한 새끼들을 보세요. 새끼들은 매우 연약하기 때문에 어미 호랑이가 자칫 발을 잘못 놀렸다가는 불상사를 면치 못할 겁니다. 그러나 어미 호랑이는 방심하거나 부주의한 행동을 하지 않습니다. 여러분보다 새끼들이 어미 호랑이에게 더 큰 고통을 줄 수도 있습니다. 아직 힘 조절을 못하니까요. 그럼에도 어미 호랑이는 악을 악으로 갚지 않습니다. 새끼의 보잘것없는 장난에도 어미의 눈에는 사랑의 빛이 담겨 있습니다. 어미 호랑이는 새끼들이 털을 뽑으며 자신을 괴롭혀도 혀로 핥고 애정 어린 목소리로 으르렁거리며 너그러이 넘어가 줍니다. 어미 호랑이가 큰 머리를 들어 자신을 지은 창조주가 계신 곳을 바라봅니다. 때가 되었습니다. 이제 새끼들은 더 이상 연약하지 않습니다. 새끼들이 자라 강성해지면 어미 호랑이는 새끼들을 위해 기꺼이 자신을 희생합니다. 앞으로 새끼들이 자기 앞가림을 하며 사는 동안 어미는 점점 기력을 잃고 굶어 죽어갈 겁니다. 어미 호랑이가 새끼를 끔찍하게 생각하고 아끼듯 하나님께서도 자기 자녀들을 끔찍하게 아끼십니다."

우리는 지금껏 어머니의 요새를 수없이 보았고 들었으며 이를 두고 하나님과 같다고 말해 왔습니다. 누군가는 이를 통해 새로운 관점을 얻어 모든 걱정을 밖에 두고 하나님의 처소에 있는 우리의 피난처로 기쁘게 들어갔을 수도 있습니다. 문제는 우리가 성경 말씀을 딱 잘라 거절하고 믿지 않는다는 겁니다. 사실상 우리의 태도로 보면 우리는 이렇게 말하고 있는 셈입니다. "주님의 팔은 어머니의 강하고 따뜻한 팔 만큼 믿음직스럽지 못해. 주님의 품은 어미 호랑이의 품만큼 포근하지 않아. 주님의 날개는 암탉의 날개만큼 안전하지 않아. 물론, 주님께서 이 땅의 모든 요새를 만드신 건 맞지만, 주님도 그런 요새라고 믿을 수는 없어. 주님이 우리의 요새라는 말은 어머니의 요새와는 다른 뜻일 거야. 주님의 요새는 어머니의 요새만큼 안전하거나 포근하지 않아." 어머니는 신뢰하면서도 하나님은 신뢰하지 못하는 이 비참한 모습을 보세요!

그럼에도 시편은 그 거룩한 처소가 얼마나 안전한지 거듭 강조하고 있습니다. 91편을 주목하세요. 주님의 은밀한 곳에 거하는 자는 그 어떤 것도 두려워하지 않습니다. 91편의 말씀대로 우리는 밤에 공포나 낮에 날아가는 화살이나 어둠 속에 만연하는 전염병이나 백주에 황폐케 하는 멸망을 두려워하지 않을 뿐만 아니라 오히려 천 명이 우리 옆에서, 만 명이 우리 주위에서 쓰러질 겁니다. 우리의 혼이 거룩한 처소에 숨어있는 한 어떠한 재앙도 우리에게 닥치지 못할 것이며 하나님을 자기 "**거처**"로 삼은 사람에게는 어떤 전염병도 가까이 가지 못할 겁니다.

모든 재앙과 전염병은 우리의 신앙생활을 고통스럽게 만들기도 하고 심지어 망쳐 버리기도 합니다. 그러나 우리가 주님을 우리의 거처로 삼으면 이 모든 재앙과 전염병으로부터 구원받을 수 있습니다. 물론, 외적인 시련은 그치지 않을 겁니다. 전염병이 여러분의 몸과 재산을 칠 수는 있겠지만, 여러분의 몸과 재산은 진정한 "여러분"이 아닙니다. 하나님 안에 거하는 동안에는 그 어떤 것도 진짜 "여러분"에게 가까이 갈 수 없습니다.

인생의 많은 고통은 잊히지 않는 **악의 두려움**에서 오며 이 두려움은 마음을 어지럽힙니다. 우리의 삶은 가정으로 가득합니다. 이런 일이 일어나면 어떻고, 저런 일이 일어나면 또 어떻고, 그러면 어떻게 해야 할까, 그런 일이 닥치면 어떻게 견딜 수 있을까, 이러쿵저러쿵. 우리가 하나님의 처소에 있는 높은 망대에 거하면 이런 가정들이 모두 떨어져 나가고 **악의 두려움에서 벗어나 편안할** 겁니다. 그 어떤 악의 위협도 하나님의 **높은 망대**를 뚫을 수 없습니다. 시편 저자는 죽음의 그림자가 드리운 골짜기를 지날지라도 **악을 두려워하지 않는다**고 고백했습니다. 우리 역시 하나님 안에 거한다면 같은 고백을 할 수 있어야 합니다.

*

　이쯤 되면 거룩한 처소에 들어가는 방법이 궁금할 겁니다. 답은 매우 간단합니다. 그냥 들어가면 됩니다. 예를 하나 들어보겠습니다. 한 친구가 제게 집을 넘기려고 합니다. 준비도 끝났고 임대차 계약과 여러 서류도 다 작성하고 잘 마무리 지었습니다. 이때, 집에 어떻게 들어가냐고 묻는 사람은 없을 겁니다. 그냥 이삿짐을 가지고 들어가면 되니까요. 거룩한 처소에 들어가는 것도 이와 같습니다. 하나님께서는 자신이 우리의 거처라고 말씀하셨고 성경은 그에 따른 모든 서류를 담고 있으며 이 서류는 정당하게 공증받았고 체결되었습니다. 그리고 우리 주님께서는 이 거처에 우리를 초대하셨습니다. 따지고 보면 명령에 가깝긴 하지만, 초대는 초대이니까요. 사실상 주님은 이렇게 말씀하십니다. "하나님은 네 거처라. 내 안에 거하면서 네 거처를 확고히 하라. 반드시 내 안에 들어와 살라."

"제가 어떻게 들어갈 수 있나요?" 어떻게 들어갈 수 있나 니요! 믿음으로 들어가세요. 하나님께서 당신이 여러분의 거처라고 말씀하셨으니 여러분도 이렇게 고백하세요. **내가 주에 관하여 말하기를 그는 나의 피난처시며 나의 요새시요, 나의 하나님이시니 내가 그를 신뢰하리라.** 믿음은 하나님의 말씀을 소유하고 확고히 합니다. 그리스도께서 "거하라"고 말하면 우리는 "거하겠습니다"라고 답해야 합니다. 믿음으로 주님을 우리의 거처로 삼으세요. 그분은 이미 우리의 거처입니다. 주님이 우리의 거처라는 사실을 믿고 지속적으로 확고히 함으로써 그분이 그분의 역할을 하게 하세요. 콜리지 Coleridge 는 이렇게 말했습니다.

> 믿음이란 지금 이 사실이
> 영원한 진리가 되게 해달라는
> 고백이자 행동이다.

우리는 우리 믿음의 고백을 통해 이 진리를 마음에 새기고 하나님의 거처로 들어가 믿음의 고백을 실행에 옮김으로써 주님이 우리의 거처라는 영원한 진리를 지금, 이 순간의 사실로 되새겨야 합니다.

이를 위해서는 가장 먼저 모든 걱정과 불안을 버려야 합니다. 걱정과 불안은 하나님의 거처에 들어갈 수 없으니까요. 그곳에 들어갈 때는 염려와 걱정을 뒤로해야 합니다.

우리는 주님의 명령에 순종하는 문제를 두고 이야기할 때 훨씬 더 중요한 내적인 삶에 관한 명령은 무시해버리고 외적인 의식과 의무에만 중점을 두는 경향이 있습니다. **너희는 마음에 근심하지 말고, 두려워하지도 말라.** 보편적으로 봤을 때 많은 사람이 불순종하는 하나님의 명령 중 하나입니다. 명령에 불순종하는 우리의 태도에 하나님은 슬퍼하실까요? 만일 제가 부모라면 자녀가 순간의 유혹으로 불순종할 때보다 저를 신뢰하지 못하거나 제 품 안에서도 안전하지 못하다고 느낄 때 더 마음이 아플 것 같습니다. 실제로, 주님께서는 자녀들이 그분의 품 안에서도 불안해할 때 마음 깊이 아파하십니다. 확신하건대, 우리 중 누구도 주님이 느끼는 슬픔을 온전히 이해하지는 못할 겁니다.

그러나 온전히 이해하지는 못하더라도 조금이나마 알 수는 있습니다. 친한 친구가 우리 손에 무언가를 맡겼다고 가정해봅시다. 여러분은 잘 간수하겠다고 약속했지만, (우리가 하나님의 품 안에서 불안해하듯) 친구는 걱정을 내려놓지 못하고 떠났습니다. 친구는 제가 못 미더웠는지 (우리가 하나님의 손길과 보살핌에 대한 불안을 표출하듯) 다른 사람들에게 자신의 염려와 불안을 털어놓았고 후에 우리가 이 사실을 알게 되었습니다. 자, 이때 우리 기분은 어떨까요? 친구의 태도에 상처받지 않겠어요? 결국, 친구가 맡겼던 걸 다시 돌려줄 때 우리는 "네가 나를 신뢰할 수 없다면 나한테 안 맡기면 되는 거 아니야?"라고 말하게 되겠지요. 하나님의 자녀들이 헌신해 놓고도 불안해하다니, 참으로 놀라운 광경입니다. 이런 불안은 하나님의 신용을 심각하게 훼손하는 짓입니다. 물론, 하나님의 거처에 들어오지 않은 외부인들은 이런 식으로 판단합니다. 이들은 주의 거처를 별거 아니라고 생각하거나 그 안에서 사는 사람들을 아니꼽게 여기니까요.

참새를 돌보고 우리의 머리카락까지도 세어 두시는 분은 우리를 결코 실망시키지 않습니다. 그분은 그 어떤 악도, 적도 뚫을 수 없는 난공불락의 요새입니다. 고로, 거룩한 처소에 무언가를 맡겼다면 그 순간부터 모든 불안과 두려움을 그쳐야 합니다. 내가 스스로 쥐고 지키고 있다면 불안하고 두려울 수밖에 없습니다. 여러분의 손안에 있는 한 그 무엇도 안전할 수 없으니까요. 그러나 하나님의 손안에 있다면 안전만큼은 확실히 보장됩니다.

시편 저자는 이렇게 말합니다. **주의 이름은 견고한 망대라, 의로운 자는 그 안으로 달려가서 안전함을 얻느니라.** 여기서 핵심은 이 견고한 요새로 **달려가서** 영원히 거하는 겁니다. 사방이 적으로 둘러싸였을 때 요새에 들어가지 않고 밖에 서서 도움을 바라는 것만큼 어리석은 일도 없습니다. 안전하고 싶다면 요새로 들어가야 합니다.

우리 주님께서는 이렇게 말씀하셨습니다. **오 예루살렘아, 예루살렘아, 선지자들을 죽이며 너에게 보낸 사람들을 돌로 치는 자야, 마치 암탉이 자기 병아리들을 모으듯이 내가 얼마나 자주 네 자녀들을 모으려고 하였더냐? 그러나 너희가 원치 아니하였도다!** 어린 자녀들이 안전하길 바란다면 어머니의 요새로 **달려가**야 합니다. 많은 사람이 하나님의 거처 밖에 머물러 있습니다. 스스로를 자격 없는 사람으로 여기기 때문이지요. 매가 날아오는 것을 본 암탉이 날개를 펼쳐 병아리들을 품 안에 숨기려 할 때 한 병아리가 어머니의 날개 아래로 가지 않고 두려움에 사로잡힌 채 "아, 저는 너무 연약하고 가련하고 어리석고 무능한 병아리예요. 제가 어머니의 날개 아래 들어갈 자격이 없을까 봐 무서워요."라고 말한다면 암탉은 분명 이렇게 말할 겁니다. "이 어리석은 것아! 네가 약하고 무능하고 시원찮기 때문에 내 날개 아래 있어야 하는 거야. 네가 장성한 수컷이었다면, 스스로를 돌볼 수 있었다면 내가 필요 없었겠지." 여러분은 이 병아리에 대해 어떻게 생각하나요? 더 설명이 필요한가요?

단순히 주의 장막으로 **달려가는 것**에서 그치면 안 됩니다. 시편 저자는 이렇게 말합니다. **내가 주의 장막에 영원히**

거하며 주의 날개로 덮은 곳을 신뢰하리라. 우리도 시편의 말씀대로 행해야 합니다. 솔직하게 고백하건대, 때로는 **주의 장막에 영원히 거하기** 힘들 수도 있습니다. 믿음의 발걸음을 떼는 것도 물론 쉬운 일은 아니지만, 발을 들여놓은 곳에 꾸준히 거하는 것이 훨씬 더 어려운 일입니다. 많은 사람이 일요일만 되면 하나님의 요새로 달려갔다가 월요일 아침이 되자마자 그곳을 떠나 버립니다. 어떤 사람들은 밤에 무릎 꿇고 기도하며 하나님의 요새로 들어갔다가 침대에 눕자마자 요새를 떠나 버리기도 합니다. 어리석기 짝이 없지요. 피난민이 요새로 달려갔다가 바로 다음 날 적들이 우글거리는 곳으로 다시 나온다는 건 상식적으로 이해하기 힘든 행동입니다. 우리는 이런 사람을 가리켜 미쳤다고 말합니다. 하물며, 혼이 이런 태도를 취한다면 어떨까요? 적들이 일요일에 더 많이 활동하나요? 월요일에는 덜하나요? 무릎 꿇고 기도할 때보다 침대에 누워있을 때 적을 더 잘 무찌를 수 있는 건가요?

문제는 우리의 마음입니다. 하나님의 처소에 잠깐 방문만 하고 싶은 건가요? 아니면 그곳에서 살고 싶나요? 오늘은 **주의 날개로 덮은 곳을 신뢰하고** 내일은 적의 공격에 그대로 노출되길 바라나요? 고의로 후자를 택하는 사람은 없습니다. 부지불식간에 말려드는 거지요. 우리가 잘 알아채지 못하지만, 그리스도 안에 거하는 건 모두 믿음의 문제입니다. 우리

우리의 거처

는 종종 우리의 피나는 노력과 투쟁이 핵심이라고 착각하여 노력이 느슨해지면 믿음도 약해질 거라고 생각합니다. 그러나 그리스도인은 믿음으로 삽니다. 믿음 없이는 하나님을 기쁘시게 할 수 없습니다. 고로, 믿음의 자리를 열성, 성실, 우리의 행위로 대신할 수 있다고 생각했다면 큰 오산입니다. 아무것도 아닌 것에 시간과 에너지를 낭비하는 건 부질없는 짓입니다.

우리는 우리의 의지와 에너지를 믿음에 쏟아부어야 합니다. **얼굴을 부싯돌같이 하여** 하나님의 거처로 들어가고 그 안에 꾸준히 거하며 의심과 불안을 버리세요.
지극히 높으신 분의 은밀한 곳에 거하는 자는 전능하신 분의 그늘 아래 살리로다. "거하다"와 "신뢰하다"는 같은 뜻을 지닌 동의어입니다. 주를 신뢰하는 사람은 주 안에 거합니다. 꾸준히 주를 신뢰하는 사람은 주 안에 꾸준히 거합니다. 간헐적으로 주를 신뢰하는 사람은 주의 거처를 들락날락 거립니다. 한때는 "그리스도 안에 거한다"는 말에 어떤 신비한 의미가 있는 줄 알았지만, 지금에 와서 보면 그 말은 주를 온전히 신뢰하는 뜻입니다. 여러분이 이 진리를 깨닫게 되면 하나님의 거처에 관해 꼬였던 매듭이 쉽게 풀릴 겁니다. 우리는 애틋한 두 사람의 관계를 보고 "서로의 마음에 산다"고 말합니다. 두 사람 간의 완벽한 사랑과 신뢰를 보여주는 표현이지요. 아마도 이 두 사람 사이에는 서로에 대한 의심이 조금도 없을 겁니다. 주님의 요새를 온전히 신뢰하는 사람은 그 요새에 거합니다. 이것이 전부입니다.

그러니 하나님께서 우리의 요새이자 높은 망대라는 사실을 똑바로 마주하세요. 우리는 믿음과 믿음의 행실로 우리 자신을 하나님께 드리고 모든 것을 거룩한 거처에 맡겨야 할 뿐만 아니라 생각을 파고드는 모든 불안을 떨쳐 버려야 합니다. 주님이 우리의 거처이신 이상, 그 어떤 것도 주의 손안에 있는 것들에 해를 끼칠 수 없습니다. 우리가 이 사실을 믿는 순간, 모든 문제는 주님의 손에 달려있습니다. 그러나 우리가 의심하기 시작하면 주님의 손에 있던 문제를 우리 손으로 다시 쥐는 꼴이 됩니다. 결국, 여러분이 거하는 곳은 더 이상 거룩한 요새가 될 수 없습니다. 동시에 두 장소에 있을 수는 없는 노릇이니까요. 우리 손으로 쥐고 있으면 하나님께서 지키실 수 없습니다. 하나님의 손에 있다면 이미 우리 손을 떠난 겁니다. 지극히 명명백백한 사실이지만, 상식이 부족한 사람들은 이 진리를 뒤섞어 버립니다. 이들은 하나님의 요새에 자신의 문제를 던져 놓고 동시에 자기 요새에도 같은 문제를 던져 놓습니다. 그리고는 왜 이 문제가 해결되지 않는지, 왜 안전하지 못한지 이해하지 못합니다. 참으로 어리석은 모습입니다. 주님을 신뢰하든지 말든지, 자신을 신뢰하든지 말든지, 둘 중 하나만 해야지 이 두 가지를 혼동해서는 안 됩니다. 이 둘은 결코 섞일 수 없으니까요.

하나님을 향한 여러분의 신뢰를 고백하고 싶다면 제가 도와드리겠습니다. "하나님은 제 거처입니다. 그곳에 영원히 거하겠습니다. 자, 이제 하나님의 거처로 들어왔습니다. 이 거룩한 집에 거하니 이제 저는 안전합니다. 다시는 이 집을 나가지 않겠습니다." 순수하게 고백해야 합니다. "거기 있으면 곧 망할 거야."라는 의심과 불안이 밀려올 때 물러서지 말고 맞서야 합니다. 다른 사람이 뭐라고 떠들던지 우리는 "이 거룩한 처소에 영원히 거할 거야."라고 분명히 말하고 이 입장을 고수하며 다른 생각을 품지 말아야 합니다. 자, 이제 우리는 하나님의 거처로 들어왔습니다. 더 말할 필요도 없지요.

물론, 우리는 침대에 누워 그날의 문제를 내려놓아야 합니다. 다시 말하지만, 제가 말하는 거처는 내적인 거처를 뜻하며 그곳에 두는 문제 역시 외적인 문제가 아니라 내적인 문제입니다. 외적으로는 여러 문제를 조심하고 안전에도 주의해야 하지만, 혼의 내적인 기반은 하나님의 거처에 있어야 합니다. 성경은 그 관점에서 **아무것도 염려하지 말라**고 말합니다. 내적인 문제가 해소되어야 외적인 문제도 해소될 수 있습니다. 모든 문제를 해소하는 가장 확실한 토대가 바로 하나님의 요새이니까요. 하나님의 거처에 숨은 혼은 이 땅의 많은 시련을 담담히 견디고 가장 강한 적들도 물리칠 수 있습니다.

＊

　꼭 당부하고 싶은 말이 있습니다. 새집에 들어갈 때는 우리 몸만 들어가는 게 아니라 모든 재산과 식구를 함께 데리고 들어갑니다. 아끼는 것이나 사랑하는 사람을 바깥에 두고 들어가지는 않지요. 제가 걱정하는 건 믿음이 부족한 하나님의 자녀들입니다. 이들은 믿음이 부족한 탓에 사랑하는 사람, 소유를 바깥에 두고 하나님의 거처에 들어가 버립니다. 개중에는 자기 자녀를 버려두고 가는 사람도 있지요. 어떤 아버지가 위험한 때에 자기 자녀를 버려두고 요새로 달려가나요? 그런 사람은 아버지 자격이 없는 사람입니다. 그런데 수많은 그리스도인이 그런 끔찍한 짓을 벌이고 있습니다. 우리가 자녀들에 대해 염려하고 불안해한다는 게 바로 그 증거, 곧 하나님의 거처에 자녀와 함께 들어가지 않았다는 증거입니다.

　하나님을 믿고 우리 자신을 맡겼다면 우리가 사랑하는 대상, 특히 우리 자녀들도 믿고 맡겨야 합니다. 하나님은 이 땅의 아버지보다도 더 자상한 분입니다. 자녀들에게는 이 땅의 아버지보다도 더 아버지 같은 분이지요. 우리 자녀들이 우리를 신뢰한다면 마땅히 하나님도 신뢰해야 합니다. 우리가 자녀들에게 해줄 수 있는 최선이 무엇일까요? 내 품에 싸고도는 게 아니라 하나님의 손길을, 그 품을 신뢰하도록 본을 보여주고 가르쳐야 합니다. 제가 아는 한 자매도 이같은 진리를 깨달은 뒤 놀라운 변화를 경험했습니다. 그 자매는 자신이 받은 구원을 평온한 마음으로 신뢰하면서도 신앙에 무관심한 자기 아들을 항상 염려했습니다. 어느 날 저녁, 자매는 자신이 사랑하는 자녀를 믿음으로 하나님의 요새에 데리고 들어가지 않고 밖에 내버려 두었을지도 모른다는 말씀을 들었고 그 순간, 하늘의 조명을 받아 자신의 모순적인 태도를 보게 되었습니다. 자녀를 밖에 두고 혼자 하나님의 요새에 숨어있는 모순을 발견한 거지요. 이 사실을 깨닫자마자 그녀를 괴롭히던 모든 불안이 사라졌습니다. 그리고 완전한 화평이 그녀의 혼을 덮었습니다. 후에, 자매는 자기 자녀가 더 이상 자신의 것이 아니라 하나님의 것이라는 사실을 잊고 있었다며 간증을 털어놓았습니다. 자매의 말대로 하나님께서는 그녀보다 훨씬 더 현명하고 효과적으로 그 아이를 돌보고 보살피실 겁니다. 자매는 자녀를 하나님께 온전히 맡길 준비가 되었습니다. 오직 하나님만이 최상의 길과 방법을 알고 계시니까요. 이제는 기꺼이 그분의 손에 모든 문제를 맡기기만 하면 됩니다.

자매는 집으로 가자마자 아들을 불러 무슨 일이 있었는지 이야기해 주었습니다. "내 사랑하는 아들아, 너도 알다시피 엄마가 너를 보면 항상 걱정되어서 계속 잔소리도 하고 충고도 했잖니? 그런데 오늘 엄마는 신뢰하는 법을 배웠어. 그래서 엄마는 믿음으로 너를 하나님의 요새에 데려가 하나님의 손에 너를 맡겼단다. 분명 부족한 이 엄마보다 하나님께서 더 너를 잘 보살펴 주고 옳은 방향으로 이끌어 주실 거야. 엄마는 이제 걱정이 없어."

이후로, 근 일 년 동안 자매를 보지 못했습니다. 정말 오랜만에 다시 만났을 때 자매는 밝은 얼굴로 반기며 기쁨의 눈물이 그렁그렁 맺힌 눈으로 이렇게 말했습니다. "자매님! 저와 함께 기뻐해 주세요. 하나님의 요새로 아이들과 함께 들어가는 법을 배운 이후로 아이들은 그곳에서 잘 자랐어요. 지금은 모두 선한 그리스도인이 되었답니다!"

*

자, 결론을 맺을 시간입니다. 우리는 마음을 굳게 결심하고 우리의 모든 소유와 사랑하는 사람을 데리고 하나님의 거처로 들어가야 합니다. 하나님 안에 들어가 우리 자신으로부터, 다른 모든 걱정으로부터, 적들로부터 우리 자신을 숨기고 그분의 요새 밖에 있는 것들에 시선을 두지 않아야 합니다. 오직 하나님의 눈을 통해서만 밖을 보세요. 하나님의 눈은 하나님의 집에 있는 창문들입니다. 그분의 집에서는 하나님의 시각으로 보여주는 창문을 통해서만 밖을 바라볼 수 있습니다. 이 창문이 새로운 시야를 선사할 겁니다. 분명한 실체를 보여주겠지요. 그 창문을 통해서 보면 우리의 모든 시련이 축복으로, 적들이 가짜 친구들로 보이고 삶의 모든 걱정과 불안을 마주해도 평안할 겁니다. 불안과 걱정이 여러분에게 닿을 수 없을 테니까요.

하나님 안에 거하는 자는
화평한 처소와 조용히 쉬는 곳에 거하리라.

그러나 죄가 많아진 곳에
은혜가 더욱 넘쳤나니

08

더 많이 vs 더 적게

much more vs much less

08

　이전까지는 주님과 그분의 위대한 구원에 관해서 살펴보았습니다. 지금부터 핵심은 이를 통해 어떤 관점을 가져야 하냐는 겁니다. 우리의 관점은 신앙생활에서 매우 큰 비중을 차지합니다. 우리 신앙생활의 안락, 평안을 결정하니까요. 물론, 우리의 관점이 실제 일어나는 일에 영향을 주는 건 아니지만, 그 일을 어떻게 이해할지, 그 해석에 큰 차이를 불러일으킬 수 있습니다. 우리의 안전, 피난처는 실제 눈에 보이는 것에서 오는 반면 우리의 평안, 안락은 우리가 그것을 어떻게 바라보는가, 그 생각에서 옵니다.

　성경에는 주 예수 그리스도의 구원을 설명할 때 반복적으로 사용하는 표현이 있습니다. 이 표현은 구원에 관한 새로운 관점을 부여합니다. 이 표현의 의미를 깨닫게 되면 큰 만족과 기쁨을 얻게 될 겁니다. 그러나 이 의미를 이해하지 못하면 또다시 불행하고 불편한 신앙생활을 반복할 수밖에 없습니다. "더 많이"라는 표현은 우리가 믿기만 하면 주님께서 영광스러운 구원, 그 이상을 주실 거라는 의미를 내포하고 있습니다. 그럼에도 우리는 계속해서 "더 적게"라는 표현에 이끌립니다. 결국, 이 구원이 우리 필요 이상이 되지 못하고 그 이하가 되어버리는 거지요. 쉽게 말하자면, "더 적게"라는 관점은 우리 영적 생활을 불행하게 만듭니다.

이전 과를 통해 하나님의 충만한 구원이 진정 참이라는 사실을 배웠다면 "더 많이"라는 말이 다른 누구도 아닌 하나님의 자녀가 사용하는 표현이라는 사실을 알 겁니다. 그러나 "더 적게"라는 말을 그저 불쌍한 죄인들이 사용하는 신중한 표현으로만 간주하는 그리스도인들이 있기 때문에 이 문제에 관해 성경은 무엇이라고 말하는지 살펴보고 우리가 진정 "더 많이"라는 표현을 써도 되는 건지 봅시다.

이 표현은 첫눈에 어떻게 보이는지보다 훨씬 더 중요한 문제입니다. 하나님께서 그분의 구원이 우리의 필요를 충족하는 것, 그 이상이라고 말씀하셨기 때문에 우리가 "더 적게", "그 이하"라는 표현이나 생각을 고집한다면 주님의 신실함에 의구심을 품는 겁니다. 결국, 스스로에게 막대한 불안과 고통을 지울 뿐이지요.

"더 적게"라는 단어는 보이는 것을 말하고 "더 많이"라는 단어는 보이지 않는 것을 말합니다. "더 적게"라는 말은 "더 많이"라는 말보다 훨씬 더 겉으로 보이는 대상에 민감합니다. 눈에 보이는 게 사실상 그러하니까요. 우리의 연약함과 어리석음은 눈에 보이지만, 하나님의 힘과 지혜는 눈에 보이지 않습니다. 우리의 필요는 분명하지만, 하나님의 공급은 그분의 은밀한 존재 안에 감추어져 있습니다. 오직 믿음으로만 인지할 수 있지요.

보이지 않는 것을 봐야 한다는 게 모순처럼 느껴질 수도 있습니다. 어떻게 보이지 않는 걸 볼 수 있을까요? 표면상에 있는 게 아닌 다른 것을 보는 눈, 그 속을 꿰뚫어 보는 다른 눈이 있습니다. 과학자와 소가 같은 들판을 바라본다고 해도 서로 다른 것을 봅니다. 보이지 않는 것을 보려면 우리 혼이 가진 내적인 눈이 열려야 합니다. 이 눈은 내면을 볼 수 있고 외양 속에 자리한 실체를 간파할 수 있습니다. 이 내적인 눈은 잠시뿐인 보이는 것들에 초점을 두지 않고 보이지 않는 영원한 것들을 바라봅니다. 문제는 이 내적인 눈을 떴느냐, 영원한 것들을 볼 수 있느냐, 우리의 시야가 일시적인 것들에 제한을 받고 있느냐는 거지요.

과연 우리는 주 예수 그리스도의 구원이 우리의 필요, 그 이상이라고 말할 수 있을까요? 아니면 우리의 필요보다 더 적다고 말하게 될까요?

이에 대한 아름다운 예시가 이스라엘 역사에 있습니다. 이스라엘은 보이지 않는 것을 분명히 보고 눈에 보이는 것보다 그들의 적이 "더 적다"는 사실을 알았습니다. 이 이야기는 역대기하 32장에 고스란히 담겨 있지요. 당시 상황을 보면, 앗시리아의 산헤립왕이 유다와 대치하고 유다를 위협했습니다. 이 적은 지금껏 모든 전쟁에서 대대적인 승리를 거두었던 터라 이스라엘 정복에 있어 일말의 의심도 품지 않았습니다. 그러나 이스라엘의 왕, 히스키야는 눈에 보이는 적이 아니라 보이지 않는 하나님을 바라보았습니다. 히스키야는 하나님보다 강한 이가 없다는 사실을 알았기에 백성들을 위로하며 이렇게 말했습니다. **강건하고 담대하라. 앗시리아 왕과 그와 함께 있는 무리들로 인하여 무서워하거나 놀라지 말라. 이는 우리와 함께하는 자들이 그와 함께하는 자들보다 많음이라. 그와 함께하는 것은 육신의 팔이나 우리와 함께하시는 분은 주 우리 하나님이시니 그분께서 우리를 도우시고 우리의 싸움을 싸우시는도다.** 앗시리아는 육신의 팔이고 이스라엘은 주 우리 하나님이라니! 참으로 강렬한 대조입니다. 이 말을 듣고 안심하지 않은 백성은 아무도 없었습니다.

자, 만일 우리가 그 상황에 처했다면 과연 우리는 그 말을 듣고 안심했을까요? 그만큼의 믿음이 있나요?

산헤립왕은 이스라엘의 믿음을 보고 격분했습니다. 그는 이스라엘을 가리켜 히스키야의 말에 설득당한 어리석은 자들이라고, 스스로 기근과 목마름의 위험으로 뛰어 들어가 주님이 구해줄 거라는 헛된 희망을 품은 아둔한 자들이라고 힐난했습니다. 그러고는 "하물며"라고 비아냥대며 이렇게 말했지요. **너희는 나와 나의 조상이 다른 땅의 모든 백성에게 한 일을 알지 못하느냐? 그 땅의 민족들의 신들이 어떤 방법으로든 내 손에서 그들의 땅을 구해 낼 수 있었더냐? 내 조상이 진멸한 그 민족들의 모든 신들 가운데 자기 백성을 내 손에서 구해 낼 수 있는 신이 누가 있었기에 너희 하나님이 내 손에서 너희를 구해 낼 수 있겠느냐? 그러므로 이제 히스키야가 그런 방법으로 너희를 속이거나 꾀지 못하게 하고 그를 믿지 말라. 어느 민족이나 왕국의 신도 자기 백성을 내 손과 내 조상의 손에서 구해 낼 수 없었는데 하물며 너희 하나님이 너희를 내 손에서 구해 내겠느냐?**

"하물며" 이 단어가 얼마나 많은 불신의 유혹을 품고 있는지 아시나요? 이스라엘의 눈에는 모든 상황이 "불가능하다"고 말하고 있었습니다. 이스라엘 주변에 있던 민족들은 모두 전쟁에서 패한 상황이었고 이스라엘은 패한 민족들보다도 약하고 장비도 허술했으니 "구원"받는 건 불가능에 가까웠지요. 그러나 히스키야는 자기 눈뿐만 아니라 백성들의 눈도 보이지 않는 것들에 고정시키고 믿음을 굳건히 다졌습니다. 덕분에 이스라엘은 그들이 신뢰하는 주님은 결코 실망시키지 않는 분이니, 위대한 구원을 이루실 거라는 사실을 되새겼습니다. 결국, 이스라엘보다 "더 적었던" 적들은 이스라엘에게 "더 큰" 승리를 안겨주었습니다. 이스라엘에게 패배와 죽음을 약속했던 산헤립왕은 무너져 내렸고 **수치스러운 낯**을 하고 고국으로 돌아가 그곳에서 혈연의 손에 죽임을 당했습니다.

이 이야기가 우리의 개인적인 경험과 비슷하지 않나요? "하물며" 하나님이 우리를 구해내실 수 있겠냐는, 약속을 지키시겠냐는 생각을 해본 적은 없나요? 그런 생각이 들어 낙심한 적은 없나요? 눈에 보이는 상황이 절망적이어서 스스로를 **기근과 목마름으로 죽도록** 내던져진 사람으로 여겨본 적은 없나요? 그런 상황이 닥쳐서야 결국 내가 신뢰할 수 있는 분은 주님뿐이라고 생각했나요? 예전에 큰 고난을 겪고 있던 그리스도인이 하는 말을 들었습니다. 그는 사방팔방으로 구원을 찾아다녔습니다. 그러나 수많은 노력이 물거품으로 돌아가자, 결국 절망이 가득 담긴 목소리로 다른 성도에게 이렇게 말하더군요. "더 할 수 있는 게 없네요. 이제는 주님을 신뢰하는 수밖에 없어요."

그 말을 들은 성도가 실망스런 목소리로 이렇게 답했습니다. "아이! 어쩌다 그런 결론에 이른 건가요?"

우리는 이런 표현을 듣거나 사용하는 사람을 보면 경악하곤 합니다. 스스로에게 솔직해지세요. 분명히 마음속 깊은 곳에 이런 표현을 담아본 적도, 이런 감정에 빠져본 적도 있을 겁니다. 슬프게도, 우리는 절망적인 순간에 이르러서야 주님밖에 없다고 생각합니다. 그제야 주님을 신뢰한다고 말하지요. 그저 믿기만 하면 우리 주님은 우리에게 은혜를 "더욱" 풍성히 내려주십니다. 최악의 상황에도 이 사실은 변하지 않습니다. 바울은 하나님이 **우리가 구하는 것이나 생각하는 모든 것보다 훨씬 더 풍성하게 행하실 수** 있다고 말합니다. 이것이 바로 "더 많이"의 진정한 뜻입니다. 우리는 구원이 일구어낼 경이로운 일들, 곧 우리의 삶을 완전히 바꾸고 온 우주를 기쁨과 승리로 물들일 영적인 축복들을 상상할 수 있고 또 구할 수도 있습니다. 문제는 우리가 바울이 한 말을 진정으로 믿느냐는 겁니다. 하나님께서 우리가 구하는 것이나 생각하는 모든 것보다 "훨씬 더 풍성하게" 행하실 수 있다고 믿나요? 지금 우리의 마음에 자리 잡은 단어는 무엇인가요? "훨씬 더" 인가요, "훨씬 덜" 인가요?

성경의 다른 구절에서는 이렇게 말합니다. **하나님께서 자기를 사랑하는 자들을 위하여 예비하신 것들은 눈으로 보지도 못하였고 귀로 듣지도 못하였으며 인간의 마음속에 들어온 적도 없느니라.** 하나님께서 우리를 위해 인간의 마음속에 들어온 것보다 더 많이 예비해 놓으셨다면 우리는 틀림없이 인간의 마음속에 들어온 것보다 더 많이 받을 수 있습니다. 의심의 여지가 없지요. 그렇다면 하나님의 구원이 우리의 마음에 들어온 것보다 "더 적다"는 마음을 품게 만드는 건 무엇일까요? 바로 불신입니다.

우리 혼에는 불신의 "하물며(부정), 더 적게"라는 표현이 아니라 믿음의 "하물며(긍정), 더 많이"라는 표현이 자리해야 합니다. 확신하건대, 하나님의 훨씬 더 풍성한 은혜가 잠깐의 세속적인 필요뿐만 아니라 영원한 영적인 필요까지 전부 다 채워줄 겁니다.

만일 한 사람의 범죄로 인하여 많은 사람이 죽었다면 더욱더 하나님의 은혜와 한 사람 예수 그리스도로 인한 은혜로 말미암은 선물이 많은 사람에게 풍성하였느니라. 이 말씀을 진정으로 이해한다면 "더욱더 많은" 선물이 인간의 가장 깊은 소망에 닿을 겁니다. **많은 사람이 죽었다**는 말씀은 의심의 여지 없이 참입니다. 그렇다면 "더욱더 많은" 하나님의 은혜가 많은 사람에게 풍성히 내려졌다는 말씀은 어떤가요? 많은 사람에게 풍성히 주어진 은혜를 진심으로 믿고 있나요? 죽음이 확실하듯 은혜도 확실한가요? 질병보다 치료제가 더 많다는 사실을 믿나요? 구원이 우리의 필요, 그 이상일까요? 혹시 마음속으로는 구원이 필요에 못 미친다고 생각하나요? 하나님께서 그렇게 말씀하시던가요?

우리 혼의 가장 깊은 곳에 자리한 소망은 구원입니다. 구원이 이 소망을 "더욱더" 이루어 줄 수 있을까요? 바울은 이에 대해 뭐라고 말했을까요? **우리가 아직 죄인이었을 때 그**

리스도께서 우리를 위하여 죽으심으로써 하나님께서는 우리를 향한 그의 사랑을 나타내셨느니라. 그러므로 이제 그의 피로 의롭게 되었으니 더욱더 우리가 그를 통하여 진노로부터 구원받게 되리라. 우리가 원수 되었을 때에도 그의 아들의 죽음으로 인하여 하나님과 화해하게 되었으니 더욱더 화해하게 된 우리는 그의 생명으로 인하여 구원받게 되리라. 구원에 관한 의문은 이 "더욱더"라는 말에 완전히 해결됩니다. 그리스도께서 죽으심으로써 우리와 하나님이 화해하게 되었으니 (전적으로 우리 문제 때문에 일어난 일입니다) 이제는 우리가 하나님을 받아들이기만 하면 그분께서 우리를 구원해 주실 겁니다. 이 구원에는 누구도 토를 달 수 없습니다. 더 큰 구원은 더 적은 것을 품고 큰일을 이룬 분은 "더욱더" 작은 일도 이루시니까요. 주님께서 위대한 일을 이루셨다는 데에는 의심의 여지가 없습니다. 고로, 더 작은 일도 마땅히 해내실 겁니다. 우리는 그분의 능력을 의심하지 말아야 합니다.

*

자, 이제 현실적인 질문을 하겠습니다. 위 말씀을 정말 믿나요? 우리 구원에 대한 의심을 모두 거두었나요? 용서와 영생의 보증을 말할 수 있나요? 불신으로 뒤엉킨 마음 때문에 소심하게 "저도 하나님의 자녀였으면 좋겠어요."라고 말할 건가요? 아니면 우리 아버지이신 하나님을 신뢰함으로써 고개를 당당히 들고 요한처럼 **이제는 우리가 하나님의 아들들이라고** 말할 건가요? 구원이 여러분에게 "더 많은" 은혜를 주었나요, "더 적은" 은혜를 주었나요?

우리는 성령님의 선물을 바라고 기도하지만, 때로는 그 모든 바람과 기도가 부질없다고 느끼기도 하고 우리 기도가 응답받지 못했다고 생각하기도 합니다. 그러나 우리 주님께서는 긍정의 "하물며"라는 표현을 통해 우리에게 믿음을 주십니다. **너희가 악하다 할지라도 너희 자녀에게 좋은 선물을 줄줄 알거든 하물며 하늘에 계신 너희 아버지께서 구하는 자들에게 성령을 주시지 않겠느냐?** 좋은 부모는 자녀에게 좋은 선물을 주고 싶어 합니다. 자녀가 받을 준비가 되기도 전에, 필요하다고 말하기도 전에 알아채고 선물을 준비해 놓지요. 그 마음을 모르는 사람은 없습니다. "하물며" 하나님은 어떠실까요? 구하는 자들에게 성령을 주시지 않겠어요? 하나님께서 기꺼이 주실 거라고 믿나요? 아니면 필요한 선물을 구걸하고 간청하고 열렬히 바래도 주시지 않을 거라고, 기도에 못 미치는 선물을 주실 거라고 생각하나요? 그저 믿기만 하면 우리가 구하는 것들이 이루어질 겁니다. 선물을 받는 순간, 주님의 능력을 진정으로 믿을 수 있게 되고, 실제로 성령을 우리의 개인적인 위로자이자 인도자로 소유했다는 사실을 알게 되겠지요. 이 약속된 선물을 받기 위해 피곤한 노력과 고통스러운 기도를 할 필요가 없습니다.

죄와 환경을 뛰어넘어 승리하길 바라는 우리의 소망은 그 어떤 소망보다도 고통스럽고 아픕니다. 죄와 환경은 초대형 트럭처럼 저항할 수 없는 강력한 힘으로 굴러와 우리를 산산이 부숩니다. 이때, 우리 혼은 입을 간신히 떼어 부정의 단어 "훨씬 덜", "하물며"를 내뱉으려 하지만, 하나님께서는 이미 우리에게 큰 승리를 주셨습니다. **한 사람의 범죄로 말미암아 사망이 그 한 사람으로 인하여 군림하였다면 더욱더 은혜의 풍성함과 의의 선물을 넘치도록 받는 사람들이 한 사람 예수 그리스도로 인하여 생명 안에서 군림할 것이니라.**

죄로 인한 영적인 죽음이 이 세상에 군림하고 있으며 죄인들은 그 권세 아래 신음하고 있습니다. 이미 잘 알고 있는 바입니다. 자, 그렇다면 예수 그리스도를 통해 생명이 "더욱 더" 군림하고 있다는 사실도 알고 있나요? 과거에는 패배했을지 몰라도 이제는 승리할 수 있습니다. 한때 우리를 관장했던 사망을 뛰어넘는 생명이 지금 우리를 관장하고 있으니까요.

로마서에서는 우리가 한때 우리를 관장했던 **이기는 자들보다 더 낫다**고 말합니다. 문제는 우리가 그렇게 살고 있나는 거지요. 지금껏 인간의 공포, 우리의 특정 기질, 외적인 상황, 급한 성질, 나쁜 날씨, 주변의 모든 환경 등 수많은 것들이 우리 위에 군림하고 있었습니다. 왕이 되어야 하는 곳에서 노예로 살고 있었습니다. 왜 그런 걸까요? 그리스도 안에서 우리의 것인 풍성한 은혜를 충분히 "받지" 않았기 때문입니다. 불신은 우리의 눈을 가려 정당한 소유를 누리지 못하게 합니다. 우리는 마땅히 **왕**이자 **다스리는 자**로 불려야 합니다. 하나님께서 이전에 우리를 속박했던 권세보다 "더 큰" 권세를 우리에게 주셨으니까요. 그 권세를 사용하고 있나요? 그렇지 못하다면 그 이유는 무엇인가요? 하나님께 결핍이란 있을 수 없습니다. 그분의 편에 선 사람도 마찬가지입니다. 그분께서는 항상 "더 큰" 승리를 주셨습니다. 문제는 우리가 그 승리를 받아들이지 않는다는 거지요. 우리가 패배하는 이유는 "더욱더, 더 많이"라는 믿음의 단어를 "하물며, 더 적게"라는 불신의 단어로 대체해버렸기 때문입니다. 그리스도 안에서 의의 선물을 넘치도록 받는 우리들이 생명 안에서 군림할 거라는 사실을 마음으로 믿지 않는다면 승리할 수 없습니다. 결국, 불신이 모든 걸 망쳐 놓았습니다.

이 문제를 어떻게 해결할 수 있을까요? 불신의 단어를 버리고 하나님의 선언을 받아들이세요. 그리고 약속된 승리를 주장하세요. 믿음을 통해 반드시 승리하게 될 겁니다.

하나님의 구원에 관한 "더 큰" 확신은 우리의 영적 필요뿐만 아니라 육신적인 필요도 채워줄 겁니다. 염려하지 마세요. 주님께서는 우리에게 이렇게 말씀하셨습니다. **그러나 오늘 들에 있다가 내일이면 아궁이에 던져질 풀도 하나님께서 이처럼 입히시거든, 오 너희 믿음이 적은 자들아, 너희는 얼**

마나 더 잘 입히시겠느냐?

익숙한 구절이지만, 이 구절의 참 의미를 놓치는 그리스도인이 많습니다. 이 구절은 믿음에 관한 놀라운 의미를 담고 있습니다. 하나님께서는 온 우주를 돌보는 것 이상으로, 그보다 더 우리를 돌보고 입히며 지켜보고 때에 따라 필요를 채워 주십니다.

놀라운 진리입니다! 우리는 종종 질서 있게 돌아가는 우주를 경이로워하며 만물을 창조하고 관장하신 창조주의 능력에 감탄을 금치 못하기도 합니다. 우리 중 그 누구도 온 우주에 대한 책임을 느껴본 적은 없을 겁니다. 여러분의 어깨에 있는 짐이 아니라 하나님의 것이니까요. 창조주께서는 우리의 도움이 없어 만물을 만들고 주관하십니다. 그리고 우리는 이 사실을 믿습니다. 그러나 어디를 가나 어리석은 사람이 있지요. 이들은 창조주의 경영방식에 흠을 잡고 기도로 충고하려고 합니다. 하나님의 일을 자기 어깨에 짊어지려고 하다니! 얼마나 어리석은 모습인가요!

수많은 그리스도인이 하나님께서 온 우주 만물을 보살피신다는 걸 알면서도 그 만물에 자기 자신이 포함된 줄은 상상도 못 합니다. 그래서 하나님께서 만물을 보살피시는 것보다 우리를 더 잘 보살피고 입히실 거라는 말씀을 믿지 못하지요. 우리는 눈에 보이는 상황과 환경, 우리의 필요와 무력한 자기 자신을 바라보고 염려하거나 두려워합니다. 공중의 나는 새들과 들의 꽃들보다 "훨씬 더" 가치 있는 존재이면서도 불신으로 똘똘 뭉쳐 "훨씬 덜" 가치 있는 존재로 스스로를 낮춰버릴 뿐만 아니라 자기 자신을 돌봐야 한다는 책임을 어깨에 짊어지고 힘겹게 살아갑니다. 만물을 보살피시는 하나님께서 우리는 그처럼 돌보지 않을 거라고 생각하기 때문에 이런 결과로 이어질 수밖에 없습니다. 우리는 시편의 저자처럼 말합니다. **주의 손가락으로 지으신 주의 하늘들과 주께서 정해 놓으신 달과 별들을 내가 생각해보니 사람이 무엇이기에 주께서 그를 마음에 두시며 인자가 무엇이기에 주께서 그를 돌보시나이까?** 넓고 광활한 우주에 비하면 사람은 너무 작고 초라합니다. 그래서 우리는 종종 **인자가 무엇이기에 주께서 그를 돌보시나이까?** 라고 묻습니다. 우리의 의문에도 하나님께서는 우리를 마음에 두시고 온 우주보다도 더 우리를 자상하게 돌보십니다. "훨씬 덜"이 아니라 "훨씬 더" 입니다. 연약한 인간이 우주에 대해 걱정하는 게 얼마나 어리석은 모습인지 상식적으로 생각해본다면 우리 자신에 관한 불안과 걱정이 순식간에 사라질 겁니다. 우리 자신에 관해 걱정하고 불안해하는 것도 그만큼이나 어리석은 짓이니까요.

우리 주님은 산상설교에서 "하물며"라는 단어를 통해 더 없는 확신을 주십니다. **너희 가운데 누가 아들이 빵을 달라는데 돌을 주며 생선을 달라는데 뱀을 주겠느냐? 너희가 악하다**

할지라도 너희 자녀에게 좋은 선물을 줄 줄 알거든 하물며 하늘에 계신 너희 아버지께서 구하는 자들에게 좋은 것들을 주시지 않겠느냐?

긍정의 "하물며"라는 단어를 통해 우리는 필요에 대한 모든 공급을 보장받았습니다. 우리 아버지께서는 우리에게 항상 좋은 것만을 주시겠다고 약속하셨습니다. 보편적으로 적용되는 예시를 들어 확신도 주셨습니다. 짐승이든 사람이든 삶의 지위나 환경에 상관없이 어머니는 본능적으로 자식을 위해 최상의 것을 준비하고 제공합니다. 형편이 어떻다 하더라도 악한 어머니가 아니라면 자녀가 빵을 달라는 데 돌을 주고 생선을 달라는데 뱀을 주지 않습니다. 하물며 어머니의 마음을 창조하신 분이 하나님이신데 그분께서 어머니 보다 더 자녀를 홀대하시겠어요? 결코 그럴 수 없습니다! 하나님께서는 자상한 어머니 보다 "훨씬 더" 자상히 자녀들을 입히고 먹이십니다. 어머니가 자녀에게 좋은 선물을 줄 줄 안다면 "하물며" 하나님은 얼마나 더 하시겠어요? 진정 여러분은 이 사실을 믿나요? 침상을 뒤흔들었던 불안이여, 한 번 대답해보세요. 부모가 자녀에게 좋은 선물을 주는 것보다 하나님께서 자녀들에게 "훨씬 더" 좋은 선물을 주실 수 있고 또 주길 바라신다면 기도 응답에 관한 우리의 모든 불안과 걱정은 마땅히 사라져야 합니다. 어머니가 아이들이 빵을 달라고 할 때 빵을 주고 먹이는 것처럼 우리가 구하면 하나님으로부터

좋은 것들을 받을 겁니다. 반드시 그렇게 해 주실 겁니다. 틀림없습니다. 이 땅의 아버지도 그러한데, "하물며" 하늘에 계신 아버지께서 들어주지 않으시겠어요? 이제는 "하물며"라는 단어의 의미를 깨달았나요? 다 깨닫지는 못하더라도 이 의미 정도는 알고 있어야 합니다. 사람도 누군가 필요를 구하면 들어주고 답해줍니다. 하물며 하나님은 어떠실까요? 이제 다시는 의심하지 마세요. 부모가 빵 대신 돌을 주지 않듯 하나님도 마찬가지입니다. 그러니 구할 때는 우리 눈에 어떻게 보이든지 상관없이 **좋은 것들**을 받으리라고 확신해야 합니다.

성 아우구스티누스의 어머니는 아들의 개종을 간절히 바라며 아들이 로마에 가지 않게 해달라고 기도했습니다. 그녀는 아들이 로마에 가서 방탕해질까 봐 두려워했지요. 하나님께서는 그녀의 기도에 응답하시어 아들을 로마로 보냈고 아들은 그곳에서 개종했습니다. 우리가 선하다고 부르는 것이 때때로 하나님께는 악한 것일 수도 있고 우리가 악하다고 생각하는 것이 하나님께는 선한 것일 수도 있습니다. 눈에 보이는 현상이 어떻든 우리는 항상 하나님께서 최상의 것을 주시리라는 믿음을 가져야 합니다. 그분은 선한 하나님이십니다. 악한 일을 하실 수 없는 분이지요.

자기 아들을 아끼지 아니하시고 우리 모든 사람을 위하여

내어주신 분이 어찌 그 아들과 함께 또한 모든 것을 우리에게 값없이 주시지 아니하겠느냐? 주님께서 우리에게 주신 최상의 선물은 그리스도였습니다. 그분을 주셨으니 이제는 그분과 함께 "더 많은" 것을 주실 겁니다. 그럼에도 하나님의 자녀들이 영적 빈곤과 굶주림으로 괴로워하는 소리가 우리 귀에 끊이질 않습니다. 심지어 이런 소리를 경건한 행동, 겸손한 자세로 여기는 사람도 있지요. 그러나 이 소리는 불신의 소리일 뿐입니다.

"아, 전 참으로 가엾은 사람입니다." 예전에 하나님의 자녀가 스스로를 위로하며 하는 말을 들었습니다. "전 정말 연약한 사람입니다. 그래서 당신처럼 훌륭한 그리스도인들이 이루어 내는 업적을 기대할 수가 없어요." "가엾은 사람", 정말 가엾은 사람입니다. 물론, 우리 모두가 그렇지요! 그러나 하나님은 그렇지 않습니다. 그분의 역할은 우리의 필요를 채워주는 겁니다. 그 역은 성립할 수 없습니다. 하나님의 필요를 채우는 게 우리의 역할이 아니니까요. 불신이 뭐라고 속삭이든지 하나님께서는 **너희에게 모든 은혜를 넘치게 하실 수 있나니 모든 것을 언제나 너희가 필요한 대로 가질 수 있게 하심으로 모든 선한 일에 넘치게 하시려는 것이라**. "모든", "언제나" 모든 걸 포용하는 단어입니다! 한계 없이 우리의 모든 필요를 채우는 말이지요. 이 선언 앞에서 감히 누가 의심하고 의문을 제기할 수 있겠어요?

우리는 그저 하나님의 "하물며(긍정), 더 많이, 더욱더"에 숨겨진 경이로운 은혜를 간략히 다루었을 뿐입니다. 앞으로 살면서 이 의미를 곱씹고 또 곱씹으세요. 결코 부족하지 않을 겁니다. 그전에 우리의 연약함, 사악함에서 우러나온 불신의 단어 "하물며(부정), 더 적게"는 치워 두세요. 그리고 어디에서나 항상 하나님의 은혜로 부어진 믿음의 승리를 주장하세요.

너희가 믿음 안에 있는지
너희 자신을 시험해보라.

자아 성찰

self-examination

09

신앙생활과 관련된 주제 중에 자아 성찰이라는 주제보다 더 양심에 고통과 불편을 주는 주제는 아마 없을 겁니다. 자아 성찰이라는 주제는 결국 우리 내면에 자리한 불신의 단어를 발견하게 합니다. 이전 과에서 살펴보았듯 이 불신의 단어는 영적 성장에 큰 걸림돌이지요. 그럼에도 우리는 끊임없이 자신을 돌아보고 시험하려 합니다. 지속적으로 내면을 살펴보고 내적인 상태와 감정에 주의를 기울일 뿐만 아니라 그리스도가 아닌 진정한 나로 시야를 채우기도 합니다.

자아는 "나"라는 존재의 중심입니다. 이 단어는 영어로 "I, me, my"로도 쓰이며 모두에게 매우 친숙한 단어입니다. 자신을 돌아보며 스스로에게 질문을 던질 때도 이 단어들을 자주 사용합니다. 내가 성실하다고 자부할 수 있나? 내가 제대로 회개했나? 지금 내 감정이 옳은가? 내가 성경의 진리를 완전히 깨달았나? 나의 기도는 간절한가? 내가 영적인 일에 지대한 관심을 두고 있나? 내가 하나님을 열렬히 사랑하나? 성경이 다른 그 어떤 것보다도 내게 큰 기쁨을 주는가? 스스로를 향한 수천 가지의 질문들과 경험은 우리의 생각을 채우고 때로는 우리만의 자아 성찰 책을 만들어 내기도 합니다. 끊임없이 "나", "내가", "나의"라는 단어에 몰두하면 그리스도에 관한 생각이나, "그분", "그분의"라는 단어를 완전히 배제하는 현상이 나타납니다.

많은 사람이 이 자아 성찰의 고통을 잘 알고 있습니다. 그럼에도 성경에서 자아 성찰을 명령하고 있다고 생각하기 때문에 이를 경건한 행위로 받아들입니다. 심지어 그것이 우리를 비참하게 만들어도, 절망과 비관이 점점 커져도 의무라고 생각합니다.

그러나 놀랍게도 성경 전체에서 자아 성찰을 말하는 구절을 단 두 구절뿐입니다. 그리고 이 두 구절 중에서 그 어떤 구절도 우리가 말하는 자아 성찰의 결과, 곧 병적인 자기 분석을 지지하지 않습니다.

이 과에서 제가 주제 구절로 썼던 말씀을 보세요. **너희가 믿음 안에 있는지 너희 자신을 시험해보라.** 실족한 고린도 사람들을 훈계하는 말입니다. 그들이 여전히 믿는 사람인지 아닌지 확고히 하라는 거지요. **너희가 믿음 안에 있는지 너희 자신을 시험해보라.** 이 구절은 여러분이 충분히 성실한지, 바른 감정 상태에 있는지, 동기가 순수한지를 시험해보라는 말이 아니라 그저 **믿음 안에** 있는지 시험해보라는 말입니다. 쉽게 말하면, 여러분이 그리스도를 믿느냐는 거지요. 단순한 질문에는 단순하고 솔직하게 '네' 혹은 '아니요'라고 답하면 됩니다. 고린도 사람들에게 그러했듯 현재 우리에게도 동일한 의미로 하신 말씀입니다.

또 다른 구절을 살펴보겠습니다. **그러므로 누구든지 합당치 않게 이 빵을 먹고 주의 이 잔을 마시는 자는 주의 몸과 피에 대해 죄를 짓는 것이라. 사람이 자신을 살펴보고 나서 그 빵을 먹고 그 잔을 마셔야 하리라.** 바울은 주의 만찬식에서 탐욕과 술에 취한 자들을 바로잡기 위해 이 말씀을 기록했습니다. 자신을 살펴보라는 말 역시 주의 만찬식과 관련해서 나온 말입니다. 그래서 나머지 구절을 살펴보면 바울은 눈에 보이는 만찬이 아니라 그 의미를 들여다보고 품위와 예의를 갖춰 만찬식에 참여하라고 권고합니다.

그 어떤 구절에서도 우리의 감정이나 경험에 관한 병적인 성찰을 말하지 않습니다. 그러나 오늘날의 그리스도인들은 이 병적인 성찰을 자아 성찰이라 부릅니다. 단 두 구절이 성실하고 신실한 혼들에 극심한 절망을 안겨주는 말씀으로 발전하다니, 참으로 놀라운 일입니다.

오늘날 만연한 이 질병 때문에 성경의 권위가 실추되었습니다. 그리고 이 질병에 시달리는 사람들은 하나님의 길, 곧 자녀를 다루는 그분의 방식을 오해한 환자들입니다.

그러나 일부 독자들은 "더 넓은 범위를 다루고 있는 다른 구절도 있지 않나요? "watch"라는 단어가 들어간 구절도 엄밀히 말하면 "깨어서 우리 자신을 주의하여 살펴보라"는 거 아닌가요? 그런 의미에서는 자아 성찰을 뜻하는 거잖아요?"라고 반문할 겁니다. 그러면 여러분의 말대로 다른 구절을 인용해보겠습니다. "watch"라는 단어의 진정한 의미가 무엇인지 한 번 봅시다. 그 날과 시간에 관해서는 아무도 모르나니, 정녕 하늘에 있는 천사들도 모르고 아들도 모르며 오직 아버지만 아시느니라. 너희는 주의하여 깨어 기도하라. 이는 너희가 그 때가 언제인지 모르기 때문이라. 이는 인자가 마치 자기 집을 떠나 멀리 여행을 하면서 그의 종들에게 권세를 주어 각자에게 일을 맡기고 문지기에게는 깨어 지키라고 지시하는 사람과 같음이라. 그러므로 깨어 있으라. 그 집주인이 언제 올지, 저녁일지, 밤중일지, 닭이 울 때일지, 아니면 아침일지 너희가 모르기 때문이라. 그가 갑자기 와서 너희가 잠든 것을 보지 않도록 하라. 내가 너희에게 말하는 것은 모든 사람에게 말하는 것이니 깨어 있으라.

이 구절을 주의 깊게 살펴보세요. 이 구절은 자아 성찰이 아니라 그 반대를 말하는 구절입니다. "watch" 즉, "깨어 있으라, 주의하여 깨어 있으라"고 말한 건 맞으나 우리 자신을 시험하라는 뜻은 아닙니다. 오히려 기다리는 대상을 잊지 말라고 명령하고 있지요. 우리는 주님께서 다시 오실 때를 기다리며 우리의 발자국이 아니라 주님이 오시는 발자국에 시선을 고정해야 합니다. 뿐만 아니라 주인이 집에 돌아올 때까지 깨어 지키는 문지기처럼 깨어 있어야 하며 언제 오실지 모르는 주님이 돌아오실 때를 위해, 그 순간에 기뻐 맞이하기 위해 항상 준비돼 있어야 합니다.

그 주인이 돌아와서 깨어있는 종들을 보니 그 종들은 복이 있도다. 스스로를 돌아보고 시험하라는 뜻인가요? 아닙니다. 주님을 기다리라는 말입니다. 문지기가 자기 자신에게 몰두하면 어떤 일이 벌어질까요? 아마도 주인이 돌아올 길을 살피지 않고 병적으로 자신의 지난 행실을 분석하다가 너무 몰두한 나머지 주인의 명령을 까맣게 잊어버릴 겁니다. 결국, 주인이 돌아왔는데도 알아차리지 못하는 사태가 발생하겠지요. 이 문지기의 모습을 통해 우리는 병적인 자기 분석의 결말을 그려볼 수 있습니다.

결과적으로 위 구절들은 자아 성찰이 아니라 그 반대를 가르칩니다. 하나님께서는 **나를 쳐다보고 구원을 받으라**고 말씀하시는데, 병적으로 자기를 뜯어보는 혼은 이렇게 말합니다. "구원받기를 바란다면 나는 나 자신을 봐야 해. 나를 바로잡아야 구원을 받을 수 있어." 수많은 그리스도인이 "예수님을 쳐다보라"는 말씀을 신앙생활의 좌우명으로 삼습니다. 그래서 이 말씀을 실행에 옮기는 것이 당연하다고 말합니다. 그러나 그렇게 말을 하고도 옛 습관, 자아 성찰로 다시 돌아가 자신의 내적인 감정이나 의로운 행위로 구원을 찾으려 합니다. 결과는 뻔합니다. 구원을 찾지 못하고 또다시 절망에 빠지겠지요.

*

우리는 우리가 보는 것을 볼 뿐, 외면해버린 것은 볼 수 없습니다. 마찬가지로, 우리가 우리 자신을 보고 있으면 예수님을 볼 수 없지요. 승리와 인내를 위한 힘을 얻으려면 우리 자신, 주변 환경, 상황, 죄, 유혹이 아니라 예수님을 바라보고 생각해야 합니다. 우리 자신을 바라보면 마음이 약해지고 끝내 패배하게 됩니다. 자아 성찰을 통해 발견할 수 있는 건 우리의 연약함, 빈곤, 죄 밖에 없습니다. 그 어떤 해결책도, 치료법도, 공급도 볼 수 없지요. 패배는 어찌 보면 당연한 결과입니다. 해결책, 치료법, 공급은 항상 그 자리에 있지만, 우리가 현재 바라보는 곳에서는 찾을 수 없습니다. 해결, 공급은 "우리 자신"이 아니라 그리스도 안에 있습니다.

그리고 우리는 동시에 두 곳을 바라볼 수 없습니다. 앞서 말했듯 우리는 우리가 보는 것을 봅니다. 우리가 주님을 바라보고 싶다면 우리 자신이 아닌 주님을 바라보면 됩니다. 그저 선택의 문제입니다. "나"인가 "주님"인가. 그리스도를 등지고 나를 볼 것인가 아니면 나를 등지고 그리스도를 볼 것인가.

수년 전에 아델라이드 프록터 Adelaid Proctor 의 저서에서 인상 깊은 구절을 발견했습니다. 짧지만 강력한 문장은 제 신앙생활에 큰 도움을 주었지요. "자신을 한 번 쳐다볼 시간에 그리스도를 열 번 쳐다보라." 제가 이전에 옳다고 생각했던 개념과 정반대되는 말이었지만, 이 문장은 제 혼에 강한 확신을 주었습니다. 덕분에 수년간 저를 불행하게 했던 옛 습관, 병적인 자아 성찰과 분석에서 벗어나게 되었지요. 말로 다 표현할 수 없는 해방감이었습니다. 그 이후로 여러 경험을 통해 이 말씀을 더욱 확고히 했고 더 나은 좌우명을 세우게 되었습니다. "자신을 보지 말고 오직 그리스도만을 항상 바라보라."

성경에 따르면 "자기 자신을 위한 삶"은 깨어서 지켜보고 성찰하여 더 나은 모습으로 만들어야 하는 대상이 아니라 **벗어 버려야** 하는 대상입니다. 바울은 에베소 사람들에게 부르심을 받은 그 부르심에 합당하게 행하라고 권고하면서 기만의 욕망에 따라 썩어진 **옛 사람**을 **벗어 버리라**고 말합니다. **옛 사람**이 바로 "자기 자신을 위한 삶"입니다. 그리고 우리는 (기만의 욕망에 따라 썩어진) 삶을 개선할 게 아니라 **벗어 버려야** 합니다. 십자가에 못 박아야 합니다. 바울은 우리 옛 사람이 그리스도와 함께 십자가에 못 박혀 죽었다고 말합니다. 그리고 골로새서에서는 이렇게 말하지요. **"서로 거짓말하지 말라. 너희가 그 행위와 함께 옛 사람을 벗어버리고"** 어떤 사람들은 십자가에 못 박힌 **옛 사람**을 십자가에 매달려 있지만, 여전히 살아있어서 고통받고 불행한 삶을 사는 존재로 생각합니다. 그러나 십자가에 못 박혔다는 건 죽었다는 말입니다. 불행한 삶을 산다는 뜻이 아니지요. 고로, 옛 사람을 십자가에 못 박는다는 말은 그를 완전히 죽이고 뱀이 죽은 피부를 벗듯 벗겨버린다는 뜻입니다.

우리는 자아를 개선하기 위해 자신을 시험하거나 어설프게 손볼 필요가 없습니다. 주님께서 원하시는 건 옛 사람을 벗어버리는 거니까요. 페넬롱 Fenelon 은 자신의 저서에서 "자아"를 다루는 유일한 방법은 자아로 그 무엇도 하지 않는 것이라고 말합니다. 옳은 말입니다. 그리스도인은 반드시 **옛 사람**으로부터 등을 돌려야 합니다. 이에 더해 페넬롱은 옛 사람에게 이렇게 말하라고 가르칩니다. "나는 네가 누구인지 알지 못할뿐더러 관심도 없다. 네가 뭘 하든지 난 신경 쓰지 않는다." 그러나 "나"는 항상 우리의 관심을 끌기 위해 작정하고 덤벼듭니다. 무시를 당할 바에는 차라리 나쁜 관심이라도 받으려고 기를 쓰지요. 자아 성찰은 여러 불행과 더불어 종종 "자기 자신을 위한 삶"에 소름 끼치는 만족감을 주기도 합니다. 심지어 자아 성찰이 경건하고 겸손한 "자아"를 만들어 낸다는 착각을 심어 우리를 속이기도 합니다.

"자아"로 그 무엇도 하지 못하게 하세요. 그것이 가장 성경적이고 안전한 방법입니다. 그 자아가 좋아 보이든 나빠 보이든 신경 쓰지 말고 완전히 무시한 채 우리의 눈, 생각, 기대를 주님께만 고정해야 합니다. "나", "내가", "나의"라는 인칭 대명사를 "그", "그분", "그분의"라는 인칭 대명사로 바꾸세요. 우리가 스스로에게 던져야 하는 질문은 "나는 선한가?"가 아니라 "그분은 선하신가?"입니다.

시편 저자는 이렇게 말합니다. **내 눈이 항상 주를 향해 있으니 이는 그가 나의 발을 그물에서 빼내어 주실 것이기 때문이라.** 우리의 눈이 얽혀있는 우리 발이나 그물을 보고 있는 한 얽힌 곳이 더 심하게 뒤엉킬 뿐입니다. 그러나 우리가 주님을 바라보면 그분께서 우리의 발을 그물에서 빼내어 주실 겁니다. 저는 이 같은 경험을 셀 수 없을 정도로 많이 했기 때문에 이 말씀이 사실이라는 걸 압니다. 지금껏 내적으로나 외적으로나 상황이 꼬였을 때 그 꼬인 부분을 풀려고 애쓰면 애쓸수록, 바라보면 바라볼수록 상황은 심각해졌습니다. 오직 주님을 바라볼 때야 비로소 얽혔던 곳이 풀렸고 그 상황을 무사히 지나갈 수 있었지요.

밭을 가는 농부의 모습을 본 적이 있나요? 있다면 잘 알 겁니다. 농부는 고랑을 곧게 파기 위해 멀리 밭 끝에 있는 나무나, 울타리나, 사물에 눈을 고정하고 그 방향대로 경운기를 작동하여 밭을 갑니다. 이때, 농부가 고랑이 곧게 파였는지 보려고 뒤를 돌면 경운기는 방향을 잡지 못하고 좌우로 움직이게 됩니다. 그러면 고랑은 꾸불꾸불해져 버리고 말지요. 마찬가지로 우리도 앞으로 곧게 걸어가려면 바울의 말대로 해야 합니다. **뒤에 있는 것은 잊어버리고 앞에 있는 것들에 손을 뻗쳐 그리스도 예수 안에서 하나님의 고귀한 부르심의 상을 위하여 그 푯대를 향해 좇아갈 뿐이라.**

고귀한 부르심의 상을 향해 나아가기 위해서는 뒤에 있는 것들을 잊어버려야 합니다. 잊지 않으면 결코 이 상에 도달할 수 없습니다. 잊기로 결심하는 순간, 자아 성찰을 끝내는 데 한 발짝 더 가까워지지만, 이전의 과오에만 머물러있다면 반성을 위한 음식밖에 얻을 수 없습니다.

*

우리는 영적 굶주림에 대해 불평하고 왜 우리의 배고픔이 채워지지 않는지, 그 원인을 알고 싶어 합니다. 시편 저자는 이렇게 말합니다. **모든 생물의 눈이 주를 바라오니 주께서는**

때를 따라 그들에게 음식을 주시나이다. 우리 자신이나 배고픈 배를 바라본다고 해서 영적 음식을 얻을 수 있는 게 아닙니다. 저장고가 텅텅 비어 배가 고프다면 텅 빈 저장고를 바라볼 게 아니라 음식을 얻을 수 있는 곳을 바라보고 그곳으로 가야 합니다. 자기를 시험하는 사람은 마트에서 가서 음식을 사는 게 아니라 텅 빈 저장고를 살펴보는 사람과 다를 바 없습니다. 그리스도인들이 그리스도 안에 있는 풍성한 음식을 놔두고 자기를 시험하고 있으니, 굶어 죽을 지경에 이르는 건 당연한 결과입니다. 그리스도를 바라보지 않으면 당연히 그 충만한 음식도 볼 수 없습니다. 앞서 말했듯 우리는 우리가 보는 것을 보니까요.

제가 너무 뻔한 소리를 반복하는 이유는 하나입니다. 사람들이 신앙에 관해서 만큼은 상식을 제쳐두고 다른 무언가를 기대하기 때문입니다. 문제는 상식에 기반한 다른 무언가를 제시해도 외면한다는 거지요. 이들은 "오 주님, 주님을 보여주세요."라고 말하지만, 막상 주님께서 자신을 나타내 보여주시면 주님을 바라보지 않고 자기 자신을 바라봅니다. 자신의 내적인 감정에만 눈을 두고는 왜 열렬한 기도에 얼굴을 숨기시는 건지, 하나님의 "불가사의한 방식"을 이해할 수 없다고 불평합니다. 그러나 여러분, 바라보지 않는데 어떻게 볼 수 있나요?

하나님께서 우리로부터 얼굴을 숨기신 게 아니라 우리가 그분으로부터 얼굴을 숨긴 겁니다. 그분께 얼굴을 돌리지 않고 등을 돌린 건 우리입니다. 선지자는 이스라엘 자손들을 책망하며 이렇게 말합니다. **그들은 하나님의 이름으로 불리는 집에 그들의 가증한 것들을 세워 두고 그 집을 더럽혔도다.** 그리스도인들이 자신의 단점을 보며 슬픔에 잠기고, 자신의 상태를 시험하고, 과거의 죄들을 들춰내는 데 시간을 허비하는 건 마음의 중심에 죄로 얼룩진 옛 사람의 **가증한 것들**을 세워 두고 그것을 모든 신앙생활, 관심, 노력의 중심으로 삼는 것과 같습니다. 이런 그리스도인들은 비참하고 커다란 "자아"가 시야에 가득 찰 때까지 시선을 떼지 않고 바라봅니다. 결국은 주님을 완전히 잊어버리고 그분으로부터 "등을 돌려" 버리겠지요.

안타깝게도, 수많은 그리스도인이 스스로를 수천 번 바라볼 동안 주님은 단 한 번만 바라봅니다. 옛 사람 안에서 슬퍼하는 시간은 수없이 가지면서도 하나님 안에서 기뻐하는 시간은 채 한 시간도 되지 않지요.

성경 그 어느 곳에서도 우리 감정이나 경험이나 죄를 바라보라고 명령하지 않습니다. 성경은 오히려 이것들을 등지고 우리의 죄를 제거하신 하나님의 어린양을 바라보라고 명령합니다. 구원을 원하나요? 자신을 수차례 바라보는 것보다 그리스도를 한 번 바라보는 게 훨씬 더 낫습니다. 구원은 그리스도께서 주시는 거니까요. 우리는 종종 자아 성찰을 통한 금욕에 구원의 힘이 있다고 생각합니다. 그러나 그렇지 않습니다. 그런 금욕은 우리를 불행하게 만들 뿐입니다. 하늘나라를 향한 긴 여정을 하기 전에 이 점을 분명히 알아야 합니다. 불행에는 구원하는 힘이 없습니다. 밝고 확실한 믿음만이 소망으로 가득 찬 혼에 합당한 태도입니다.

이사야서를 읽어보면 이스라엘이 금식 때문에 불평하는 장면이 나옵니다. 이들은 하나님께 이렇게 주장합니다. **우리가 금식하였는데도 어찌하여 주께서는 보지 않으시나이까? 우리가 우리의 혼을 괴롭게 하는데도 어찌하여 주께서는 알지 못하시나이까?** 그러자 하나님께서는 의미심장한 답변을 내놓으십니다. **내가 택한 것이 그러한 금식이겠느냐? 그것이 사람이 자기 혼을 괴롭게 하는 날이겠느냐? 이것이 자기 머리를 갈대처럼 숙이고 자기 밑에다 베옷과 재를 펴는 것이겠느냐? 너는 이것을 금식이라고 부르며 주께 받아들여질 만한 날이라 하겠느냐?** 도대체 누가 자아 성찰의 고통을 즐기는지 모르겠지만, 분명히 하나님은 아닙니다. 그분께서는 우리가 머리를 갈대처럼 숙이길 원치 않으십니다. 이스라엘에도 그걸 바라시지 않았습니다. 그분께서는 우리가 옛 사람의 고통을 잊고 다른 사람들의 고통도 덜어주기를 바라십니다. **내가 택한 금식은 이것이 아니겠느냐? 사악한 결박을 풀어 주고 무거운 짐을 벗겨 주며 억압받는 자들을 놓아주고 모든 멍에를 꺾는 것이 아니냐? 굶주린 자에게 네 양식을 나눠 주며 방**

랑하는 가난한 자를 네 집에 데려오는 것이 아니겠느냐? 또한 벗은 자를 보면 입히고 네 골육으로부터 자신을 숨기지 아니하는 것이 아니겠느냐?

주님께서는 자아 성찰, 자의적 겸손보다 다른 사람을 섬기는 일을 더 가치 있게 여기십니다. 확신하건대, 주님께서는 자아 성찰이 이끌고 간 절망의 구렁텅이에서 빠져나올 확실한 길을 우리에게 보여주셨습니다. 우리가 우리 혼을 괴롭히고 갈대처럼 고개를 숙이게 하는 "금식"이 아니라 하나님께서 택하신 "금식"을 지키면, **우리 혼을 굶주린 자에게 주고** 다른 사람들의 고통을 풀어주고 없애주면 우리의 빛이 어두컴컴한 곳에서 솟아나고 우리 어두움이 정오와 같이 될 겁니다. 또한, 주님께서 우리를 계속 인도하여 가뭄 속에서도 우리 혼에 만족을 주시고 우리 뼈를 살찌우실 겁니다. 그러면 우리는 물 댄 동산 같고 물이 끊기지 않는 샘물과 같이 되겠지요(사 58:10~11).

자아 성찰이나 금식이나 여러 노력은 사실상 위와 같은 것들을 추구합니다. 그러나 우리의 노력은 하나님의 방식을 따르지 않았기 때문에 위와 같은 결실을 낼 수 없습니다. 우리가 택한 금식은 우리 혼을 괴롭게 하고 갈대처럼 고개를 숙이게 하며 밑에다 베옷과 재를 펴게 합니다. 결과적으로 보면, 이 "금식"은 물 댄 동산처럼 우리 혼에 생기를 주고 우리 뼈를 살찌우기보다는 우리 뼈를 수척하게 하고 우리 혼을 목마르게 하며 불행하게 합니다. 아무리 열렬하게 행한다 해도, 눈물로 울부짖는다 해도 우리의 "금식"은 우리에게 그 어떤 이득도 줄 수 없습니다.

이제는 하나님의 "금식"을 행합시다. 스스로에게 몰두하지 말고 다른 형제자매를 돌봅시다. 비참하고 불행한 "**옛 사람**", "**옛 생활**"을 위해 무언가를 하려 하지 말고 다른 사람의 영적 생활을 도웁시다. 우리 안에서 기쁨을 얻으려는 헛된 노력은 그만두고 오직 주 안에서만 기쁨을 얻고 누립시다. 그러면 우리의 불행한 나날이 막을 내릴 겁니다.

누군가는 이렇게 반문을 제기할 수도 있습니다. "무엇을 잘못했는지, 어떤 점을 고쳐야 할지 알려면 자신을 시험하고 성찰해야 하지 않나요?" 물론, 우리가 우리의 작품이라면 필요하겠지만, 우리는 우리의 작품이 아니라 하나님의 작품입니다. 우리를 시험하고 검진할 수 있는 분은 단 한 분, 하나님밖에 없습니다. 그분만이 옳고 그름을 이야기하실 수 있습니다. 시계가 고장 났을 때는 시계를 만든 사람이 점검하고 고칩니다. 고칠 줄 모르는 사람은 그저 주위를 어슬렁거리며 간섭만 할 뿐이지요. 그런데 어째서 우리는 하나님 옆에서 시시콜콜 참견하고 있는 걸까요? 분명 주님의 판단과 점검은 유일무이합니다. 주님의 진찰은 치료하기 위해 검진하는 의사의 손길과 같지만, 우리의 자아 성찰은 건강 염려증과 과

대망상에 빠진 환자의 증상과도 같습니다. 이들은 자신이 의사보다 자기 병에 대해 더 잘 안다고 생각해서 의사의 말을 전혀 신뢰하지 않습니다.

물론, 이런 의문이 들 수도 있습니다. "그래도 진짜로 죄가 있을 때는 당분간 자아 성찰하는 시간을 가져야 하지 않나요?" 수많은 사람이 이런 그릇된 생각에 속고 있습니다. 가장 먼저 자아 성찰을 해야 할 거 같은데 그것 없이 죄의 용서를 받는다는 사실을 도저히 받아들일 수 없기 때문이지요. 그렇다면 성경은 무엇이라고 가르치나요? 요한 사도는 우리가 우리 죄들을 자백하기만 하면(한탄하거나 불평하는 게 아니라), 정말 자백하기만 하면 하나님께서는 신실하고 의로우셔서 우리의 모든 죄를 용서하시고 모든 불의에서 우리를 깨끗하게 하신다고 말합니다. 하나님께서 원하시는 건 우리가 그분께로 즉시 돌아서서 우리 죄를 인지하고 그분의 용서를 받고 믿는 겁니다. 자아를 성찰하고 자책하느라 이 과정을 지체할수록 이미 지었던 죄에 더 많은 죄를 더할 뿐입니다. 죄를 자각했다면 자신을 바라보지 말고 그 즉시로 하나님을 바라봐야 합니다. 우리의 적이 많아질수록 우리에게는 하나님이 더 절실히 필요한 법이지요.

성경 전체를 통틀어 "나"를 죽이고 그리스도 안에서만 사는 법을 배웠습니다. "내가 아니라 그리스도" 이 말은 바울의 독특한 경험에만 한정된 게 아니라 모든 그리스도인에게 해당됩니다. 우리는 때때로 "오 주만이 내가 바라는 전부입니다."라고 고백하지만, 실제로 우리는 더 많은 것들을 원합니다. 좋은 감정, 열성, 성실, 만족스러운 경험, 깨달음 등. 그래서 끊임없이 자신을 시험하고 성찰합니다. 실패의 원인을 찾아내면 모든 걸 바로잡을 수 있을 거라고 생각하지요. 그러나 그리스도와 같이 되려면 가증스러운 우리의 모습이 아니라 하나님의 선과 아름다움을 바라봐야 합니다. 우리는 우리가 바라보는 대상과 닮아갑니다. 본대로 자라는 거지요. 가증스러운 자신의 모습을 보고 산다면 더욱더 혐오스러워질 수밖에 없습니다. 자아 성찰이 우리를 더 나은 모습으로 변화시켰나요? 아니면 이전보다 더 악화되었나요? **옛 사람**을 바라볼수록 **옛 사람**과 같이 변해갑니다. 반면에 주님의 영광을 바라보면 우리 마음이 그분의 선과 사랑을 깊이 숙고하고 성령 안에서 마시게 될 겁니다. 필연적인 결과이지요. 확신하건대, 주님을 바라보는 자는 더디지만 분명하게 주님의 형상을 닮아갈 겁니다.

페넬롱은 우리 자신의 실패에 대한 분노, 성공에 대한 자축과 같은 자기 비판적인 행위에 빠지면 안 된다고 말합니다. 그 대신 옛 사람과 그의 모든 행위를 무지에 버려두고 내적인 눈으로 주님만 바라보라고 권고합니다. 자아 성찰을 하면서 실패에 대한 변명을 찾아내지 않기란 매우 어려운 일이지요. 자기 비판적인 행위 또한 자기 영광을 추구하는 길로 빠지기 쉽습니다. 유일한 방법은 옛 사람을 무시하고 잊어버리는 겁니다.

자아 성찰과 자기 비판적인 행위를 그치면 위로와 평안이 찾아옵니다. 그 진가를 이해하지 못하는 사람은 아마 없을 겁니다. 제가 아는 그리스도인 사역자 중에서도 자기 비판적인 행위 때문에 오랜 시간 동안 괴로워했던 사람들이 있습니다. 수많은 목사가 불평하는 "우울한 월요일"은 바로 전날 드린 예배에 관한 자기 비판적인 행위의 결과일 뿐입니다.

*

자기 비판적인 행위를 어떻게 다루어야 할까요? 다룰 필요도 없습니다. 그만두면 됩니다. 이런 행위는 항상 해를 끼칠 뿐, 결코 좋은 영향을 줄 수 없습니다. 결과는 자화자찬과 자기만족으로 한껏 부풀거나 깊은 불안과 우울의 구렁텅이에 빠지거나, 둘 중 하나입니다. 무엇이 되었든 간에 하나님과 구원을 바라보던 내적인 눈은 닫히게 될 겁니다.

이 나쁜 습관을 다스리는 가장 효과적인 방법은 우리 자신을 시험하고 성찰하고 싶을 때마다 주님을 깊이 생각하는 겁니다. 그러면 그분의 모든 충만함과 사랑에 관한 생각이 우리의 무가치하고 쓸데없는 생각을 전부 쓸어낼 겁니다.

저는 우리의 눈이 오직 주님만을 바라보고 그 안에서 나타난 그분의 아름다운 성품과 길을 발견하기를 바라는 마음으로 이 책을 집필했습니다. 그러나 우리가 하나님으로부터 등을 돌리고 우리의 내적인 경험만을 들여다본다면, 그 고집을 꺾지 않는다면 하나님의 계시가 무슨 의미가 있겠어요? 다시 말하지만 "**옛 사람**"과 "**하나님**"을 동시에 바라볼 수 없으며 자신을 성찰하는 동안에는 하나님을 바라볼 수 없습니다.

페넬롱은 자아 성찰에 관해 이렇게 말합니다. "자아 성찰이 일으키는 고통은 은밀하고 기만적이다. 겉으로는 하나님의 영광에 완전히 열중해 있는 것처럼 보여도 "나"는 혼의 깊은 곳에 거하며 모든 문제를 초래한다. 진정 하나님께서 영광을 받으시기를 바라지만, 내면의 깊은 곳에서는 완벽해진 "자아"를 통해 그 일을 이루기를 바라며 자기애에 흠뻑 빠져 있다. 고로, 자아 성찰은 스스로 잘하고 있다고 믿고 싶어서 만들어낸 세련된 핑계이자 단순한 믿음에 대한 부정이다. 하나님의 뜻을 무시하고 나의 뜻을 실현하고픈 욕망이자 그 바람을 실현하기 위한 하찮은 행위이다. 옛 사람을 더 이상 생각하지 않는 방법은 하나님께 충실하여 그를 단념하고, 잊고, 버리는 것이다. 하나님 안에 거하려면 "나", "자기애"를 버려야 한다."

고로, 우리는 그것이 좋든 나쁘든 "나", "나의 경험"의 문을 완전히 닫고 시편의 말씀처럼 고백해야 합니다.

내가 ("내"가 아니라) 주를 항상 내 앞에 모셨도다.
주께서 내 오른편에 계시므로 내가 요동치 아니하리로다.
그러므로 내 마음이 기쁘고 내 영광이 즐거워하며
내 육체도 소망 가운데 안식하리라.

이 "또 한 번"이라는 말의 의미는
이미 피조된 것들로서
흔들리는 것들을 제거하고
흔들리지 않는 것들을 남겨 두시려는 것이라.

흔들리지 않는 것들

Things that cannot be shaken

10

　지금까지 하나님의 보살핌과 한없는 사랑을 숙고해보았습니다. 하나님의 깊은 사랑, 그 방식을 이해하지 못한 사람은 하나님의 자녀들이 시련이나 고통을 겪지 않는다고 생각합니다. 그러나 이는 잘못된 생각입니다. 종종 사랑에는 고통이 따르며 단단해질 필요가 있습니다. **주께서 그의 사랑하시는 자를 징계하시고, 그가 받으시는 아들마다 매질하시느니라. 너희가 징계를 견디어 내면 하나님께서는 너희를 아들들로 대우하실 것이니, 아버지가 징계하지 않는 아들이 어디 있느냐? 모든 사람들이 참여하는 징계를 너희가 받지 않는다면 너희는 사생아요, 친아들이 아니니라.**

　사랑은 사랑하는 자가 잘못되어 갈 때 그를 구하기 위해 손을 뻗습니다. 그렇지 않은 사랑은 이기적인 사랑일 뿐입니다. 하나님 역시 사랑의 하나님이고 한없는 사랑 그 자체이시기 때문에 자녀들의 혼이 흔들리는 곳에서 쉬고 있으면 그 혼들을 지키기 위해 흔들리는 것들을 제거하고 자녀들을 흔들리지 않는 곳으로 옮기십니다. 때로는 이 과정이 매우 힘들기도 하지요.

우리의 혼은 흔들리지 않는 반석 위에서만 화평하고 평안하게 쉴 수 있습니다. 육신도 **흔들리는 것들** 위에서 편하게 쉴 수 없지만, 혼은 그보다 더합니다. 흔들리는 침대에서 편하게 쉬거나 곧 무너질 의자에 맘 놓고 앉을 수 있는 사람은 아무도 없습니다.

기반, 기초는 항상 확고부동해야 믿을 수 있습니다. 어떤 어리석은 사람이 모래 위에 집을 지었다고 해봅시다. 날씨가 화창하고 청명하면 집의 외양이 근사해 보이겠지만, 폭풍우가 몰려오고 비바람이 치면 웅장한 집뿐만 아니라 집의 명성도 함께 무너져 내릴 겁니다. 자, 이와는 대조적으로 어떤 현명한 사람이 단단한 돌 위에 집을 지었다고 칩시다. 그 집은 폭풍의 압박을 모두 견뎌내고 비바람에도 흔들리지 않을 겁니다. **반석 위에 세워**졌으니까요.

그리스도인의 삶에서도 영적인 집을 불안정한 기초 위에 지을 수 있습니다. 폭풍우가 치면 무너져 내릴 집을 지을 수 있지요. 우리는 주변 그리스도인들이 시련을 견디지 못하고 무릎이 꺾인 모습을 여러 번 보았습니다. 기초가 불안정한 탓에 시련이 찾아왔을 때 겉으로 그럴싸했던 신앙이 비틀거리며 무너져 내린 거지요. 고로, 우리의 신앙생활을 **흔들리지 않는 것들** 위에 짓는 것이 매우 중요합니다.

흔들리지 않는 것들이라고 말하면 여러분은 즉시로 "반석이신 주 예수 그리스도"를 떠올릴 겁니다. 맞는 말입니다. 그러나 중요한 건 그 표현에 담긴 의미입니다. 많은 사람이 이 구절의 특별한 의미를 생각하지 않은 채 습관처럼 입에 담습니다. 전통적으로는 그리스도께서 유일한 반석이라고 믿지만 무의식적으로, 실제로는 우리 눈에 튼튼해 보이는 여러 부속물을 반석이신 그리스도께 덧붙이려 합니다. 알맞은 뼈대, 감성 혹은 올바른 교리나 신조 등 어느 정도 안정감을 가지기 위해 여러 가지를 더해야 한다고 생각하지요. 스스로에게 솔직해지세요. 우리 대부분은 우리가 추가한 부속물들을 의지하고 있습니다. 우리의 반석이신 그리스도는 뒤로 밀려나 버렸습니다.

*

반석이신 그리스도 예수 위에 영적인 집을 지어야 한다는 말의 참 의미가 무엇일까요? 저는 이 책을 통해 그 의미를 쉽게 전달하려 합니다. "반석이신 그리스도 예수" 이 말은 무슨 뜻일까요? 우리의 구원을 위해서는 주님으로 충분하다는 뜻입니다. 우리의 다른 부속물 없이 오직 주님만으로 충분하다는 의미입니다. 주님의 본질, 그 자체, 우리의 창조주이자 구속주이신 분, 우리의 모든 충만함, 우리는 그분으로 족합니다.

하나님의 기초는 확고히 서 있으며 유일한 기초입니다. 하나님의 기초에서 쉬려면 **흔들리는** 다른 기초들을 모두 제거해야 합니다. 이 때문에 많은 그리스도인이 피하고 싶어하는 "진동"이 필요합니다. 주님께서는 빈약한 기초 위에 세워진 우리의 영적인 집, 인생의 폭풍이 "격렬히 매질"해오면 견딜 수 없는 집을 보시고 분노가 아니라 온유한 사랑으로 우리 땅과 하늘을 뒤흔드십니다. **흔들리는 것들**이 사라지고 **흔들리지 않는 것들**만 남을 때까지 멈추지 않으시지요.

히브리서의 저자는 **흔들리는 것들**이 **이미 피조된 것들**이라고 말합니다. **이미 피조된 것들**은 우리의 감성, 공들여 정리한 교리, 선행 등 우리의 노력으로 만들어진 것들입니다. 물론, 그 자체로 나쁜 것들은 아닙니다. 다만 혼이 반석이신 주님 대신 이것들을 의지하기 시작하면 주님께서는 이것들을 **흔들어** 제거하실 수밖에 없습니다. 이 "진동", "흔들림"은 **땅 뿐만 아니라 하늘까지** 이어집니다. 확신하건대, 신앙의 문제에서도 **이미 피조된 것들**이 있습니다.

그리스도인들의 신앙심이라고 부르는 것들 중 무엇이 **이**

미 **피조된 것들**을 구성하고 있을까요? 그리스도인들이 괴롭긴 하겠지만, 믿음에 관한 것들이 전복되고 뒤흔들릴 때도 있어야 합니다. **흔들리지 않는 것들**만 남기기 위해서는 **이미 피조된 것들**을 흔들 필요가 있으니까요.

신앙생활을 하다 보면 우리의 경험이나 능력이 변함없는 산맥의 기반처럼 안정감 있고 확고하게 느껴지는 시기가 옵니다. 그때 큰 격변, 파동이 오면 어떻게 될까요? 우리의 모든 기반이 뒤흔들리고 엎어지게 됩니다. 그로 인해 순식간에 절망에 빠지기도 하고 정말 그리스도인이 맞는 건지 스스로에게 의구심이 들기도 합니다. 이런 격변은 외적으로도 또 내적으로도 닥칠 수 있습니다. 사람들이 선한 말과 신실한 섬김에 의존하면 주님께서는 모든 힘과 기회를 송두리째 뽑아 버리기도 하십니다. 혼이 가짜 안식처를 버리고 주님만을 신뢰하게 하려는 거지요. 의존하는 대상이 경건한 느낌이거나 좋은 감상일 수도 있습니다. 이런 것들은 하나님을 의지하는 법을 배우기도 전에 혼을 사로잡아 버립니다. "건전한 교리"일 수도 있습니다. 사람은 누구나 자기 관점이 옳다고 생각하고 자신의 교리가 건전한 정통파라고 생각하기 때문에 그에 따른 견고한 위치, 누구도 해칠 수 없는 위치를 차지하려고 합니다. 그러면 주님께서는 그 사람의 교리를 뒤흔들고 옳다고 믿었던 관점에 혼란을 주어 흑암으로 시야를 가려버리십니다.

우리의 혼은 이런 순간이 닥쳐서야 비로소 하나님을 제대로 바라봅니다. 주님을 바라보는 순간 모든 문제가 해결됩니다. 분명히 영적인 실패와 파산에 이르렀는데 가장 위대한 승리를 맛보게 되는 거지요.

외적으로도 격변과 파동이 닥칠 수 있습니다. 겉으로는 모든 것이 번영을 이루었기에 어떤 재앙도 이 성공을 무너뜨리지 못할 것 같아 보입니다. 하나님과 멀어질 위기에 처해 있지만, 명성은 확고하고 손대는 일은 모두 번창하며 공을 들이면 상상 이상의 성공을 이루고 혼은 편안합니다. 그때, 주님께서는 그 모든 것의 종지부를 찍으십니다. 그간의 명성이 모래 위에 지은 집처럼 무너져 내릴 때 사람들은 이 재앙이 주님의 분노에서 비롯되었다고 생각하지만, 이 "파동"은 온유한 사랑에서 온 겁니다. 그분께서는 사랑으로 **이미 피조된 것들**을 제거하십니다. 외적인 성공과 번영은 우리 혼이 영적인 나라에 들어가는 것을 방해하기 때문이지요. 무화과나무가 무성하지 않고, 포도나무가 열매를 맺지 못하고, 올리브 나무의 수고가 헛것이 되고, 밭이 양식을 못 내고, 우리들에서 양 떼가 끊어지고, 외양간에 소 떼가 없을 때야 비로소 혼은 우리 구원의 하나님, 주님 안에서만 기뻐하는 법을 배웁니다.

바울은 그리스도를 위하여 모든 것을 손실로 여겼다고 고백합니다. 우리도 바울처럼 고백할 수 있을 때 복음이 약속한 화평과 기쁨을 영원히 소유하게 될 겁니다.

너희 조상들이 내게서 무슨 죄악을 보았기에 그들이 내게서 멀리 떠나 허무한 것을 좇아 행하여 허무하게 되었느냐? 이는 내 백성이 두 가지 악을 범하였음이니, 즉 그들이 생수의 근원이 나를 버렸음이요, 또 물통들을 만든 것인데 물을 저장하지 못할 깨진 물통이라. 우리도 이스라엘과 다를 바 없습니다. 우리도 생수의 근원을 버리고 우리만의 물통을 만들려고 하니까요. 갈증을 해소하기 위해 우리의 성공과 경험을 찾아도 이 갈증을 해소할 수 없을 겁니다. 주님께서는 물 부족으로 죽어가는 우리를 살리려고 우리의 물통을 깨뜨리십니다. 어리석게도 우리는 그제야 생수의 근원으로 찾아가 물을 마십니다.

*

성경은 **허망한 것을 신뢰**하면 허망한 것이 우리의 보상이 된다고 말씀하십니다. 우리는 여러 번의 경험을 통해 이 말씀이 진리임을 잘 알고 있습니다. 유사 流沙가 많은 위험한 습지를 건너본 적이 있나요? 발을 디딜 때마다 위험이 도사리고 있는 곳이기 때문에 단단해 보이는 작은 언덕의 눈속임에 속아 발을 디디면 실체를 숨긴 수렁에 빠져 버릴 수 있습니다. 건너본 적이 있다면 **허망한 것을 신뢰**한다는 말이 무슨 뜻인지 단번에 이해할 뿐만 아니라 누군가가 썩을 대로 썩은 가짜 언덕을 알려주고 안전하고 단단한 땅으로 이끌어 주면 그 은혜에 진심으로 감사할 겁니다. **진흙 수렁**을 걸어갈 때 누가 거룩한 인도자를 거절하겠어요? 그분께서 우리를 협소한 길로 이끄실 수도 있습니다. 그래도 믿고 따라야 합니다. 그분께서 우리를 진흙에서 건져내어 우리 **발을 반석 위에 세우며** 우리 **걸음을 견고히 세우실** 테니까요.

예레미야 선지자는 백성들의 죄를 보고 슬퍼하며 **우리가 거짓을 우리의 피난처로 삼았고 허위 아래 우리가 우리 자신을 숨겼음**이라고 말합니다. 다음 구절에서는 허망한 것을 신뢰한 결과가 이어집니다. **우박이 거짓말의 피난처를 쓸어버리며, 물들이 그 은신처에 넘쳐 흐르리라.** 눈에 보이는 상황만 놓고 보면 많은 그리스도인이 두려워하는 하나님의 분노가 임한 것 같지만, 하나님의 분노는 우리가 아니라 거짓말의 피난처를 향합니다. 사랑은 우리를 구하기 위해 피난처를 제거할 뿐이지요.

제 오랜 친구는 저의 영적인 부흥에 무척이나 관심이 많았습니다. 어느 날, 그 친구가 제게 〈혼의 17가지 가짜 안식처〉라는 책을 주었습니다. 의도는 분명했습니다. 제가 가짜 안식처에 마음을 둘 위험이 있다는 거지요. 진귀한 옛말로 기록된 책은 저자의 분명한 견해를 이렇게 제시했습니다.

"혼은 마치 그곳이 최후의 안식처인 것마냥 "거짓"에 앉고 싶어 하며 하나님께서는 어떤 사람이 의자에 앉으려 할 때 의자를 쏙 빼서 앉지 못하게 하듯 그런 거짓 안식처의 기초를 제거하신다." 이 책은 혼이 어떻게 이 가짜 안식처들을 하나씩 "제거하고" 하나님의 안식처에서만 거할 수 있는지, 그 방법을 보여주는 책이었습니다. 제 책에서는 이 책의 "제거한다"는 말을 "뒤흔든다" 또는 "비운다"라는 단어로 대체했지요. "뒤흔들고 비우는 과정"은 항상 고통스럽습니다. 때때로 낙심에 빠지기도 하며 모든 게 불안정해 보이고 다시는 쉼을 얻을 수 없을 것처럼 느껴지기도 합니다. 우리가 성공, 번영, 경험, 교리에 의존하는 순간, 큰 "격변", "파동"이 찾아와 거짓 안식처에서 우리를 내쫓아 버릴 겁니다. 그리고 이 과정은 **흔들리는 것들**이 제거되고 **흔들리지 않는 것들**만 남을 때까지 계속됩니다.

때로는 구원을 위한 열렬한 기도의 응답으로 **산의 기초들이 요동하고 흔들릴 수도 있습니다.** 처음에 이런 일을 겪을 때는 이 "격변"을 통해 구원받을 수 있다는 생각 자체를 못 합니다. 그러나 이 "격변"은 분명 우리 기도의 응답입니다. 주님께서 이 "격변"을 통해 우리를 "넓은 곳"으로 데려가실 테니까요.

한때 옛 신비주의자들은 "분리"를 가르쳤습니다. 이는 하나님께 가까이 다가가지 못하게 만드는 것들로부터 혼을 풀어주고 해방시킨다는 뜻이지요. 이 "분리"는 "격변"과 맥을 같이한다고 볼 수 있습니다. 배가 땅에 묶여 있으면 바다에 나갈 수 없듯 우리 역시 다른 것에 묶여 있으면 주님을 따를 수 없습니다.

"확실하고 변함없는" **기초들이 있는 도성**에 갈 수 있다면 우리는 아브라함처럼 다른 모든 도성을 떠나고 속세의 모든 속박을 끊어버려야 합니다. 아브라함의 생애에서 흔들릴 수 있었던 것들은 모두 흔들렸고 그릇에서 그릇으로 비워졌습니다. 오늘은 분명 여기 있었지만, 내일이면 흔적도 없이 사라져버렸지요. 그의 안식처는 불안했고 그 어디에서도 위로를 얻을 수 없었으며 그 어디에도 정착할 수 없었습니다. 우리도 아브라함처럼 하나님께서 짓고 만든 도성, 기초들이 있는 도성을 찾고 있습니다. 고로, 우리 또한 그릇에서 그릇으로 비워져야 합니다. 이 진리를 깨닫지 못하는 사람은 격변과 파동이 올 때 "기초들이 있는 도성에는 절대 갈 수 없겠구나."라고 생각하여 절망에 빠지고 맙니다. 오해가 낳은 절망이지요. 우리는 이 격변과 파동 덕분에 기초들이 있는 도성에 이를 수 있습니다. 시편 저자도 파란만장한 삶을 겪으면서 이 진리를 배웠습니다. **내 혼아, 너는 하나님만 기다리라. 나의 기대가 그로부터 오는도다. 오직 그만이 나의 반석이시며 나의 구원이시라. 그는 나의 요새시니 내가 요동치 아니하리로다. 나의 구원과 나의 영광이 하나님께 있으며 내 힘의 반석과 내 피난처도 하나님께 있도다.**

마침내 하나님이 그의 전부가 되었습니다. 그는 하나님으로 충분했고 만족했습니다.

우리도 마찬가지입니다. 우리 생애에서 흔들리는 것들이 전부 흔들리고 흔들리지 않는 것들만 남을 때에야 비로소 하나님만이 우리의 반석이자 기초라는 사실을 알게 되고 우리의 기대가 그로부터만 온다는 사실을 배웁니다.

그러므로 땅이 없어지고 산들이 바다 가운데로 옮겨진다 해도 우리가 두려워하지 아니하리니 바닷물이 노호하고 요동할지라도 바닷물이 불어나서 산들이 흔들릴지라도 우리가 두려워하지 아니하리라. 하나님께서 그 가운데 계시니 그 도성이 흔들리지 아니하리라. 하나님께서 그 도성을 이른 아침에 도우시리라. 흔들리지 아니하리라. 실로 강력한 말씀입니다! 이 땅의 것들에 쉽게 마음이 요동치는데도 완전히 평안하고 고요한 도성에 이를 수 있을까요? 그럼요, 갈 수 있습니다. 사도 바울도 이 사실을 알았습니다. 예루살렘으로 갈 때 **결박과 고난**이 그를 기다리고 있다는 사실을 알았지만, **이런 일을 전혀 개의치 아니하노라**고 담대하게 고백했지요. 바울의 생애에서 흔들릴 수 있는 것들은 모두 흔들렸습니다. 그럼에도 그는 생명을 조금도 아끼지 않았습니다. 하나님께 모든 길을 맡기고 따르면 주님께만 의지하는 법을 배운 사람의 몫인 도성, 삶의 두려움이나 불안, 큰 시련에도 끄떡없는 곳, 모든 이해를 뛰어넘는 화평으로 들어갈 수 있습니다.

*

요한은 놀라운 계시를 위해 **팟모라고 하는 섬**에 있었습니다. 그곳에서 성령은 이기는 자들을 기다리고 있는 것들에 관해 교회에 말합니다. 이 점에 있어서 요한계시록에는 매우 인상적인 표현이 등장합니다. **이기는 자는 내가 내 하나님의 성전에 기둥으로 삼으리니, 그가 결코 다시 나가지 아니하리라.** 하나님의 집에 있는 기둥처럼 요지부동하려면 모든 "파동"과 "격변"을 마땅히 견뎌내야 합니다. 그 흔들림이 우리를 하나님의 집으로 데려다줄 테니까요!

그러므로 우리가 흔들릴 수 없는 왕국을 받으리니, 은혜를 소유하자. 우리가 이 은혜로써 하나님을 기쁘게 섬기되, 경외함과 경건한 두려움으로 할지니 우리 하나님은 소멸케 하시는 불이심이라. 수많은 사람이 소멸케 하는 하나님의 불을 두려워하지만, 정작 그 불이 무엇을 의미하는지 알지 못합니다. 이 불은 하나님의 사랑의 불입니다. 그분의 자녀들에게 해를 끼칠 만한 것들만 소멸시키지요. 우리 마음이 하나님의 사랑에 자리 잡는다면 그분의 불은 두려워해야 할 대상이 아니라 따스하게 맞이해야 할 대상이 될 겁니다.

사랑을 누가 이기랴
악한 의도를 품은 적이
매수당해 비난해도
친절을 베푸는 자가 이기리라

우리에게 "친절을 베푸시는" 하나님께 감사합시다. 소멸케 하는 사랑의 불은 은을 정제하듯 우리가 정제될 때까지 불길을 그치지 않을 겁니다. 주님께서는 약속하셨습니다. **그는 은을 정련하고 제련시키는 자같이 앉아서 우리를 금과 은처럼 깨끗하게 하여 우리로 의로운 제물을 그분께 드리게 하리라.** 제련의 과정에 순종하면 우리는 **주께 기쁨이** 될 겁니다. 그러면 **모든 민족들이 우리를 복 받았다 하리니, 이는 우리가 기쁨의 땅이 될 것임이라. 만군의 주가 말하노라.**

초라한 우리의 모습, 단점을 바라보면 **주께 기쁨이** 되는 일은 불가능에 가깝지만, 하나님의 사랑, 소멸케 하는 사랑의 불을 생각하면 용기와 힘을 얻을 수 있습니다. 하나님께서 우리의 모든 찌꺼기가 다 타서 없어질 때까지 용기를 북돋아 주실 테니까요. 그 인고의 시간을 거치고 나면 우리는 그분의 형상과 일치하게 될 겁니다.

우리의 혼은 "흔들리지 않는 왕국"을 바랍니다. "친절을 베푸시는" 주님께서는 우리 삶에서 **흔들리지 않는 것들**만 남을 때까지 **흔들리는 것들**을 뒤흔들고 가짜 안식처를 **제거**하실 겁니다.

하루는 퀘이커교도 자매님의 설교를 들었습니다. 상냥한 얼굴에 나이가 많은 자매님의 설교는 제 마음에 깊은 인상을 주었지요. 자매님은 조용히 일어나 말씀하셨습니다. "어제 타비타 자매가 제가 아끼는 찻주전자를 떨어뜨려서 산산조각이 났어요. 그럼에도 제가 신뢰하는 주님께서는 제 혼을 평안케 해주셨어요. 덕분에 비난이나 책망의 말을 단 한마디도 하지 않았답니다." 설교는 그게 끝이었지만, 우리의 마음을 울리기에 충분했습니다. 흔들리지 않는 하나님의 사랑의 왕국에 거하는 혼은 이와 같은 간증을 남깁니다.

하나님께서 뒤흔드실 때 순종하고 그분만을 의지하는 법을 배우면 이 왕국은 우리의 집이 될 겁니다.

우리 각자에게 그날이 속히 임하기를!

오직 믿음으로 구하고
아무것도 의심하지 말라.
의심하는 자는 마치 바람에 밀려
요동하는 바다 물결과 같으니
그 사람은 주께로부터
어떤 것이든 받으리라 생각하지 말라.

11

의심하는 자에게

A word to the wavering ones

11

혼들리는 믿음은 신앙생활에 큰 불안을 야기합니다. 사도 야고보는 흔들리는 믿음을 **바람에 밀려 요동하는 바다 물결**과 같다고 말합니다. 바다 물결이 요동치면 여행자는 목적지로 가던 발걸음을 돌려야 합니다. 흔들리는 혼도 마찬가지입니다. 혼이 요동치는 동안에는 화평의 안식처에 거할 수 없지요.

우리는 이전 과에서 하나님의 "파동"을 살펴보았습니다. 누군가는 우리의 "동요"를 하나님의 "파동"과 유사한 무언가로 생각할 수도 있습니다. 그러나 하나님의 파동은 우리의 복을 위해 그분의 사랑에서 비롯된 것으로 항상 화평과 안식으로 인도하는 반면에 우리의 동요는 우리의 믿음 없음에서 비롯된 것으로 항상 불안과 혼란으로 이끕니다.

흔들리는 그리스도인은 변덕이 심합니다. 하루는 하나님의 사랑을 신뢰했다가, 다음 날이 되면 그 사랑을 의심합니다. 감정도 항상 불안정합니다. 어제는 기쁨의 언덕을 올랐다가, 오늘은 절망의 골짜기로 내려가 버립니다. 변화하는 환경, 건강 상태, 주변 상황, 심지어 날씨의 변화에도 시달리고 여러 교리의 바람에 이리저리 흔들립니다. 항상 갈망하나 결코 얻지를 못하지요.

제 글을 읽고 이런 생각을 하는 분도 있을 겁니다. "일일이 말하지 않아도 흔들리는 믿음이 주님의 명예를 실추시킨다는 걸 누가 모르나요? 흔들린다는 건 신실하신 주님과 진리의 말씀을 의심한다는 거잖아요? 아무리 무지하다고 해도 하나님의 자녀라면 당연히 알겠지요." 그러나 놀랍게도, 많은 그리스도인이 이 문제에 있어서 눈이 멀어 있습니다. 흔들리는 것을 하나의 성향으로 보고 영의 겸손이라 칭하기도 하며 의심의 공격을 경건한 덕목으로 떠받들기도 합니다. 요동하는 그리스도인은 안일한 태도로 이렇게 말합니다. "아, 저는 제가 자격이 없다는 걸 잘 압니다. 의심하는 건 당연한 거지요." 이 거만한 목소리에는 앞으로도 계속 의심하겠다는, 그 태도를 바꾸지 않겠다는 뜻이 담겨 있습니다.

제가 아는 헌신적인 그리스도인도 끓어오르는 의심으로 인해 신앙생활에 고통을 받고 있었습니다. 제가 좀 더 믿음을 가지라고 말하자 친구는 진지하게 답했습니다. "좀 주제 넘은 말일지도 모르겠지만, 하나님께서 나를 사랑한다는 확신을 얻으려면 지옥으로 가는 지름길에 서 있어야 할 거야." 친구는 그런 확신을 통해서만 하나님의 사랑을 받을만한 가치, 자신의 가치를 느낄 수 있다고 생각했습니다. 하나님의 사랑을 받을 가치만 따진다면 친구가 완전히 틀린 말을 한 건 아닙니다. 그러나 우리의 확신을 위한 토대는 우리의 선이 아니라 하나님의 선입니다. 우리의 선으로는 결코 만족에 이를 수 없지만, 성경을 믿는 사람은 하나님의 선으로 족합니다.

*

그리스도인들이 갖는 의심의 모순을 살펴보려면 인간관계에서 의심이 어떻게 작용하는지 살펴봐야 합니다. 부부 관계, 부모와 자녀의 관계를 생각해보세요. 이 두 관계 모두 주님께서 우리와의 관계를 표현하실 때 예시로 드는 관계입니다. 부부 관계에서 서로에 대한 신뢰가 흔들린다고 가정해봅시다. 하루는 서로를 믿었다가 다음 날이 되면 서로를 의심하겠지요. 과연 이 의심이 겸손의 표시일까요? 하나의 덕목으로 삼고 아껴줘야 할까요? 이와 유사하게 부모와 자녀의 관계에서 부모에 대한 자녀의 신뢰가 흔들린다면 이 의심은 또 뭐라고 불러야 할까요? 물론, 위 관계들에서는 한 쪽이 신뢰를 무너뜨려서 의심이라는 결과를 낳았을 수도 있습니다. 이런 경우에는 의심해도 넘어갈 수 있지만, 하나님과의 관계에서는 그냥 넘길 수 있는 문제가 아닙니다. 어떤 그리스도인들은 믿음이 요동치고 있는 때에 자연인을 만나 신실한 하나님의 성품에 먹칠하기도 합니다. 자신의 흔들리는 믿음을 그대로 보여주어 하나님에 대한 반감이 더 커지게 만드는 거지요.

우리는 이런 식으로 하나님의 성품에 오명을 씌우는 사람을 보면 경악을 금치 못합니다. 우리 자신에게 솔직해집시다. 과연 우리의 흔들리는 믿음이 타인에게 그런 인상을 준 적이 없을까요? 신실한 하나님께 불충을 드러낸 적이 없을까요? 그런 적이 있다면 비통한 죄를 눈물로 회개하세요. 우리의 "동요"는 겸손이 아니라 무의식적인 자존심에서 옵니다. 진정한 겸손은 부어진 사랑과 그 사랑의 선물을 온유한 감사와 기쁨으로 받아들이지만, 자존심은 선물과 친절을 꺼리고 사심 없는 친절을 믿지 못합니다. 정말로 겸손하면 하나님의 사랑을 감사한 마음으로 받아들일 겁니다. 또한, 우리가 무가치하다는 사실을 인정하면 우리의 선이 아니라 하나님의 은혜와 선이 우리에게 복을 준다는 진리를 바로 보게 될 겁니다.

흔들리는 믿음은 하나님께 불충일 뿐만 아니라 우리에게도 엄청난 불행을 안겨줍니다. 그 어떤 영적인 유익도 줄 수 없고 오히려 방해만 될 뿐이지요. 사도는 우리가 **처음의 확신을 끝까지 견고하게 붙들면** 그리스도께 참여한 자가 된다고 말합니다. "견고하게 붙든다"는 말은 "흔들린다"는 말과 정반대의 뜻을 가지고 있습니다. 고로, 흔들리는 믿음이 견고한 믿음과 동일한 결과를 원하는 건 어리석은 일입니다. 앞으로 두 걸음 올랐다가 다시 세 걸음 뒤로 걸어가면서 산의 정상에 이르기를 바라는 것과 같다고 할 수 있지요. 그럼에도 많은 사람이 이같은 기대를 합니다. 잠깐이지만 초반에는 이들도 **처음의 확신**이 주는 기쁨과 승리를 만끽합니다. 그러다 시련과 유혹이 닥쳐오고 의심이 싹트기 시작하면 의심들을 적으로 간주하고 저항하는 대신, 오히려 친구로 삼고 반겨 맞이합니다. 이때부터 믿음과 충심이 흔들리기 시작하고 평안이 순식간에 모습을 감춰 버립니다. 하늘이 맑고 모든 일이 순조로울 때는 믿음이 되살아나고 행복하지만, 하늘이 어두워지고 일이 꼬이기 시작하면 또다시 의심이 차오르고 믿음이 흔들리기 시작하지요.

*

하루는 신앙생활이 화평과 평안 가운데 거할 수 있느냐를 놓고 저명한 목사님과 대화를 나누었습니다. 목사님은 그럴 수 없다고 생각한다며 대부분의 그리스도인이 자신과 같을 거라고 솔직하게 이야기했습니다. "설교를 쓰고 싶을 때 저는 기도로 산꼭대기에 오릅니다. 한 발을 약속에 딛고 또 다른 발은 다른 약속에 디디면서 많은 기도로 힘겹게 산을 오르지요. 정상에 도착하면 설교를 시작할 수 있습니다. 한동안은 모든 일이 순조롭게 돌아갑니다. 그러다 갑자기 방해가 시작됩니다. 자녀들 혹은 가정에 문제가 생기거나 이웃과 다툼이 생기지요. 그러면 산꼭대기에서 추락할 수밖에 없습니다. 결국, 고단한 등반을 또 해야 다시 정상에 이를 수 있습니다. 정상에서 이틀에서 삼일 정도 머무를 때도 있고 운이 좋으면 이주에서 삼 주 정도 머무를 때도 있습니다. 그러나 그리스도 안에 있는 천상의 자리에 지속적으로 거할 수 있다는 말은 믿지 못하겠습니다."

많은 하나님의 자녀들이 이같은 경험을 합니다. 이런 자녀들은 그리스도께서 약속하신 화평과 안식에 목마르고 굶주렸지만, 찰나의 순간 동안만 맛볼 수 있었을 뿐 온전히 소유하지는 못했습니다. 아주 가끔 믿음에 희미한 불이 들어와 화평이 찾아와도 묵은 의심들이 강력한 힘으로 다시 튀어올라 방해했지요. "네 마음을 봐. 얼마나 차갑고 무심한지 한번 봐봐. 하나님께서 너처럼 쓸모없는 사람을 사랑하시겠어? 그런 사랑을 믿을 수 있니?" 의심이 내뱉는 말들이 전부 옳게 들리는 순간, 자녀들은 또다시 흑암 속으로 빠져 버립니다.

모든 문제는 믿음이 부족한 탓에 발생합니다. 이미 여러 번 말해서 진부하게 들리겠지만 영적 생활은 항상, 항상, 항상 우리의 믿음에 달려 있습니다. 피하거나 등한시할 수 없는 영적인 법입니다. 경우에 따라 폐지할 수 있는 임시법이 아니라 영적 생활의 본질에 내재되어있는 법입니다. 결코 변할 수 없지요. 영적 생활이 우리의 믿음에 달려 있다면 믿음의 정반대인 의심도 영향을 줄 수 있습니다.

우리가 흔들리는 근본적인 원인은 우리의 생각과 달리 죄 때문이 아니라 의심 때문입니다. 의심은 우리 혼과 주님 사이에 넘을 수 없는 구멍을 만들어 냅니다. 아무리 열정이 넘쳐도 의심하는 사람은 이 구멍을 뛰어넘을 수 없습니다. **의심하는 사람은 주께로부터 어떤 것이든 받으리라 생각하지 말라.** 하나님께서 화가 나신 것도 아니고 의심하는 사람이 찾아오는 걸 불쾌하게 생각하셔서 그런 것도 아닙니다. 의심과 확신이 함께 공존할 수 없기 때문입니다. 세상 사람들의 관계 속에서도 하늘의 관계 속에서도 이 점은 동일합니다. **하나님께서 누구에게 맹세하시어 그의 안식에 들어오지 못하리라고 하셨느냐? 믿지 아니한 자들에게 하신 것이 아니냐? 그러므로 우리가 보건대, 그들이 들어가지 못한 것은 믿음이 없었기 때문이니라.** 하나님께서 불신에 대한 벌로 그들을 막으신 게 아니라 그들이 들어갈 수 없었던 겁니다. 믿음만이 천국에 들어가는 유일한 문입니다. 이 문이 아니고서는 들어갈 방법이 없습니다.

하나님의 구원은 값을 치르고 사는 물건이 아니고 벌어야 하는 임금도 아니며 올라야 하는 산꼭대기도 아닐뿐더러 완수해야 할 과업도 아닙니다. 믿음으로 받아들이기만 하면 되는 선물이지요. 선물을 받기 위해서는 믿음이 있어야 합니다. 이 땅에서나 하늘에서나 이 점은 동일합니다. 제 친구들이 선물을 제 책상이나 무릎에 올려놓았는데 제가 친구들의 우정과 선물의 목적을 의심한다면 선물을 온전히 받아들일 수 없을 겁니다.

고로, 성경이 **네 믿음대로 돼라**고 말하면 그런 것입니다. 이 진리를 빨리 받아들이면 들일수록 더 많은 복을 누리게 될 겁니다. 결국, 우리가 흔들리는 이유는 이 믿음의 법을 믿지 않기 때문입니다. 우리는 이 믿음의 법이 성경에 있다는 사실을 알면서도 있는 그대로 받아들이지 못하고 불순물을 첨가합니다. "우리의 열성대로 돼라.", "우리의 끈질긴 간청대로 돼라.", "우리의 가치대로 돼라." 우리는 모든 문제에서 이 불순물들을 가장 중요한 문제로 삼으려 합니다. 이에 따른 결과로 믿음의 기본적인 원칙은 간과해 버린 채, 이 문제들을 해결하는 데 초점을 두고 우리의 마음과 감정을 바라보며 우리의 가치나 쓸모를 부지런히 찾습니다. 결국, 그 어떤 것도 해결되지 않지요. 우리의 기분과 감정은 우주에서 가장 변동이 심하고 우리의 가치도 변화무쌍한 기분에 따라 바뀌며 우리의 경험 또한 불확실합니다. 감정에 의존하는 순간,

믿음은 흔들리고 단단한 믿음은 점점 더 뒤로 물러나 보이지 않게 될 겁니다. 감정 상태에 따라 신실한 하나님의 성품, 진리의 말씀을 판단하게 될 테니까요.

친구가 여러분을 의심한다면 어떨까요? 아마 몹시 상처받겠지요. 그 어떤 변명도 와 닿지 않을 겁니다. 사실, 친구가 의심할 바에는 차라리 실수하는 게 더 낫습니다. 주 예수님께서 지상 사역을 하실 때 그 어떤 죄도 주님의 위대한 역사를 방해하지 못했습니다. 불신만이 주님의 앞을 가로막았지요. 그분께서는 자신의 고향에서도, 이웃들이나 친구들 사이에서도 기적을 행하고자 하셨지만, **그들이 믿지 않으므로 거기서는 많은 능력이 있는 일들을 행치 아니하시니라.** 하지 않은 게 아니라 하실 수 없었던 겁니다. 우리의 경우도 마찬가지입니다.

하나님의 말씀에도 불구하고 믿음이 흔들리는 사람들은 자신이 열정과 진심을 다하면 주께로부터 무언가를 받을 수 있을 거라고 생각합니다. 그래서 하나님이 왕국의 법을 여러분보다 더 잘 알고 계신다는 사실을 망각해 버리고 그분의 말씀보다는 여러분의 생각대로 행합니다. 그러나 명심하세요. 여러분의 의심은 그저 흑암과 불행만을 낳을 뿐입니다. 주저하고 휘청거리며 불안했던 지난 신앙생활을 생각해 보세요. 그 원인이 흔들리는 믿음에 있었던 건 아닌지 스스로에게 물어보세요. 하루는 하나님의 사랑과 친절을 믿었다가,

다음 날이 되면 그 사랑을 의심하고 그분의 분노를 두려워한다면 여러분의 믿음이 흔들리고 있는 겁니다. 하나님의 사랑과 보살핌을 신뢰하는 단단한 믿음이 이같이 갈팡질팡하겠어요?

*

자, 이제 문제는 "믿음이 흔들리는 사람들이 어떻게 이 '동요'를 끝낼 수 있을까?"입니다. 이에 대한 완벽한 해결책이 있습니다. 그저 그만두는 겁니다. 여러분의 동요는 의심에서 비롯된 겁니다. 고로, 의심을 그만두면 더 이상 흔들리지 않겠지요. 그러나 의심을 멈추지 않는다면 계속해서 흔들릴 겁니다. 문제는 매우 단순합니다. 선택은 여러분의 몫이지요.

누군가는 이 해결책이 너무 극단적이라고 말할 겁니다. 의심이 드는데 어떻게 그만둘 수 있냐며 이해하지 못할 수도 있지요. 단언하건대 여러분은 하실 수 있습니다. 그저 의심을 쳐내면 됩니다. 의심의 기미가 보이면 문을 굳게 닫고 믿음으로 맞서세요. 의심이 "하나님은 나의 죄를 용서하지 않을 거야."라고 말할 때 믿음은 "하나님은 나를 용서하셨고 앞으로도 용서하실 거야. 내가 그분을 믿는 순간, 나는 용서받은 그분의 자녀가 되었어."라고 말해야 합니다. 모든 의심이 사라질 때까지 이 믿음을 굳게 붙드세요. 의심하는 습관을 버리지 못하겠다고 말하는 사람은 도둑질하는 습관을 버리지 못하겠다고 말하는 사람과 같습니다. 도둑질하는 습관을 버릴 수 있다면 의심하는 습관도 버릴 수 있습니다. 술고래가 음주의 유혹을 뿌리치듯 여러분도 의심의 유혹을 뿌리쳐야 합니다. 마음을 단단히 하고 굳게 다짐하세요.

가장 효과적인 방법은 하나님께 죄를 내려놓듯 의심도 내려놓고 완전히 포기하는 겁니다. 우리는 의심할 자유를 포기하고 주를 신뢰하는 데 모든 힘을 써야 합니다. 하나님의 말씀을 믿고 그분의 뜻에 순종할 뿐만 아니라 이 땅의 친구에게 그러하듯 하늘의 친구에게도 의리를 지키고 그분의 사랑, 신실한 성품, 말씀에 의문을 제기하는 의심들을 철저히 거부해야 합니다.

의심의 유혹은 그 기세를 꺾지 않고 계속해서 마음의 문을 두드립니다. 가끔은 스스로가 무가치하게 느껴져 주님의 사랑을 도저히 이해하기 힘들 때도 있을 겁니다. 그럴 때마다 우리는 귀가 먹은 사람처럼 귀를 막아야 합니다. 이는 친구의 사랑에 대해 교묘한 의심이 싹틀 때도 마찬가지이지요. 이 싸움이 때로는 매우 격렬하여 견디기 힘들 수도 있습니다. 그러나 우리는 처음의 다짐을 확고히 하여야 합니다. **그분이 나를 죽이실지라도 나는 그분을 신뢰하리라.** 우리의 굳건한 믿음이 언제나 영광스러운 승리를 가져다줄 겁니다.

겸손한 혼이라면 우리의 결점을 보고 슬퍼하며 주 예수 그리스도의 구원이 과연 우리에게 어떤 의미가 될 수 있을지를 묻고 그에 따라 믿음이 흔들릴 때도 있을 수 있다고 생각하겠지만, 진정 주 예수 그리스도의 구원이 무엇인지 이해한다면 이것들이 전부 유혹에 불과하다는 사실을 인지할 겁니다. 우리는 믿음의 방패를 들고 의심과 의문을 끈질기게 쳐내야 합니다. 그러면 믿음의 방패가 적의 불붙은 화살을 꺼줄 겁니다.

하나님의 영은 어떤 상황 속에서도 하나님의 사랑에 대한 의심을 심어주지 않습니다. 의심이 싹트는 곳, 그 한 가지는 분명합니다. 의심은 하늘이 아니라 악의 근원에서 옵니다. 고로, 의심은 적으로 간주해야 합니다. 의심의 기미가 우리의 마음에 싹트지 못하도록 막지 못하는 건 길거리에서 미친 사람이 욕설을 내뱉을 때 귀를 닫고 무시하지 못하는 것과 같습니다. 우리가 미친 사람의 욕설을 용인하거나 동참하지 않고 무시할 수 있다면 의심도 충분히 무시할 수 있습니다. 두 상황 모두 비슷합니다. 다만, 욕설의 경우는 그것을 입에 담는 게 악하다는 사실을 우리가 인지하고 있는 반면에 의심의 경우는 그 의심에 관해 은밀한 생각이 우리 안에 자리하고 있다는 거지요. 우리는 의심이 경건한 것이라고 생각해서 장려하려는 경향이 있습니다. 그러나 확신하건대 욕설이나 의심이나 다를 바 없습니다. 똑같이 하나님을 불쾌하게 하니까요.

다시 한번 더 말하지만, 의심을 다루는 유일한 방법은 그만두는 겁니다. 완전한 포기가 유일한 해결책입니다. 술고래가 술을 대할 때처럼 어중간한 방법으로는 해결할 수 없습니다. 완전한 포기가 유일한 희망이지요.

가장 실제적인 방법은 의심을 내적으로 포기할 뿐만 아니라 의심을 단호히 거절하고 확실한 믿음의 주장으로 적을 치는 겁니다. 여러분 자신이 하나님의 사랑을 받기에는 너무 사악하고 부정하다는 의심이 들면 하나님께서 여러분을 사랑하신다는 그 확실한 말씀을 마음으로 또 입술로 주장해야 합니다. 주변 사람에게 여러분의 확실한 믿음을 주장하세요. 하나님께서 여러분을 사랑하신다고 말씀하셨다면 그런 겁니다. 여러분의 눈에 어떻게 보이든지 그분의 말씀은 여러분의 어떤 감정보다도 확실하며 신뢰할 만합니다. 여러분의 주장을 들어줄 사람이 없다면 글로 쓰던가 스스로에게 혹은 하나님께 외치세요.

처음의 확신이 있다면, 주님의 약속이나 선포를 붙잡아 본 적이 있다면 무슨 일이 있어도 의심하지 말고 그 약속과 선언을 굳게 붙드세요. 중간지대는 없습니다. 하나님께서는 한결같으십니다. 고로, 그분께서 한번 진리라고 말씀하신 건 영원히 진리이지요. 오직 불신만이 여러분에게서 이 진리를 빼앗을 수 있습니다. 믿으면 여러분의 것이 됩니다. **너희가 기도할 때에 바라는 것들은 무엇이나 받은 것으로 믿으라. 그리하면 너희 것이 되리라.**

   그 어떤 것도 여러분의 믿음을 흔들지 못하게 하세요. 불행히도 죄가 여러분을 장악하려 할 때 의심하지 마세요. 죄를 발견하면 즉시 요한일서 1장 9절 말씀을 실행에 옮겨야 합니다. **우리가 우리 죄들을 자백하면 그는 신실하시고 의로우셔서 우리 죄들을 용서하시며, 모든 불의에서 우리를 깨끗하게 하시느니라.** 죄를 발견하는 즉시로 죄를 자백하고 하나님의 용서를 믿으세요. 그러면 그분께서 모든 불의에서 여러분을 깨끗하게 하실 겁니다. 아무리 중한 죄라 해도 우리를 하나님으로부터 떼어놓을 수 없습니다. 믿음을 흔드는 죄를 용납하는 건 또 다른 죄를 더할 뿐입니다. 성경의 가르침대로 즉시 하나님께 돌아가서 그분의 말씀을 믿음으로 붙잡으세요. 여러분의 감정에 따라 믿지 말고 하나님께서 말씀하신 대로 믿으세요. 여러분이 거짓말을 믿고 있는 것처럼 느껴져도 의심하지 말고 그분의 말씀을 믿으세요. 밤이나 낮이나, 기분이 좋을 때나 나쁠 때나, 위로의 때나 절망의 때나 변함없이 그분의 말씀을 믿으세요. 그러면 여러분의 "동요"가 멈출 겁니다.

   그러므로 나의 사랑하는 형제들아, 견고하라. 흔들리지

말라. 항상 주의 일을 넘치게 하라. 이는 너희의 수고가 주 안에서 헛되지 아니한 줄을 너희가 앎이니라. "흔들리지 않는" 신앙생활은 "의심하는" 신앙생활과 차원이 다릅니다. 시편 46편을 읽어보면 그 차이를 알 수 있습니다. 땅이 없어지고 산들이 바다 가운데로 옮겨지며 온 우주가 황폐케 되어도 주님을 신뢰하면 우리는 "흔들리지 않을" 겁니다.

믿음이 흔들리는 사람은 사소한 일에도 당황하지만, 믿음이 견고한 사람은 온 우주의 멸망을 보고도 평안을 잃지 않습니다.

흔들리지 않는 신앙생활은 모든 사람이 가장 간절히 바라는 축복입니다. 처음의 확신을 끝까지 견고하게 붙들면 이 축복은 우리의 것이 될 겁니다.

믿음은 사랑하는 이를 향한 가장 달콤한 섬김이라.
어둠 속에서 숨으려 해도 그분의 빛을 견딜 수 없도다.

그분의 말씀을 신뢰하니, 나의 주님은 참 사랑이라.
기도하는 자들은 그 바람이 이루어지리라.

믿음이 그 팔을 펴 말씀을 끌어안으며
슬플 때에는 더욱 강하게 붙드는도다.

믿음이 주를 붙드니!
주께서 자신을 나타내시리라.
아! 사랑이 믿음을 더욱 굳건히 하는도다.

백성의 혼이 그 길 때문에 많이 상심하였더라.

12

낙심

Discouragement

12

　그리스도의 교회에는 "그 길 때문에 상심한" 사람들이 넘쳐납니다. 내적으로나 외적으로나 혹은 그 양쪽 모두 일이 꼬일 대로 꼬여 빠져나갈 구멍이 없을 것처럼 보일뿐더러 혼은 낙심하고 신앙생활은 고통과 불행으로 가득합니다. 낙심만큼 모든 걸 무의미하게 만드는 것이 또 있을까요? 낙심은 수고와 노력을 무력화하고 끊임없이 패배를 초래합니다. 실패나 성공의 비결은 그 무엇보다도 혼의 내적인 태도에 달려 있습니다. 우리는 모든 갈등에서 겉 사람의 행위나 소유보다도 속 사람을 가장 우선시하며 속 사람을 따라 하나님의 법을 즐거워해야 합니다.

　영적인 생활에서 이 법은 명백한 진리입니다. 다시 한번 더 말하지만, 성경은 처음부터 끝까지 영적 생활의 법이 믿음이라고 말합니다. 우리 믿음에 따라 영적 생활의 방향이 결정됩니다. 믿음과 낙심은 공존할 수 없습니다. 낙심은 믿음을 가로막으니까요. 낙심이 관장하는 곳에서는 믿음의 법이 관장할 수 없고 그 역도 마찬가지입니다. 결국, 낙심을 따르면 믿음을 따를 수 없습니다.

용기가 선에 대한 믿음에서 온다면 낙심은 악에 대한 믿음에서 옵니다. 용기가 선으로 가는 문을 연다면 낙심은 악으로 가는 문을 열지요.

*

그리스도인이 된 지 얼마 안 되었을 때 들은 우화가 있는데 오랜 시간이 지난 지금도 생생히 기억납니다. 그 우화는 운전자를 위해 시골 언덕길에 세워둔 경고문구(언덕 조심)처럼 낙심의 내리막길을 수차례 경고해주었습니다.

우화는 이렇게 시작합니다. 어느 날 사탄은 헌신적인 그리스도인 사역자를 덫으로 옭아매려고 위원회를 꾸렸습니다. 위원회는 효과적인 전략을 짜고 지원자를 모았습니다.

"어떻게 할 건가?" 사탄이 물었습니다.

"아, 죄의 쾌락과 만족을 현란한 색상으로 생생히 칠해서 보여주겠습니다. 결국은 들어오고 싶어서 안달이 날 겁니다." 악마가 답했습니다.

"그걸로는 안 돼." 사탄이 고개를 저었습니다. "그자는 죄를 겪어 봐서 잘 안다. 죄가 불행과 파멸로 이끈다는 사실을 알고 있으니까 네 말에 귀를 내어주지 않을 거다."

또 다른 악마가 모습을 드러내자 사탄이 다시 물었습니다. "너는 어떻게 할 생각이지?"

"저는 그자에게 시련을 주어 의로운 삶을 부정하게 만들겠습니다. 얼마 버티지 못하고 의로운 삶을 내팽개쳐 버릴 겁니다."

"그런 걸로도 넘어오지 않을 거다. 이미 의의 길이 화평과 행복을 가져다준다는 사실을 잘 알고 있으니까."

세 번째 악마는 확신에 찬 얼굴로 사탄 앞에 나왔습니다.

"뭐, 좋은 생각이라도 있나?" 사탄이 물었습니다.

"그자의 혼을 낙심으로 물들이겠습니다." 악마가 의기양양하게 답했습니다.

"좋은 생각이군. 그 정도면 먹혀들어 가겠네. 넌 성공할 거다. 가서 덫에 걸린 자를 가져오도록."

나이가 지긋한 퀘이커 교도는 이렇게 말했습니다. "모든 낙심은 마귀로부터 온다." 저는 이 말이 우리의 이해범위보다 훨씬 더 깊고 보편적인 진리를 담고 있다고 생각합니다. 하나님은 낙심의 근원이 될 수 없습니다. 주 예수 그리스도의 신앙은 한 점의 부끄럼 없는 믿음, 용기, 생기, 소망의 신앙입니다. 우리의 저급한 본성은 "세상은 유혹과 죄로 가득한 곳이니 낙심하라."고 말하지만, 그리스도께서는 **기운을**

내라. 내가 세상을 이겼노라고 말씀하십니다. 그리스도께서 이기신 세상에 낙심이 거할 곳은 그 어디에도 없습니다.

낙심은 악의 근원에서 옵니다. 우리는 이점을 분명히 해야 합니다. 보편적인 생각은 아니지만, 적어도 영적인 면에서는 진리입니다. 정도의 차이는 있어도 세상에서는 낙심을 어리석은 것으로, 부정적인 영향을 주는 것으로 봅니다. 그러나 영적 생활에서는 낙심을 정반대로 생각하기 쉽습니다. 누군가는 칭찬할 만한 것으로 여기기도 하고 또 다른 누군가는 비난받아 마땅한 것으로 여기기도 하며 심지어 낙심을 마음의 경건한 상태, 겸손의 증거로 생각하는 사람들도 있습니다.

근시안적인 눈으로 보면 낙심의 원인은 정당할 뿐만 아니라 그런 마음의 상태 역시 지극히 정상적입니다. 대개 낙심의 원인은 우리의 무능력입니다. 그래서 사람들은 무능력, 곧 자기 자신이 쓸모없고 비참한 피조물이라는 생각 때문에 낙심하는 건 당연하다고 생각합니다. 자신의 무능력을 마주하면 낙심할 수밖에 없을 거라고 단정 짓는 거지요.

이에 대한 예시로 모세를 이야기해볼까 합니다. 주님께서는 이스라엘을 이집트에서 구해낼 지도자로 모세를 부르셨습니다. 그러나 모세는 자신의 약점을 보고 낙심하여 핑계를 댔습니다. **나는 말을 잘하지 못하나이다. 나는 말하는 것도**

느리고 혀도 둔하니이다. 그들이 나를 믿지도 아니하고 내 음성에 경청하지도 아니하리이다. 모세에게는 낙심할 구실이 많았습니다. 그리고 이 낙심은 모세에게 그러했듯 동일한 방식으로 우리를 공격합니다. 주님께서 부르실 때 우리는 우리의 언변이나 다른 사람을 설득할 능력이 변변치 않다는 이유로 지레 겁을 먹습니다. 그러나 하나님께서 모세에게 어떻게 답하셨는지 보세요. 그분께서는 여러분에게도 똑같이 답하실 겁니다. 주님의 방법은 세상의 방법과 다릅니다. 주님은 모세의 능력을 치켜세워 주거나 설득하지 않고 그저 자신이 어떤 분인지, 인간의 입을 만든 분이 누구인지 상기시키셨습니다. 모세가 언변이 뛰어나지 않더라도 낙심할 이유는 없었습니다. 주님께서 모세의 입과 함께하실 테니까요. **누가 사람의 입을 만들었느냐? 누가 벙어리와 귀머거리와 보는 자와 눈먼 자를 만들었느냐? 나 주가 한 것이 아니냐? 그러므로 이제 가라. 그리하면 내가 너의 입과 함께할 것이요, 네가 말할 것을 가르쳐 주리라.**

주의 말씀이 예레미야에게 임했을 때 말씀은 예레미야가 민족들의 선지자로 정해졌다고 했지만, 예레미야는 자신이 이 일을 감당하기에는 역부족이라고 생각했습니다. **아, 주 하나님이여! 보소서, 나는 아이라서 말할 수 없나이다.** 그러나 주님께서는 이렇게 답하셨습니다. **'나는 아이라.'고 말하지 말라. 이는 너는 내가 너를 보내는 모든 자에게 갈 것이며,**

내가 네게 무엇을 명령하든지 네가 말할 것임이라. 그들의 얼굴을 무서워 말라. 내가 너와 함께 있어 너를 구해 내리라. 주가 말하노라.

기드온도 비슷한 경험을 했습니다. 주님께서는 미디안인들의 손에서 이스라엘을 구해낼 용사로 기드온을 부르시며 이렇게 말씀하셨습니다. **너는 너의 이 힘으로 가서 미디안인들의 손에서 이스라엘을 구하라. 내가 너를 보내지 아니하였느냐?** 이 말씀으로 충분했어야 했지만, 기드온은 집에서 가장 작은 자였고 무명의 가난한 사람이었습니다. 이 큰일을 맡기에는 스스로가 부족하다고 생각했고 자신의 결점을 알았으며 그로 인해 낙심했습니다. **내가 무엇을 가지고 이스라엘을 구원하리이까? 보소서, 나의 집은 므낫세 중에서 가난하고 나는 내 아비 집에서 가장 작은 자니이다.** 기드온은 자신처럼 가난하고 하찮은 사람이 아니라 강하고 영향력 있는 사람이 이 일을 완수해야 한다고 생각했습니다. 수많은 그리스도인이 기드온처럼 낙심합니다. 겸손한 듯 보이지만, 과연 하나님께서도 그렇게 생각하실까요? **주께서 그에게 말씀하시기를, 반드시 내가 너와 함께 하리니 네가 미디안인들을 한 사람 치듯이 치리라.** 단순하면서도 유일무이한 약속입니다. **반드시 내가 너와 함께 하리니** 이 약속이 기드온에게 용기를 불어넣은 것처럼 우리가 낙심할 때도 **내가 너와 함께 하리니**라는 말씀이 우리의 모든 결점을 가득 채울 겁니다. 낙심의 말에 성경은 변치 않고 **내가 너와 함께 하리니**라고 답합니다. 이 대답은 낙심과 논쟁의 기미를 모두 불식시킵니다. "네 창조주이자 구세주요, 네 힘이자 지혜이며 전지전능하고 무소부재한 하나님, 내가 너와 함께 하리라. 내가 너를 지키리라. 그 어떤 적도 너를 해치지 못할 것이며 그 어떤 혀들의 다툼도 너를 방해하지 못하리라. 나의 존재 자체가 네 피난처가 되고 확실한 요새가 되리라."

이 확실한 약속을 마주하면 아무리 겁이 많은 사람이라 해도 낙심에 빠질 구멍을 찾지 못할 거 같지만, 낙심은 여러 가지 미묘한 형태로 다가오며 영적인 적들도 여러 모습으로 정체를 숨긴 채 우리를 공격합니다. 영적인 적들은 보통 우리의 타고난 기질이나 성격을 건드립니다. 활기차고 용감할 때 공격하는 게 아니라 자존감이 떨어져서 스스로를 어리석게 여길 때, 적과 싸우기에는 역부족이라고 느낄 때 공격합니다. 지금껏 많은 사람이 이 공격에 넘어가 쉽게 낙심해 버렸습니다. 홀로 이 싸움을 해야 한다면 낙심할 수밖에 없습니다. 우리 힘으로는 역부족이니까요. 그러나 주님께서 우리를 위해 싸우신다면 전투는 완전히 새로운 국면에 접어들게 될 겁니다. 주님께서 함께하시면 우리의 부족한 능력은 단점이 아니라 오히려 장점이 됩니다. 우리가 약할 때는 주님 안에서만 강해질 수 있으니, 우리의 약함, 결점은 진정 우리의 가장 큰 힘입니다.

이스라엘 자손들도 위와 같은 경험을 했습니다. 주님께서 그들을 이집트에서 구하고 약속의 땅 근처에 도착했을 때 모세는 올라가서 그 땅을 차지하라고 촉구합니다. **보라, 주 너의 하나님께서 네 앞에 그 땅을 두셨으니, 너의 조상의 주 하나님께서 너에게 말씀하신 대로 올라가서 그 땅을 차지하라. 두려워하지도 말고 낙담하지도 말라.** 그러나 눈에 보이는 상황은 절망스러웠습니다. 백성들은 무력감을 느끼며 하나님의 약속을 믿지 못했고 장막 안에서 불평했습니다. **주께서 우리를 미워하시기 때문에, 우리를 아모리인들의 손에 넘겨 죽이시려고 우리를 이집트 땅에서 데리고 나오셨도다. 우리가 어디로 올라갈까? 우리의 형제들이 우리를 낙담시켜 말하기를 '그 백성은 우리보다 강하고 크며, 그 성읍들은 커서 성벽은 하늘에 닿았을 뿐만 아니라, 우리가 거기서 아낙인들의 아들들을 보았느니라.' 하였도다.**

정탐꾼들의 보고를 들어보면 이스라엘이 낙심한 원인을 알 수 있습니다. 그런 이야기를 듣고 낙심하지 않을 사람은 없을 겁니다. 그런 상황에서 용기를 내는 건 무모한 짓이지요. **우리가 탐지하러 갔던 그 땅은 그 거민들을 삼키는 땅이요, 거기에서 우리가 보았던 백성은 키가 큰 사람들이었으며 또 우리가 거기서 거인들을 보았는데, 거인들에게서 태어난 아낙 자손들이라. 우리들의 눈에도 우리가 메뚜기들 같았으며 그들의 눈에도 우리가 그와 같았을 것이라.** 이스라엘은 자신들을 쓸모없고 가련한 메뚜기로 여길 수밖에 없었습니다. 메뚜기가 거인들을 정복하다니, 주제넘은 일이기도 하지만 말도 안 되는 일이었습니다. 우리도 종종 거대한 유혹과 문제를 맞닥뜨리면 스스로를 메뚜기처럼 미미한 존재로 느끼기도 합니다. 그래서 우리의 낙심을 정당화하지요. 그러나 문제는 우리가 메뚜기인지, 그 여부가 아니라 하나님이 어떤 분이시냐는 겁니다. 이 거인들과 싸우는 자는 우리가 아니라 하나님이십니다.

모세는 이 점을 이스라엘 자손들에게 상기시켰습니다. 그들의 하나님이신 주님께서 그들을 위해 싸우시니, 아낙인들의 아들들일지라도 두려워할 필요가 없다고 독려하며 주님께서 지금껏 어떻게 선대해 주셨는지를 다시 한번 더 말해주었습니다. **광야에서도 주 너의 하나님께서 너를 어떻게 감당하셨는지 네가 보았나니 마치 사람이 자기 아들을 감당한 것 같이 너희가 이곳에 이를 때까지 하셨도다.** 그러나 이스라엘 백성들은 이 말씀을 믿지 않았고 낙심에서 헤어나오질 못했습니다. 그 결과, 이 **악한 세대**는 약속의 땅을 보지 못했습니다. 하나님의 인도를 굳건히 믿었던 여호수아와 갈렙만이 이 땅을 보았지요.

낙심의 결과와 굳건한 믿음의 보상, 그 차이가 보이나요!

히브리서는 이 일에 대해 이렇게 말합니다. **또 하나님께서 누구에게 맹세하시어 그의 안식에 들어오지 못하리라고 하셨느냐? 믿지 아니한 자들에게 하신 것이 아니냐? 그러므**

로 우리가 보건대, 그들이 들어가지 못한 것은 믿음이 없었기 때문이니라.

이스라엘의 모습이 우리의 모습과 다를 바 없지 않나요? 우리도 하나님의 힘 대신 우리의 연약함을 보고 있지 않나요? **영의 고통**으로 인해 심히 낙심하여 하나님의 약속에 경청하지 않은 적은 없나요? 주님께서는 우리를 위해 싸우고 승리를 주시겠다고 약속하셨습니다. 우리 혼은 주님께서 약속하신 안식에 들어가길 바라지만, 하늘로 가는 길에 거인들과 큰 벽들이 가로막고 있으면 우리는 겁을 먹고 주님의 약속을 잊어버립니다. 결국, 우리도 이스라엘처럼 믿음이 없어서 들어가지 못하는 거지요.

우리가 시편 저자와 같이 믿음으로 말할 수 있다면 얼마나 좋을까요! **군대가 나를 대적하여 진 칠지라도 내 마음은 두려워하지 아니하며, 전쟁이 나를 대적하여 일어날지라도 그 가운데 나는 담대하리라. 그가 고난의 때에 나를 그의 처소에 숨기시리니 그가 그의 성막의 은밀한 곳에 나를 숨기시며 나를 반석 위에 두시리라.** 이 고백이 우리의 고백이 된다면 기쁘게 안식처로 들어가 쉴 수 있습니다.

낙심을 일으키는 또 다른 원인은 사람에 대한 두려움입니다. 이 세상에는 강한 손으로 남의 일상을 쥐고 흔드는 "사람들", "무리"가 있습니다. "사람들"이 뭐라고 말할까? "사람들"이 뭐라고 생각할까? 이런 질문들은 소심한 혼이 주를 위해 일하려고 할 때 그 혼을 괴롭게 합니다. 곳곳에 도사리고 있는 "사람들"은 항상 우리 앞을 가로막고 서서 우리를 낙심과 두려움으로 몰고 갑니다. 이런 양상의 낙심은 자신의 실체를 타인의 의견으로 가장하여 다가옵니다. 문제는 "사람들"이 하나님의 자리까지 올라가 "사람들"의 생각을 하나님의 약속보다 더 우위에 두는 거지요. 이때가 가장 위험한 순간입니다. 이 낙심에서 빠져나오려면 하나님께서 우리와 함께 계신다는 사실을 기억하고 믿음으로 붙들어야 합니다. **그들의 얼굴을 무서워 말라. 내가 너와 함께 있어 너를 구해 내리라. 주가 말하노라.** 이는 그가 말씀하시기를 "내가 너를 떠나지 아니하고 너를 버리지 아니하리라."고 하셨음이라. 그러므로 우리가 담대히 말하기를 **"주는 나를 돕는 분이시니, 사람이 내게 무엇을 하든지 내가 두려워하지 아니하리라."** 하노라. 이 약속의 말씀 앞에 감히 누가 낙심할 수 있을까요?

이 외에도 낙심을 일으키는 원인은 많습니다. 그중에서도 흔하게 나타나는 양상이 바로 우리의 실패에서 비롯한 낙심입니다. 이스라엘을 예로 들어 보겠습니다. 이스라엘은 아이 전투에서 패배했을 때 크게 낙심했습니다. 그들은 **저주받은 물건으로 범죄**하였고 그로 인해 **그들의 원수들 앞에 설 수 없었습니다.** 결국, 전투에서 패배했고 낙심에 빠졌습니다. 그러므로 백성의 마음이 녹아 물같이 되니라. 여호수아가 자기 옷을 찢고 그와 이스라엘의 장로들이 주의 궤 앞에서 땅에 엎드려 머리에 티끌을 쓰고 저녁 무렵까지 있더라. 누군가는 이스라엘이 원수 앞에 등을 돌렸을 때 하나님의 위대한 이름을 훼손시켰기 때문에 응당 **땅에 엎드려 머리에 티끌을 써야 한**다고 생각할 겁니다. 수많은 사람이 낙심과 절망을 실패에 대한 당연한 결과로 생각합니다. 그러나 주님께서는 그렇게 생각하지 않으십니다. 그분께서는 여호수아에게 이렇게 말씀하셨습니다. **일어나라. 어찌하여 네가 이렇게 네 얼굴을 대고 엎드려 있느냐?** 실패한 후에 스스로를 낙심에 던져버리는 게 겸손한 자세로 보일 수도 있지만, 그렇지 않습니다. 올바른 자세는 악을 제거하고 성별하여 주께로 돌아가는 겁니다. 우리의 본성은 "엎드려서 낙심하라."고 말하지만, 주님께서는 "일어나서 너 자신을 성결케 하라."고 명령하십니다.

*

낙심에 대해 이렇게 생각하는 분도 있을 겁니다. "성령이 주는 죄의 가책이 낙심을 줄 때도 있지 않나요? 스스로 죄인임을 알면 절망할 수밖에 없지 않나요?" 그러나 성령님께서는 우리를 낙심하게 하기 위해서가 아니라 우리를 격려하기 위해서 죄를 지적하십니다. 성령의 사역은 우리의 죄를 드러내어 제거하는 겁니다. 절망 가운데 엎드리게 하는 건 성령의 사역이 아니지요. 좋은 어머니는 자녀의 잘못을 바로잡기 위해 죄를 지적합니다. 성령이 주는 가책은 우리의 가장 큰 특권 중 하나입니다. 이 참 의미를 깨달으면 낙심에 스스로를 놓아버리지 않고 다가올 구원을 믿으며 힘을 낼 겁니다.

훌륭한 주부는 식탁보에 묻은 얼룩을 발견하면 식탁보 자체를 버리지 않고 나중을 위해 그 얼룩 부분만 말끔하게 지웁니다. 집에 유능한 세탁부가 있다면 고작 얼룩 하나에 낙심할 필요도 없지요. 분명, 주님께서는 우리에게 이렇게 말씀하셨습니다. **너희 죄들이 주홍 같을지라도 눈같이 희게 될 것이요, 진홍처럼 붉을지라도 양털같이 되리라.** 하나님의 **중생의 씻음**은 그 어떤 세탁부의 손길보다도 효과적입니다. 끔찍한 실패를 한 뒤 낙심에 빠진다면 그 책임은 순전히 우리의 불신에 있습니다.

페넬롱은 낙심에 관해 이렇게 말합니다. "우리의 잘못 때문에 낙심하는 일은 없어야 한다. 낙심은 겸손의 열매가 아니라 교만의 열매이다. 즉, 낙심은 우리 자신의 탁월함을 사랑하기 때문에 발생하는 것이다. 우리는 우리 자신을 보고 상처받는다. 우리의 결점을 보고 낙심하게 되면 결점 그 자체보다 더 심각한 결과를 낳는 분노가 올라온다. 비참한 사람은 완벽해지기를 바라고 그런 자신을 사랑한다. 그래서 자신의 결점이 보이면 스스로를 괴롭힌다. 이런 사람들은 자신

뿐만 아니라 타인의 결점에 대해서도 쉽게 분노한다. 그러나 우리의 내적인 불안으로도 하나님의 화평을 이룰 수 있듯 하나님께서는 우리의 나쁜 성질로도 자신의 역사를 완수하신다."

*

원인이 무엇이든 간에 낙심은 비참한 결과를 낳습니다. 최악의 결과 중 하나는 하나님을 향한 "불평"과 "거역"입니다. 이스라엘은 **그 길 때문에 상심하자 하나님을 거역하여** 말하고 하나님의 위대한 이름을 훼손시키는 질문을 퍼부었습니다. 우리를 괴롭히는 불평과 반항의 원인을 살펴보면 그 시작이 낙심이라는 사실을 알게 될 겁니다. 본질적으로 낙심은 **하나님을 거역하여** 말합니다. 실패에 대해 하나님을 원망하는 마음과 그분의 약속을 불신하는 마음이 그 기저에 깔려 있기 때문이지요. 시편 저자는 이 사실을 알았습니다. 그래서 이스라엘이 광야 생활을 할 때 물었던 비관적인 질문을 언급합니다. **정녕, 그들은 하나님을 거역하여 말하였도다. 그들은 말하기를 "하나님이 광야에서 식탁을 마련하실 수 있겠느냐?" 하였도다.** 우리도 이스라엘과 다를 바 없습니다. 합리적이고 겸손하게 보인다 해도 하나님의 능력이나 약속에 의문을 제기하는 건 **하나님을 거역하여** 말하는 겁니다. 그리고 이 질문은 하나님을 불쾌하게 합니다. 우리가 **하나님을 믿지**

않았으며 그의 구원을 신뢰하지 않았다는 사실을 있는 그대로 보여주기 때문이지요.

낙심의 또 다른 특징은 전염성입니다. 낙심은 그 어떤 것보다도 전염성이 강합니다. 모세가 보낸 정탐꾼들이 약속의 땅에 대한 **나쁜 소식**을 가져오자 백성들의 **마음은 낙심**하였고 **목소리를 높여 부르짖**었으며 주님께서 주신 땅을 목전에 두고도 들어가기를 거부했습니다.

많은 그리스도인이 신앙생활에서 겪는 실패가 나쁜 소식으로 전파되면 주변 그리스도인을 낙심의 구렁텅이로 끌어내립니다. 어린 그리스도인들은 이 나쁜 소식에 더 취약합니다. 그들보다 나이가 많은 그리스도인 형제들의 말에 휘둘리기 쉽지요.

부끄럽게도 저 역시 **나쁜 소식**으로 어린 그리스도인의 **마음을 낙심**시킨 적이 있습니다. 제가 믿음의 길을 걸어가면서 만난 고난과 의심의 "거인들"을 말해준 것이 화근이었습니다. 물론, 하나님께서 그 두려움으로부터 어떻게 구원해 주셨는지도 알려주었지만, 앞서 말한 나쁜 소식은 어린 그리스도인의 마음을 낙담케 하기에 충분했습니다. 덕분에 후반부의 좋은 소식으로 나쁜 소식을 지워 내기까지 오랜 시간이 걸렸지요.

한 사람의 낙심이 다른 사람의 마음까지 물들이는 건 순식간입니다. 주님께서도 이 점을 경고하셨습니다. 그래서 모세도 전쟁에 관한 하나님의 법을 말할 때 이스라엘 백성들에게 이 점을 분명히 짚어주었습니다. **더 나아가 관원들은 백성에게 일러 말하기를 "겁에 질리고 낙담하는 자가 있느냐? 그는 자기 집으로 돌아갈지니 그의 형제들의 마음이 그의 마음과 같이 되지 않도록 하려 함이라."** 하고

낙심한 사람들은 적어도 낙심을 자신의 품에 숨기고 다른 형제들에게 들키지 말아야 합니다. 우리는 경험을 통해 용기가 전염된다는 사실을 알고 있습니다. 위험한 때에 용감한 혼 하나가 군중을 공포로부터 구해내지요. 그러나 낙심도 이와 같은 전염성이 있다는 사실은 잘 인지하지 못합니다. 겁 많은 사람 하나가 군중 전체를 두려움으로 감염시킬 수 있습니다. 따라서 우리는 모든 용기를 마비시키는 악한 낙심을 표출하지 말아야 합니다. 그러나 기묘하게도 우리는 우리의 낙심을 찬양으로 만들어 부릅니다.

처음 주를 만났을 때 알았던 축복은 어디로 갔는가
예수님과 그분의 말씀을 새로운 시각으로 바라보던
혼의 눈은 어디로 갔는가

내가 누렸던 평화로운 시간이여
그 달콤한 기억은 여전하구나

그러나 지금은 걷잡을 수 없는 공허만 남았도다
세상은 결코 그 공허를 채울 수 없으리

우리는 서서히 죽어가는 비천한 곳에서
영원히 살리라

우리의 사랑은 너무도 희미하고 차가운데
주님의 사랑은 너무도 분명하고 뜨겁구나

우리의 형식적인 찬송도 헛되고
일어서려는 노력도 헛되도다

호산나가 우리 혀에서 시들해졌고
우리의 헌신은 죽었도다

제가 보기에 이런 찬양을 부르는 건 하나님을 향한 섬김을 희롱하는 겁니다. "걷잡을 수 없는 공허"만 남았다면, "우리의 사랑이 차갑고 희미하다면", "죽어가는 비천한 곳에서" 살고 있다면 적어도 남들에게는 그런 감상을 드러내지 마세요. "호산나가 우리 혀에서 시들해졌고" 이런 불평들이 찬양의 자리에 오를 이유가 없습니다. 하나님께서 그 가사를 듣고 기뻐하실까요? 그럴 일은 없습니다. 아내가 남편과의 관계에 대해 저런 식으로 노래한다면 남편의 기분이 어떻겠어요? 저는 사회에서도 이런 노래를 용인하지 않을 거라고 생각합니다.

그리스도의 교회가 찬송가에서 낙심의 찬양을 전부 삭제하고 용기와 기운을 불어넣는 찬양만 부른다면 그리스도인들의 믿음은 빠른 속도로 성장할 겁니다. **기운을 내라.** 이 말씀은 제자들을 향한 주님의 명령입니다. 어떤 상황에서도 이 명령은 유효합니다. 이 명령은 놀라운 진리, 곧 그리스도께서 세상을 이기셨기 때문에 더 이상 낙심할 이유가 없다는 진리를 담고 있습니다. 전에도 말했듯, 그리스도께서 세상을 이기셨다는 말씀의 의미를 깨닫는다면 우리는 결코 낙심하지 않을 겁니다.

여러분이 그날의 이스라엘이 된다면 어떻게 할 건가요? 나쁜 소식을 가져왔던 정탐꾼들처럼 형제들의 마음을 낙심시키고 사십 년 동안 광야에서 방황하게 할 건가요, 아니면 여호수아와 칼렙처럼 형제들의 마음에 용기를 불어넣을 건가요? **우리가 당장 올라가서 그것을 차지하자. 이는 우리가 능히 이길 수 있음이라.**

지금 여러분의 모습은 어떤가요?

모세는 칼렙이 **주를 온전히 따랐**다고 말합니다. **온전히 따랐**다는 말은 다른 정탐꾼들이 나쁜 소식으로 백성들의 마음을 녹여버렸을 때 칼렙이 그의 형제들에게 좋은 소식을 전하고 용기를 북돋아 주었다는 뜻입니다.

이 뜻풀이가 **온전히 따랐다**는 말의 일반적인 해석은 아닙니다. 그럼에도 이 해석을 강조한 건 헌신적인 그리스도인들이 핵심을 놓쳐서 실수하지 않기를 바라기 때문입니다. 많은 그리스도인이 여러 곤경과 어려움을 겪으며 성장합니다. 문제는 그로 인한 나쁜 소식을 생각 없이 다른 형제들에게 전하여 형제들의 마음을 낙심하게 한다는 거지요.

진리의 빛으로 비추어 낙심이 **하나님을 거역하여** 말하는 것이라는 사실을 깨닫는다면, 그리스도인들 사이에서 용기를 주는 말씀이 넘쳐난다면 큰 변화가 일어날 겁니다. 이스라엘은 용기와 힘을 주는 믿음의 사람이 없어서 적들을 정복하는 데 여러 번 실패했습니다. 여러분도 마찬가지입니다. 여러분의 낙심 때문에 영적 전투에서 얼마나 자주 실패했는지요! 그 낙심이 여러분의 삶에, 주변 사람들의 삶에 얼마나 많은 영향을 끼쳤는지 곱씹어 본 적 있나요?

이사야 선지자는 **너희는 위로하라. 너희는 내 백성을 위로하라. 너희의 하나님이 말하노라**는 말을 시작으로 위로의 근원이신 하나님에 관해 아름답게 묘사하고 백성들이 무엇을 해야 하는지를 다음 장에 기록해 놓았습니다. 그들이 각자 자기 이웃을 도우며, 자기 형제에게 말하기를 "너는 담대하라." 하였도다. 그러므로 목수는 금 세공장이를 격려하며, 망치로 다듬는 자는 모루 치는 자를 격려하였도다.

그리스도인 여러분, 이제부터라도 본을 따라 서로를 격려해야 하지 않겠어요?

*

어떻게 낙심을 제거할 수 있을까요? 다른 영적인 나쁜 습관과 마찬가지로 그만두는 수밖에 없습니다. 입씨름할 가치도 없습니다. 우리는 하나님만을 주장해야 합니다. 다윗이 어떻게 낙심에서 벗어났는지 보세요. 성읍이 불타고 아내들이 사로잡혀갔을 때, 그때가 아마도 다윗의 인생에서 가장 절망적인 순간이었을 겁니다. 그날에 다윗과 백성들은 기력이 다할 때까지 그들의 목소리를 높여 울었습니다. 백성들이 재앙에 분노하여 다윗을 돌로 치자고 말했을 때 다윗이 어떻게 했는지 아나요? **그러나 다윗은 주 그의 하나님 안에서 스스로 용기를 얻더라.** 결과는 눈부신 승리였습니다. 잃었던 모든 것을 되찾았지요. 용감한 믿음은 전능한 하나님을 붙듭니다. 그리고 그 결과는 항상 영광스러운 승리입니다. 지금도 그리고 앞으로도 영원토록 동일합니다.

시편 저자는 스스로에게 되묻습니다. **오 내 혼아, 어찌하여 네가 낙담하느냐?** 그리고 그에 대한 답으로 하나님을 주장합니다. **너는 하나님을 바라라. 내 얼굴을 강건케 하시는 분이요, 내 하나님이신 그분을 내가 여전히 찬양하리라.** 그는 자신의 불안을 분석하거나 변명하지 않고 즉시로 주를 의지하여 믿음으로 주를 찬양합니다.

이것이 유일한 방법입니다. 믿음이 모습을 드러내면 낙심은 자취를 감춥니다. 반대로 낙심이 모습을 드러내면 믿음은 자취를 감추고 사라져 버립니다. 낙심과 믿음은 결코 섞일 수 없습니다. 선택은 여러분의 몫이지요.

너희가 그 나팔 소리를 들으면
모든 백성은 큰 소리를 지를지니라.
그리하면 그 성벽이 완전히 무너져 내리리니,
백성들은 각기 자기 앞으로 곧장 올라갈지니라.

13

믿음의 함성

The shout of faith

13

굳건한 믿음의 외침은 앞서 살펴본 흔들리는 믿음의 불평, 낙심의 통곡과 대조를 이룹니다. 이스라엘 역사를 살펴보면 실패로 인해 불평하고 울부짖는 경우도 많지만, 영광스럽게 승리하여 굳건한 믿음의 함성을 지르는 경우도 있습니다. 개인적인 생각이지만, 앞으로 나아가는 혼들이 발견해낸 많은 "주의 비밀들" 가운데 믿음의 함성보다 더 실질적으로 가치 있는 비밀은 없습니다.

이스라엘이 약속의 땅을 차지하기 위해 요단강을 건너야 했을 때 하나님께서는 여호수아에게 이렇게 말씀하셨습니다. **이제 너와 이 모든 백성은 일어나 이 요단을 건너 내가 그들, 즉 이스라엘 자손에게 주는 그 땅으로 가라. 내가 모세에게 말한 대로 너희의 발바닥으로 밟을 모든 곳은 내가 너희에**

게 준 것이라.

확실한 보증을 받은 뒤 이스라엘 백성들은 주님의 약속을 의심하지 않고 강을 건너 그 땅에 들어갔습니다. 그러나 입구에서부터 사십 년 전에 정탐꾼들의 마음을 낙심케 했던 "큰 성읍들과 하늘에 닿을 듯한 성벽"을 맞닥뜨렸습니다. 분명, 눈 앞에 펼쳐진 광경에 간담이 서늘했을 겁니다. 전쟁을 치를 병력도, 무기도 없었으니까요. 적의 큰 성읍과 성벽을 마주하면 누구나 쉽게 좌절할 수밖에 없습니다.

그러나 주님께서는 여호수아에게 이렇게 말씀하셨습니다. **보라, 내가 여리코와 그 왕과 힘센 용사들을 네 손에 주었으니** 주님께서는 "주리라"고 말씀하지 않고 "주었다"고 말씀하십니다. 이미 여리코는 이스라엘의 것입니다. 왕이 신하에게 토지를 수여하면 신하가 가서 그 땅을 차지하듯 이제 이스라엘은 주님의 명령대로 가서 차지하기만 하면 됩니다.

자, 그럼 이제 중대한 문제가 남았습니다. 현 상황으로 봤을 때는 불가능해 보이는데 어떻게 해야 할까요? 주님께서는 그분의 계획을 알려 주셨습니다. 백성들이 해야 할 일은 대열을 맞추어 성읍을 돌고 나팔을 불며 함성을 지르는 거였습니다. **제사장들이 양뿔 나팔을 길게 불 때 너희가 그 나팔 소리를 들으면 모든 백성은 큰소리를 지를지니라. 그리하면 그 성벽이 완전히 무너져 내리리니, 백성들은 각기 자기 앞으로 곧장 올라갈지니라.**

기묘한 말씀이지만, 진리입니다. 일곱째 날에 제사장들이 나팔을 불자 여호수아는 백성들에게 명령했습니다. **소리지르라. 주께서 너희에게 이 성읍을 주셨느니라. 백성들이 나팔 소리를 듣자 큰소리로 소리를 지르니 성벽이 완전히 무너져 내린지라. 백성들이 각자 자기 앞으로 곧장 성읍으로 들어가서 그 성읍을 취하니라.**

이 함성이 성벽을 무너뜨릴 수 있을 거라고 생각한 사람은 아무도 없었습니다. 그러나 승리의 비결은 이 함성에 있었습니다. 승리할 기미가 보이지 않는 상황 속에서도 하나님의 말씀에 근거한 믿음의 함성은 약속된 승리를 주장했습니다. 그리고 그 믿음에 따라 하나님께서 행하셨습니다. 백성들이 소리쳤을 때 하나님께서는 성벽을 무너뜨리셨지요.

하나님께서는 이 성읍을 "주셨다"고 말씀하셨습니다. 그리고 믿음은 이 말씀을 진리로 받아들였지요. 불신은 하나님의 약속에 이렇게 되받아쳤을 겁니다. "성벽이 진짜로 무너져 내리기 전까지는 소리치지 않는 게 좋겠습니다. 실패할 수도 있잖아요? 여리코 사람들이 승리하게 될 수도 있습니다. 그러면 우리는 하나님의 이름에 먹칠하게 되겠지요." 그러나 믿음은 불신의 심사숙고를 비웃고 눈에 보이는 환경이 어떠하든지 하나님의 말씀을 의지하여 승리의 함성을 내지릅니다. 수 세기가 지난 후에도 성령님은 이 믿음의 승리를 히브리서에 기록하십니다. **믿음으로 그들이 칠 일 동안을 돌**

왔더니 여리코의 성벽이 무너졌느니라.

> 믿음, 위대한 믿음, 약속만이
> 소망을 바라보고 불가능을 비웃으며
> "그 일이 이루어지리라."고 외친다.

여호사밧도 믿음의 함성을 경험했습니다. 여호사밧은 큰 무리가 바다 건너 시리아 이편에서 그를 대적하러 오고 있다는 소식을 들었습니다. 상황은 심각했지만, 이스라엘에게는 그들을 대적할 **힘도 없었고 어찌할 줄도 알지 못했습니다.** 여호사밧은 전투를 위한 병력을 준비하는 데에 시간과 에너지를 낭비하지 않고 즉시로 돌이켜 주를 찾았습니다. 그는 회중 가운데 서서 이렇게 말했습니다. 오 우리 조상의 주 하나님이여, 주께서는 하늘에 계신 하나님이 아니시니이까? 주께서 이방의 모든 왕국들을 다스리지 아니하시니이까? 주의 손에 권세와 능력이 있으므로 아무도 주를 막을 수 없지 아니하니이까? 이 땅의 거민을 주의 백성 이스라엘 앞에서 몰아내시고 그 땅을 주의 친구 아브라함의 씨에게 영원히 주신 주께서는 우리 하나님이 아니시니이까? 이제, 보소서. 암몬과 모압 자손과 세일 산을 ... 그들이 우리에게 유업으로 주신 주의 소유에서 우리를 쫓아내려고 왔나이다. 오 우리 하나님이여, 주께서 그들을 심판하지 아니하시겠나이까? 우리에게는 우리를 치러 온 이 큰 무리를 대적할 힘도 없고 어찌할 줄도 알지 못하나 우리의 눈이 주께 있나이다.

주님께서는 이 간청을 듣고 제사장의 입술을 통해 응답하셨습니다. 주가 너희에게 이같이 말하노라. 이 큰 무리로 인하여 너희는 두려워 말고 놀라지 말라. 이는 싸움이 너희에게 속한 것이 아니라 하나님께 속하였음이라. 너희는 이 싸움에서 싸울 필요가 없으리라. 오 유다와 예루살렘아, 너희는 전열을 가다듬고 서서 너희와 함께하는 주의 구원을 보라. 두려워 말고 놀라지 말며 내일 그들을 향하여 나가라. 이는 주가 너희와 함께할 것임이라.

여호사밧과 이스라엘 백성들은 추호의 의심도 없이 주의 말씀을 믿었고 다가올 승리를 놓고 주 하나님을 찬양했습니다. 다음 날 아침, 백성들은 일찍 일어나 적들을 만나러 나갔습니다. 여호사밧은 일반적인 장군들처럼 무기를 보고 담대히 싸우라고 명령하지 않았습니다. 담대한 믿음을 가지라고 촉구했지요. 오 유다와 너희 예루살렘 거민들아, 내게 들으라. 너희는 주 너희 하나님을 믿으라. 그리하면 너희가 견고하게 되리라. 그의 선지자들을 믿으라. 그리하면 너희가 성공하리라.

또한, 자신과 같이 담대한 믿음을 가진 백성들과 의논하여 군대 앞에서 노래할 자들을 임명하고 적을 향해 나아갈 때 찬양하게 했습니다. 이들이 노래하고 찬양하기 시작하자 주님께서는 복병들을 두어 적들이 서로를 대항하게 만드셨지요. 이스라엘이 광야에 있는 망대에 왔을 때는 적들의 시체만이 남아 있었습니다. **보라, 그들이 다 땅에 쓰러진 시체였으며 아무도 도망한 자가 없더라.**

놀라운 전술을 통해 이스라엘은 **이기는 자들보다 더 나은 자들이** 되었습니다. 승리의 결과는 참으로 놀라웠지요. **전리품이 너무 많아 모으는데 삼 일이 걸렸더라.**

다윗과 골리앗의 싸움도 믿음으로 이룬 승리입니다. 상식적으로 생각했을 때 다윗이 힘센 거인을 상대로 이길 가능성은 전무했습니다. 그러나 다윗은 눈에 보이지 않는, 그와 함께하는 거룩한 힘을 믿음의 눈으로 보았습니다. 그런 다윗에게 사울은 이렇게 말했습니다. **너는 이 필리스티아인에게 가서 그와 더불어 싸우지 못하리라. 너는 젊은이에 불과하지만 그는 어려서부터 전사니라.** 다윗은 이에 굴하지 않고 믿음을 확고히 하고 자신의 경험을 이야기했습니다. **사자의 발톱과 곰의 발톱에서 나를 구해 주신 주께서 이 필리스티아인의 손에서도 나를 구해 주시리이다.** 사울은 다윗의 강한 믿음에 **가라, 주께서 너와 함께하시리**라고 답했지만, 자기 갑옷에 대한 신뢰를 버리지 못했습니다. 그래서 놋 투구와 쇠미늘 갑옷을 다윗에게 입히고 자기 칼을 쥐어 주었지요. 다윗은 그 갑옷을 입고 걸어보려고 했습니다. 그러나 무거운 갑옷을 입고는 도저히 싸울 수 없었습니다. 다윗은 갑옷을 벗고 대신에 주님께서 복을 주신 단순한 무기, 곧 막대기와 매끄러운 돌 다섯 개와 물매를 챙겨서 거인에게 다가갔습니다.

거인은 자신 앞에 선 애송이를 보고 멸시하며 **내게로 오라. 내가 네 살을 공중의 새들과 들의 짐승들에게 주리라고** 말했습니다. 눈에 보이는 상황만 놓고 보면 이 말도 안 되는 싸움의 결말은 뻔했습니다. 그러나 모두의 예상을 깨고 다윗의 믿음이 승리했습니다. 다윗은 전투를 시작하기 전에 승리의 함성을 질렀습니다. 너는 칼과 창과 방패를 가지고 내게 오지만, 나는 만군의 주의 이름, 즉 네가 모독한 이스라엘 군대의 하나님의 이름으로 네게 가노라. 오늘 주께서 너를 내 손에 넘겨주시리니, 내가 너를 쳐서 네게서 머리를 취하리라. 내가 오늘 필리스티아인들의 군대의 시체들을 공중의 새들과 땅의 들짐승들에게 주어 온 땅으로 이스라엘에 하나님이 계시다는 것을 알게 하리라. 또 이 온 무리는 주께서 칼과 창으로 구원하지 않으심을 알게 되리니, 이는 전쟁이 주의 것이므로 그가 너희를 우리 손에 주실 것이기 때문이라.

이런 믿음을 마주하면 아무리 거인이라 해도 무얼 할 수 있겠어요? 승리의 함성으로 가득 찬 말이 그대로 이루어졌습니다. 힘센 적은 그가 멸시했던 애송이의 손에 넘어갔지요.

＊

앞으로도 믿음의 함성은 승리를 가져올 겁니다. 그 어떤 적도 무한한 힘을 공급받는 강한 믿음을 대항할 수 없습니다. **세상을 이기는 승리는 이것이니, 곧 우리의 믿음이라.**

믿음의 함성이 전쟁에서 승리하는 비결입니다. 믿음에서 우러난 힘, 보이지 않는 거룩한 힘에 대해 알지 못하는 사람들은 이 비결을 이해하지 못합니다. 그런 사람들에게는 믿음의 함성이 그저 어리석고 무모하게 보일 뿐입니다.

우리는 모두 **예수 그리스도의 훌륭한 군사**로 불려야 하며 이스라엘을 공격했던 적들보다 더 사악한 적들을 대항하는 **믿음의 선한 싸움**을 싸워야 합니다. 우리 적들은 내부에 있으며 거인들은 강한 힘으로 우리를 충동질합니다. 우리 힘으로는 이 적들과 맞서 싸울 수 없습니다. 많은 하나님의 자녀들이 패배의 불안감에 짓눌려 낙심한 채로 전쟁터에 나갑니다. 죄를 짓고 회개하고, 다시 죄를 짓고 또 회개하고, 이 굴레에서 벗어나지 못하기 때문에 승리의 소망을 보지 못하고 낙심해버립니다. 이들도 죄를 미워하고 의를 사랑하며 승리를 바라지만, 원하는 선을 행하지 않고 원치 않는 악을 행합니다. 바울은 이에 관해 **내 지체들 속에 있는 또 하나의 법이 내 생각의 법과 싸워 나를 내 지체들 속에 있는 죄의 법에게로 사로잡아오는 것을 보는도다**라고 말합니다. 많은 사람이 죄의 법을 정복해야 한다는 걸 알지만, 어떻게 해야 할지 모릅니다. 어떻게 해야 할까요? 답은 믿음의 함성에 있습니다. 믿음의 함성에 숨겨진 승리의 비결을 깨달으면 승리를 맛보게 될 겁니다.

요한복음 16장 33절에서 주님은 이 함성의 기초를 나타내 보이십니다. **기운을 내라. 내가 세상을 이겼노라.** 보세요. "이기리라"고 말씀하지 않고 "이겼다"고 말씀하십니다. 이미 이루어진 겁니다. 승리하지 못할 이유가 없습니다. 여호수아는 백성들에게 "소리지르라. 주께서 너희에게 이 성읍을 주시리라."고 말하지 않았습니다. **소리지르라. 주께서 너희에게 이 성읍을 주셨느니라**고 말했지요. 거대하고 빈틈없는 성읍의 성벽 때문에 충분히 기운 빠질 수 있는 상황에서도 여호수아는 믿음으로 담대히 선포했습니다. 여호수아에게 하나님은 실제였습니다. 그는 승리하기도 전에 약속된 승리를 선언했습니다.

"주께서 주시리라"라는 말과 "주께서 주셨다"는 말에는 큰 차이가 있습니다. 미래형으로 약속된 승리는 뜻밖의 일에 의해 방해받을 수도 있지만, 이미 완성된 승리는 그 누구도 반대할 수 없습니다. 우리 주님께서는 **내가 세상을 이겼노라**고 말씀하시면서 승리의 함성을 위한 기반을 확고히 하셨습니다. 주님께서 승리를 선포하신 후로 죄의 권세는 사기가 꺾였고 패배했습니다. 더 이상 두려워할 필요가 없지요.

우리를 사랑하시는 그분으로 말미암아 우리는 이기는 자들보다 더 낫기 때문에 그리스도의 말씀을 믿으면 두려움 없이 죄의 권세와 맞설 수 있습니다.

패배한 군대가 패배 사실을 숨기는 동안에는 적들과 싸우는 척 연기할 수 있지만, 패배 사실이 드러나는 순간 군대는 완전히 기가 꺾여 낙심의 구렁텅이에서 헤어나오질 못합니다. 결국, 퇴각할 수밖에 없지요.

아직 정복하지 못한 적이 아니라 이미 정복한 적을 만날 때에도 놀라운 승리의 비결이 숨어 있습니다. 라합은 여호수아가 보낸 정탐꾼들을 여리코 왕으로부터 숨겨 주고 이렇게 고백했습니다. **나는 주께서 이 땅을 너희에게 주신 것을 아노라. 너희의 공포가 우리에게 내려 있고 이 땅의 모든 거민이 너희로 인하여 힘이 빠져 있도다.** 보이지 않는 악의 왕국을 볼 수 있는 눈을 가졌다면 악한 미지의 영역에 엄습한 공포와 무기력뿐만 아니라 믿음의 사람들이 확실한 승리에 차 그 영역을 정복하는 모습도 보게 될 겁니다.

왜 그리스도인들이 영적인 적들을 만날 때 패배를 두려워하고 불안해하는 걸까요? 이 승리의 비결을 깨닫지 못했기 때문입니다.

제가 알고 지내던 그리스도인 자매도 영적 전쟁에 대한

불안감 때문에 몹시 괴로워했습니다. 그래서 승리의 비결을 깨달았던 다른 그리스도인이 자매에게 그 비결을 알려주었지요. 승리의 비결을 깨달은 순간 자매는 그 자리에서 큰 확신을 얻었고 이미 완성된 승리에 대한 믿음으로 새로운 전투를 치르러 나갔습니다. 자매는 승리했습니다. 후에 자매는 승리의 비결을 깨달은 날부터 겁을 주려고 했다가 실패한 악마의 목소리가 들리는 것 같다고 간증했습니다. "아아! 저 여자가 비결을 다 알아버렸으니 나는 이제 끝났구나. 내가 이미 정복당한 적이라는 걸 알아버렸으니 다시는 저 여자를 이길 수 없겠구나!"

이 목적으로 하나님의 아들이 나타나셨으니, 곧 마귀의 일들을 멸하시려는 것이라. 그분이 우리의 죄들을 없애려고 나타나신 것을 너희가 아나니 그분 안에는 죄가 없느니라. 이제 그는 자신을 희생 제물로 드려 죄를 없애시려고 세상 끝에 한 번 나타나셨느니라. 우리는 이 말씀을 사실로 받아들여서 죄가 이미 정복당한 적이라는 점을 명심해야 합니다. 우리 믿음이 이 진리, 곧 죄가 우리에 대하여 죽었고 우리 역시 죄에 대하여 죽었다는 사실 또 유혹이 찾아올 때 승리의 함성을 외쳐야 한다는 사실을 붙들기만 하면 이스라엘이 두 눈으로 보았듯 우리 앞에서 성벽이 무너져 내리고 성읍으로 들어가는 길이 활짝 열릴 겁니다.

우리의 적들은 이스라엘이 마주했던 거인들처럼 강하고 여리코 성처럼 거대하며 하늘을 찌를 듯한 성벽처럼 높습니다. 이스라엘이 그러했듯 인간의 무기로는 이 적들을 무찌를 수 없습니다. 우리의 무기는 **하나님의 전신갑옷**입니다. 우리의 방패는 보이지 않는 믿음의 방패이며 우리의 칼은 성령의 칼, 곧 말씀입니다. 우리의 믿음은 **하나님의 전신갑옷**을 입고 **성령의 칼**로 무장하여 흔들리지 않는 믿음의 함성으로 적을 마주해야 합니다. 그래야 강한 거인을 이기고 큰 성읍을 정복할 수 있지요.

그러나 안타깝게도 많은 그리스도인이 잘못된 전술을 택하여 낭패를 봅니다. 승리의 함성 대신 빈약한 결단, 무익한 논쟁, 냉담한 자기비판 등을 내세우다가 이 방법이 통하지 않으면 최후의 수단으로 절망적인 기도를 내뱉습니다. "오 주님, 나를 구해주세요!", "오 주님, 나를 구원해 주세요!" 울부짖어도 구원이 이르지 않으면 강한 시험이 모든 주장과 해결책을 쓸어버리고 우리를 비참한 패배로 끌고 갑니다. 결국, 우리는 절망에 빠져 하나님을 원망하고 **시험을 당하면 피할 길도 마련하셔서 너희로 능히 감당케 하시느니라**는 바울의 말을 내팽개쳐 버리는 지경에 이르고 맙니다. 시험을 당할 때 흔히 있는 일이지만, 이 전술로는 결코 승리할 수 없습니다. 완전히 새로운 전술, 믿음의 전술을 써야 승리할 수 있지요. 우선, 죄가 이미 정복당한 적이라는 사실을 인지해야 하고 절규하는 대신 승리의 함성을 질러야 합니다. 주님께서는 과거에도 우리를 구해 주셨고 지금도 우리를 구원하십니다. 이는 앞으로 있을 일이 아니라 현재 진행형입니다. 이 점에 주목하세요.

성벽이 높고 견고해 보여도, 신중을 기하는 성품이 승리가 확실해질 때까지 함성을 지르지 말자고 유혹해도 믿음은 "예수님이 나를 구하신다. 지금 나를 구원하신다!"고 외쳐야 합니다. 이런 믿음은 영광스러운 승리를 쟁취하게 될 겁니다. 많은 하나님의 자녀들이 이 전술을 시도했고 기대 이상의 결과를 얻었습니다. 시험은 홍수처럼 강한 기세로 쏟아집니다. 다혈질, 악한 생각, 영의 고통 등 여러 시험과 유혹은 강한 두려움과 감정의 파도를 몰고 와 피할 틈을 주지 않으려 합니다. 그러나 믿음은 그리스도를 붙들고 보이지 않는 하나님의 구원에 눈을 고정하여 승리의 함성을 외칩니다. "주께서 구하신다! 지금 구원하신다! 나를 사랑하시는 그분으로 말미암아 나는 이기는 자들보다 더 낫다!" 믿음의 함성은 항상 영광스러운 승리를 쟁취합니다.

신앙생활을 하다 보면 주님의 구원이 소용없을 것처럼 보일 때가 있습니다. 말씀은 분명 확실하지만, 의심이 끓어오르는 거지요. 그때마다 우리는 의심을 향한 눈과 귀를 막고 입술을 벌려 믿음의 함성을 질러야 합니다. 처음에는 눈에 보이는 의심과 낙심의 증거가 너무도 명확해서 이 믿음의 선언이 허사처럼 느껴질 수도 있습니다. 그러나 믿음이 보이지 않는 힘을 굳건히 붙든다면 눈에 보이지 않는 증거가 눈에 보이는 증거보다 진실됩니다. 결국, 하나님의 진리는 스스로를 입증해 보일 겁니다. "우리 믿음대로 돼라." 변치 않는 진리입니다. 믿음의 함성을 지르면 주님께서는 언제나 믿음의 승리를 주십니다.

제가 알던 그리스도인 형제의 일화가 도움이 될 듯합니다. 형제는 본래 성질이 급하고 사나웠는데 무신론자인 직장 동료들이 그의 성질을 건드려 매일 시험을 당할 수밖에 없었습니다. 몹시 괴로운 환경이었지요. 형제는 이 시험과 담대히 맞서 싸웠지만, 어쩐지 모든 수고가 허사로 돌아가는 것 같았습니다. 결국, 일하러 가는 날 아침에 목사님 집에 전화를 걸어 어려움을 토로했습니다. 현재 상황을 설명하고 보니 시간이 촉박해 기도할 시간조차 없었습니다. 형제는 다급히 물었습니다. "승리의 비결을 짧게 알려 주실 수 있나요? 지금, 이 순간에 제가 붙들 만한 게 있을까요?"

그러자 목사님이 짧게 답변해 주었습니다. "그럼요. 시험이 오면 마음을 주님께 들어 올리고 믿음으로 약속된 승리를 주장하세요. 믿음의 함성을 외치세요. 그러면 시험이 떠나갈 겁니다."

죄가 이미 정복된 적이라는 사실을 들은 뒤, 형제는 놀라운 진리를 깨닫고 일터로 돌아가 화물을 운반하는 동료들 옆에 섰습니다. 평소처럼 동료들은 조롱과 야유를 퍼부었고 심지어 몸을 밀치기까지 했습니다. 분노가 치미는 순간, 형제는 팔짱을 끼고 속으로 되뇌었습니다. "주님이 나를 구하신다. 지금 나를 구원하신다!" 믿음의 함성을 지르자 화평이 마음을 채우고 승리의 깃발이 나부꼈습니다. 이후, 무거운 상자가 발 위에 떨어져 다쳤을 때도 형제는 화를 내지 않고 승리의 함성을 되뇌었습니다. 그러자 평안이 찾아왔지요. 그렇게 하루가 지나갔습니다. 하루 동안 많은 시련과 시험이 있었지만, 승리의 함성은 그를 지켜주었고 적의 불붙은 화살은 그가 들어 올린 믿음의 방패에 꺼졌습니다. 일과를 마친 밤, 형제는 그를 사랑하시는 그분으로 말미암아 이기는 자들보다 더 나은 사람으로 발견되었습니다. 동료 배달부들조차 분노를 일으키는 모욕들을 이겨낸 신앙의 본질과 아름다움에 이끌렸지요.

시편 저자도 날마다 자신을 삼키려는 원수들에 대항해 승리를 선포합니다. **내가 주께 부르짖으면 그때 내 원수들이 물러가리이다. 이것을 내가 아오니 이는 하나님께서 내 편이심이니이다.**

독자 여러분, 시편 저자가 알았던 승리의 비결을 알고 있나요? 하나님께서 여러분의 편이시기 때문에 원수들이 물러갈 거라는 사실을 알고 있나요? 알고 있다면 전쟁터로 가서 승리의 노래를 부르세요. 다음 전쟁터에서도 승리의 노래를 부르세요. 승리케 하신 주님께 감사를 돌리세요. 여러분을 사랑하시는 그분으로 말미암아 여러분은 이기는 자들보다 낫습니다. 이 진리를 계속 주장하세요. 어떤 적이 몰려와도 겁먹지 마세요. 여호수아, 여호사밧, 다윗, 바울처럼 믿음의 함성을 외치세요. 확신하건대, 여러분이 외치면 주님께서 **복병들을 두시어** 모든 적의 시체가 여러분 앞에 쓰러질 겁니다.

모든 일에 감사하라.
이것이 그리스도 예수 안에서
너희에 관한 하나님의 뜻이니라.

14

감사 vs 불평

Thanksgiving vs Complaning

14

감사 혹은 불평, 이 두 단어는 하나님께서 자녀들을 다루실 때 그에 대한 혼의 상반된 태도를 보여줍니다. 이 태도를 통해 하나님의 위로와 평안의 목적을 어떻게 받아들이느냐가 그대로 드러납니다. 감사하는 혼은 모든 것에서 위로를 찾을 수 있지만, 불평하는 혼은 어떤 것에서도 위로를 찾을 수 없습니다.

모든 일에 감사하라. 하나님의 명령입니다. 이어지는 **이것이 그리스도 예수 안에서 너희에 관한 하나님의 뜻이라**는 말씀은 이 명령을 강조하는 역할을 합니다. 매우 명확하고 절대적인 명령입니다. 하나님께 순종하고 싶다면 그저 모든 일에 감사하면 됩니다. 다른 길은 없지요.

그러나 수많은 그리스도인이 이 사실을 깨닫지 못했습니다. 이 명령에 익숙할지는 몰라도 인간이 결코 실현할 수 없는 이상으로 생각하니까요. 또한, 무의식적으로 말씀을 바꿔 버립니다. **감사하라**는 "체념하라"로, **모든 일에**는 "몇 가지 일에"로 대체해 버리고 이어지는 말씀은 그대로 둡니다. **이것이 그리스도 예수 안에서 너희에 관한 하나님의 뜻이니라.**

이 명령을 있는 그대로 마주하면 그리스도인들은 이렇게 말합니다. "아, 근데 그 명령은 지킬 수 없어요. 완전히 불가능하잖아요. 모든 일의 발단이 하나님이라면 지킬 수 있겠지만, 대부분의 일은 인간 때문에 발생하잖아요? 그래서 그 결과로 종종 죄를 낳고요. 이런 일에 감사할 수는 없어요." 물론, 우리가 그런 죄들에 감사할 수는 없겠지만, 그 일에서 보이는 하나님의 사랑과 손길에 감사할 수는 있습니다. 하나님께서 그 일을 명령하지 않으셨다고 해도 그분은 그 일, 어딘가에 계십니다. 고통스러운 일이라도 하나님께서는 모든 일에 계시면서 우리가 협력하여 선을 이룰 수 있도록 손을 뻗치십니다.

이 외에도 또 다른 원인이 있을 수 있습니다. 그리고 그 원인은 악의와 적의로 가득할 수도 있습니다. 그러나 믿음은 또 다른 원인을 보지 않습니다. 그 뒤에 있는 하나님의 손만을 바라보지요. 이런 원인은 모두 하나님 통제 하에 있으며 그분의 허락 없이는 우리에게 손을 댈 수 없습니다. 일어난

일 자체가 하나님의 뜻이라고 말할 수는 없지만, 그 일이 우리에게 영향을 주기 시작하면 그 순간부터 그 일은 하나님의 뜻이 됩니다. 그때 우리는 그 일을 주님의 손에서 온 것으로 받아들여야 합니다.

    요셉의 일화가 이 명령을 이해하는 데 도움이 될 겁니다. 요셉의 사악한 형제들은 요셉을 이스마엘인들에게 팔아넘김으로써 하나님의 뜻에 반하는 죄를 범했습니다. 요셉이 이집트의 노예로 끌려가면서 감사했을까요? 상황만 놓고 보면 불가능합니다. 그럼에도 요셉이 시작부터 그 끝을 알았더라면 감사했을 겁니다. 그러나 당시에는 알지 못했지요. 실제로 그가 노예로 팔려 가면서부터 인생의 축복과 위대한 승리에 이르는 문이 활짝 열렸습니다. 종국에 요셉은 사악한 형제들에게 이렇게 말할 수 있었습니다. **당신들은 나에 대하여 악을 계획했을지라도 하나님께서는 그것을 선으로 계획하셨도다.** 육신의 눈으로 보면 사악한 형제들이 요셉을 이집트로 보낸 것으로 그치겠지만, 믿음의 눈으로 본 요셉은 "하나님께서 나를 보내셨다."고 말했습니다.

    우리는 모두 이와 유사한 경험을 했고 하고 있으며 앞으로도 할 겁니다. 하나님께서는 사람의 분노를 찬양으로 바꾸기도 하고 힘겨운 시련 속에서도 협력하여 선을 이루게 하십니다. 제 인생에서도 이런 순간이 있었습니다. 다른 사람 때문에 시련을 겪을 당시에는 맹렬한 분노에 싸여 시련의 끝을 보지 못했고 그 어떤 것에도 감사할 수 없었습니다. 그러나 요셉처럼 그 시련은 제 인생에 풍성한 축복과 영광스러운 승리를 안겨다 주었고, 종국에는 제게 일어난 모든 일에 감사하게 되었지요. 처음부터 믿음을 갖고 감사했더라면 얼마나 좋았을까요!

그러나 대부분의 그리스도인은 바꿀 수 없는 일들을 체념하고 인내로 견디면 다시 일어날 수 있을 거라고 생각합니다. 근시안적인 사고방식이지요. 그 결과로 많은 하나님의 자녀들이 감사하는 법을 잊어버렸습니다. 이들은 모든 일에 감사하는 건 고사하고 그 어떤 것에도 감사할 줄 모릅니다. 이런 진실이 세상에 알려지면 그리스도인들은 감사할 줄 모르는 배은망덕한 사람들이라 불릴 겁니다. 이 세상에서도 은혜를 입고 감사하지 않는 사람을 무례하다고 비난하는데 하물며 하나님께 감사하지 않는 사람은 어떻겠어요? 그럼에도 하나님께 무례한 그리스도인들이 참으로 많습니다. 사소하다 해도 세상 친구가 주는 선물에는 곧바로 감사를 표하면서, 셀 수 없이 많은 은혜를 부어주신 하나님께는 전혀 감사를 표하지 않습니다.

이런 사람들은 하나님의 손길에 감사하지 않을뿐더러 오히려 불평하고 투덜댑니다. 하나님의 선을 바라보는 대신, 그분의 결점을 찾아내려고 눈에 불을 켜며 그분의 법과 길을 비평함으로써 자신의 분별력을 자랑하지요. 성경은 우리에게 **백성이 불평하므로 그것이 주를 불쾌하게 하였으니**라고 말합니다. 그러나 우리는 우리의 불평이 남들과는 좀 다르다고 생각합니다. 영적인 불평은 하나님을 불쾌하게 하지 않을 거라고 주장하며 우리의 불평을 경건한 행실로, 큰 열정의 표시로, 깊은 영적 통찰력으로 간주합니다.

그러나 세속적이든 영적이든, 불평은 불평일 뿐입니다. 그리고 그 기저에는 흠잡으려는 마음이 깔려 있습니다. 웹스터 사전은 "불평하다"의 뜻을 "비난하거나 혐의를 씌우다"라고 정의합니다. 단순히 감당해야 하는 일을 싫어하는 게 아니라 그 이면에 있는 힘을 트집 잡는 거지요. 우리의 불평을 깊이 파헤치다 보면 분명, 하나님의 흠을 찾는 모습을 발견하게 될 겁니다. 우리는 무의식 속에서, 마음 깊은 곳에서 여러 이유로 하나님을 비난합니다.

이와 달리 감사의 기저에는 찬양이 깔려 있습니다. 성경에서 **주를 찬양하라**고 말하는 구절이 얼마나 많은지 세어 봤나요? 찬양은 이스라엘이 경배를 드릴 때 매우 중요시하는 원칙입니다. **주를 찬양하라, 이는 주께서는 선하심이라. 그의 이름을 찬송하라. 이는 그것이 기쁘기 때문이라.** 성경에는 이 말씀이 반복적으로 등장합니다. 세어 보면 **항상 모든 일에 감사하라**는 명령과 예시가 아무것도 하지 말라는 말보다 더 많을 겁니다.

성경은 하나님께서 감사와 찬양받기를 기뻐하신다고 가르칩니다. 매우 분명한 가르침이지요. 확신하건대, 타인의 감사가 우리를 기쁘게 하듯 우리의 찬양과 감사는 하나님께 순수한 기쁨을 줄 겁니다. 반대로 우리가 하나님의 "좋고 온전한 선물"에 감사하지 않으면 그분의 마음이 상하시겠지요. 우리도 사랑하는 사람에게 기쁜 마음으로 선물을 주었는데 감사하지 않으면 마음이 상하지 않던가요? 우리도 친구가 선물을 받고 감사를 표하면 기쁜데 하물며 주님은 얼마나 더 기쁘시겠어요?

바울은 에베소에 있는 그리스도인들에게 **사랑받는 자녀들로서 하나님을 따르는 자가** 되라고 말하면서 성령충만과 연관해 **항상 모든 일에 우리 주 예수 그리스도의 이름으로** 하나님, 곧 아버지께 감사를 드리라고 권고합니다. **항상 모든 일에**라는 말은 매우 광범위한 표현입니다. 고로, 몇 가지 일에만 감사하면 된다는 뜻으로 해석할 수 없지요. 확신하건대, 우리 삶을 자세히 들여다보면 모든 곳에서 감사할 거리가 넘쳐나며 모든 일에 감사할 수 있습니다. 남들이 뭐라고 떠들든지 모든 일에는 우리를 위한 하나님의 축복이 숨어 있습니다.

바울은 **하나님께서 지으신 것은 모두 좋은 것이요, 감사함으로 받으면 아무것도 버릴 것이 없느니라**고 말합니다. 그러나 보기에 좋지 않은 것을 좋은 것이라고 믿기란 쉽지 않지요. 때로는 하나님께서 우리 삶에 보내신 것들이 축복이 아니라 저주처럼 보이기도 합니다. 그 이면에 담긴 축복을 볼 수 없는 사람은 눈에 보이는 증거로만 단정 짓고 불평합니다.

지금껏 우리가 저주로 여겼던 것들 중에 "좋고 선한 선물들"이 얼마나 많을까요? 그 선물들을 알아보지 못하고 감사드리지 않았다니, 참으로 슬픈 일입니다! 땅의 손길을 보기 전에 그 이면에 있는 하나님의 손길을 보지 못해서 감사하지 않은 환경, 친구는 또 얼마나 많을까요? 이 땅에서 여러분에게 선대하는 사람들의 손길, 그 이면에 있는 하나님의 손길을 볼 수 있어야 합니다. 하나님의 손길을 알아보지 못하고 이 땅의 손길에만 감사하는 사람이 참으로 많습니다. 선물을 전달해준 사람에게는 고마워하면서도 정작 선물을 준 당사자에게는 감사하지 않는 거지요.

하나님께서 주신 좋은 것들을 안다고 해도 우리를 아프게 하는 것들에 감사를 돌리기란 쉽지 않습니다. 그러나 여러분, 치료과정이 매우 고통스러워도 유능한 의사가 병을 치료해주면 감사하지 않나요? 우리의 거룩한 의사 역시 마찬가지입니다. 그분께서 우리의 병을 치유하기 위해 쓴 약을 주더라도, 종양을 제거하기 위해 고통스러운 수술을 집도하더라도 우리는 그분께 감사를 표해야 합니다.

그러나 안타깝게도 우리는 하나님께 감사하는 대신 불평을 늘어놓습니다. 일반적으로 우리는 약을 준 의사가 아니라 의사가 준 "약병"에 대해 불평합니다. 하나님께서 주신 이 "약병"은 우리에게 고통을 주는, 잔인하고 불친절하고 무정한 사람일 수도 있습니다. 그러나 결국 "약병"도 하나님께서 우리의 치유를 위해 사용한 도구, 수단에 불과합니다.

상식적으로 의사가 처방한 약이 담긴 약병에 욕을 퍼붓는 건 어리석은 짓입니다. 우리 혼에 교훈을 주기 위해 우리 앞에 놓인 "약병"에 화를 내는 것도 이와 다를 바 없지요.

이스라엘은 광야를 떠돌 때 모세와 아론이 자신들을 광야로 데리고 와서 굶어 죽이려 한다며 **모세와 아론에게 대항하며 불평**했습니다. 그러나 그 불평의 화살은 사실상 하나님을 향한 것이었습니다. 그들을 광야로 데려온 분은 모세와 아론이 아니라 하나님이셨으니까요. 모세와 아론은 "약병"에 불과했습니다. 시편 저자는 후에 이 이야기를 다시 꺼내면서 **모세와 아론에게 대항하며 불평하였는데**라는 말씀을 **하나님을 거역하여 말하였도다**라고 바꾸어 표현합니다. 시편을 통해 성경은 "약병"을 개의치 않고 그 이면에 있는 의사를 분명히 보여주고 있지요.

모든 불평의 기저에는 우리가 의식하든 의식하지 못하든 **하나님을 거역**하는 마음이 깔려 있습니다. 우리는 이스라엘처럼 우리의 불안과 궁핍과 상실이 사람의 손에서 온다고 생각하고 "약병"을 시련의 원인으로 여기며 자유롭게 비난을 퍼붓지만, 그 "약병"의 이면에는 하나님이 계십니다. "약병"은 하나님께서 사용하신 수단일 뿐이지요. 고로, 우리가 "약병"에 대항하며 불평한다면 수단이 아니라 하나님을 거역하는 겁니다. 하나님께서 허락하지 않으시면 "약병"은 힘을 쓸 수 없습니다. 하나님께서 허락하신 일은 그분의 계획이 됩니다. 하나님께서는 이스라엘의 불평을 듣고 진노하셨고 이스라엘에게 분노를 발하셨습니다. **이는 그들이 하나님을 믿지 않았으며 그의 구원을 신뢰하지 아니하였기 때문이라.** 그렇습니다. 불평의 기저에는 하나님과 그분의 구원에 대한 불신이 깔려 있습니다.

시편 저자는 이렇게 말합니다. **내가 노래로 하나님의 이름을 찬양하며 감사함으로 그를 드높이리니 이것이 또한 수소나 뿔과 굽이 있는 황소보다 주를 더욱 기쁘시게 할 것이라.** 많은 사람이 주님께 바칠 "수소나 황소", 큰 희생제물을 준비합니다. 그러나 감사와 찬양이 다른 희생제물보다 **주를 더욱 기쁘시게** 한다는 사실을 알지 못하지요.

전에도 말했다시피 성경은 처음부터 끝까지 감사를 강조합니다. 우리가 하나님께 돌리는 감사와 찬양을 **감사의 희생제물**이라고 부르며 이것이 참된 경배라고 말합니다. 사실,

레위기를 살펴보면 **감사의 희생제물**은 하나님께서 정하신 희생제물입니다. 오, 그의 선하심과 사람의 자손들에게 행하신 그의 경이로운 일들로 인하여 사람들은 주를 찬양할지어다. 그들로 감사의 희생제를 드리며 기쁨으로 그의 행사들을 선포하게 하라. 그러므로 우리가 그분을 통해서 찬양의 제물을 하나님께 계속해서 드리자. 이것이 그의 이름에 감사하는 우리 입술의 열매니라.

감사의 희생제물을 바치는 건 어려운 일이 아닙니다. 그래서 이 진리를 깨닫게 된 사람들은 모두가 이 희생제물을 드리고 싶어 할 거라고 생각합니다. 그러나 어찌 된 일인지 오히려 그 반대의 경우가 더 많은 듯합니다. 그리스도인들의 기도를 들어보면 감사는 거의 없고 바라는 것들만 가득할 때가 종종 있습니다. 이런 모습은 주님께서 열 명의 문둥병자를 깨끗하게 하셨는데 그중 아홉 명이 감사를 돌리지 않았던 상황을 연상시킵니다. 주님께서는 감사할 줄 모르는 문둥병자들 때문에 슬퍼하셨습니다. **열 명이 깨끗하게 되지 아니하였느냐? 그런데 아홉 명은 어디 있느냐? 이 이방인 외에는 하나님께 영광을 돌리려고 돌아온 사람이 아무도 없단 말이냐?** 하나님께서 우리에게도 이와 같은 질문을 하는 일이 있어서야 되겠어요? 우리는 이 구절을 읽을 때마다 이 배은망덕한 문둥병자들을 보고 경악합니다. 그렇다면 우리는 어떤가요? 우리도 시련과 손실에 눈이 멀어 수많은 축복을 알아차리지 못하고 지나치지 않았나요? 시련과 손실에 눈이 멀어 축복을 어디에서도 찾을 수 없다고 불평하지는 않았나요?

우리의 감정, 불평이 주님의 마음을 상하게 할 수 있다는 사실을 알아야 합니다. 부모의 선물, 손길에 아이가 불평하면 부모의 속은 말로 다 할 수 없이 쓰라립니다. 어떤 사람들은 불평을 입에 달고 삽니다. 어떤 친절이나 호의에도 감사하지 않고 기뻐하지 않지요. 이런 사람들은 주변 사람들의 마음까지 불편하게 만듭니다. 반면에 모든 일에 감사할 줄 알고 어떤 것에도 불평하지 않는 사람은 주변 사람들의 마음까지 환하게 만듭니다. 사랑하는 사람이 불평을 그치지 않는다면 그걸 바라보는 우리의 마음은 어떨까요? 하물며 자녀들이 불평을 그치지 않을 때 하나님 아버지의 마음은 어떻겠어요?

풍성히 내려진 관심과 보살핌에도 보채고 불평하는 영을 보면 이런 말이 절로 나옵니다. "무엇으로 그 영을 만족시킬 수 있을까?" 하나님의 사랑이 큰 축복으로 우리 위에 풍성히 부어졌는데도 우리가 불평을 그치지 않으면 하나님께서는 우리를 외면해 버리십니다. 우리가 이 진리를 깨닫는다면 사랑하는 사람이 죽는 시련에 지나치게 슬퍼하지 않았는지 점검하고 상실감이 몰려와도 기운을 차리고 만족하게 될 겁니다.

제가 알던 소녀도 매우 힘겨운 시기를 보냈습니다. 그럼에도 불평하지 않았지요. 소녀는 병에 걸려 고통스러운 치료를 받아야 했습니다. 담당 의사는 치료의 강도를 알기 때문에 소녀가 신음하거나 몸부림칠 거라고 생각했습니다. 그러나 소녀의 입술에서는 그 어떤 신음도 나오지 않았고 오히려 자신의 곁을 지키고 있는 부모에게 미소를 지어 보였습니다. 소녀의 입술에서 불평 대신 사랑과 온유의 말이 흘러나오자 의사는 도저히 이 상황을 이해할 수 없었습니다. 그래서 어떻게 이런 상황에서 그런 말을 할 수 있냐고 소녀에게 물었지요. 그러자 소녀는 이렇게 답했습니다. "아, 아버지께서 저를 얼마나 사랑하는지 알고 있으니까요. 제가 괴로워하면 아버지는 마음이 아파 견디지 못하실 거예요. 그래서 고통을 감추고 미소를 지은 거예요."

하늘의 아버지를 위해 이렇게 할 수 있는 사람이 있을까요?

욥은 고통의 시간 동안 불평했습니다. 아마도 욥기를 읽어보면 불평할 만한 상황이라고 생각할 겁니다. 욥도 그렇게 생각했지요. 내 혼이 내 삶에 지쳤으니, 내가 내 불평을 나 자신에게 두고, 내가 내 혼의 괴로움 가운데 말하리라. 내가 하나님께 말씀드리오니 나를 정죄하지 마옵소서. 어찌하여 주께서 나와 논쟁하시는지 내게 보여 주소서. 주께서 억압하사 주의 손으로 지으신 것을 멸시하시고 악인의 계획에 빛을 비춰 주시는 것이 주께 선하니이까?

욥의 불평이 경악할 일은 아니지만, 욥이 역경 속에 있는 거룩한 면을 들여다볼 수 있었다면 그는 시련을 허락한 온유한 사랑을 발견했을 겁니다. 그리고 시련을 통해 하나님의 계시를 받았을 겁니다. 또한, 시련의 결과를 알았더라면 욥은 불평하지 않고 영광스러운 열매를 맺는 시련에 감사와 찬양을 돌렸겠지요. 우리 역시 거센 시련 속에서 그 끝을 볼 수 있다면 확신하건대, 불평 대신 감사와 찬양을 돌리게 될 겁니다.

이스라엘은 불평을 멈출 줄 몰랐습니다. 목마르면 물이 없다고 불평했고 물을 주면 물이 쓰다고 불평했습니다. 우리도 이스라엘처럼 영적인 물이 우리 입맛에 쓰면 불평합니다. 우리 혼은 목말라하는데, 주님이 주신 물을 마시지 않으려고 하니 당연히 갈증을 느낄 수밖에 없지요. 우리의 것으로는 이 갈증을 해소할 수 없습니다. 갈증을 위한 종교 의식도 지루하게만 보이고 만족을 줄 수 없습니다. 갈증이 지속되면 우리는 물이 없는 사막에 있다고 착각합니다. 참으로 어리석은 모습입니다. 많은 그리스도인이 **생수의 근원**을 외면해 놓고 자신이 만든 물통에 물이 없다고 불평합니다.

이스라엘은 음식을 놓고도 불평했습니다. 그들은 하나님을 신뢰하지 않았습니다. 그래서 굶어 죽을까 염려했지요. 하늘에서 만나를 주셔도 불평을 그치지 않았습니다. **우리 혼이 이 보잘것없는 음식을 싫어하나이다.** 우리도 이스라엘처럼 영적인 음식을 두고 불평하며 영적으로 굶어 죽을까 염려하고 하나님을 신뢰하지 않습니다. 우리는 목자가 우리를 먹이지 않는다고 불평하고, 신앙의 특권이 너무 빈약하다고 불평하고, 다른 성도와 자신을 비교하며 불평하고, 더 사랑받는 것 같은 성도의 환경과 경험을 탐내며 자신의 처지를 불평합니다. 하나님께 음식을 달라고 구했으면서도 우리 혼은 음식을 받으면 그 음식이 싫다고, 그 **보잘것없는** 음식으로는 힘이 나지 않는다고 말합니다. 빵을 구했는데 돌을 주셨다며 불평하지요.

그러나 주님께서는 우리에게 가장 필요한 영적 음료와 음식을 주십니다. 이 사실을 깨닫는다면 감사하지 않을 수 없지요. 목자는 자기 양에게 어떤 초장이 좋은지 알고 그곳으로 이끕니다. 이미 드러난 진리이고 우리는 이 말씀을 잘 알고 있습니다. 그럼에도 많은 사람이 끝을 기다리지 않습니다. 끝을 기다리고 기대하면 광야를 떠돈다 해도 우리 마음은 감사로 가득 차고 우리 입술에는 찬양이 멈추지 않을 겁니다.

요나가 이에 대한 좋은 예시입니다. **지옥의 뱃속**에서 부르짖었던 요나의 기도는 우리에게 큰 교훈을 줍니다. **내가 나의 고통으로 인하여 주께 부르짖었더니 주께서 나를 들으셨나이다. 내가 지옥의 뱃속으로부터 부르짖었더니 주께서 내 음성을 들으셨나이다. 주께서 바다 가운데 깊음 속으로 나를 던지셨으므로 큰 물들이 나를 에워쌌고 주의 모든 물결과**

파도가 내 위에 넘쳤나이다. 그러나 나는 감사의 목소리로 주께 희생제를 드리겠으며 내가 서원한 것을 갚겠나이다. 구원은 주께로부터 오나이다.

절망의 깊음, **지옥의 뱃속**에서도 감사의 희생제물을 드릴 수 있습니다. 물론, 불행 자체를 감사할 수는 없겠지만, 불행 속에서도 주님께 감사할 수 있지요. 우리의 고난이 무엇이든지 주님은 우리와 함께하십니다. 그 시련에 함께 거하시면서 우리를 돕고 축복하십니다. 고로, 시련 때문에 우리 **혼이** 우리 **안에서 기진해도** 이 진리를 기억하고 하나님의 임재와 사랑에 감사해야 합니다.

*

모든 일이 선하기 때문에 주님께 감사하는 게 아니라 주님이 선하시기 때문에 감사하는 겁니다. 우리는 우리에게 닥친 일들의 본질이 기쁜지 슬픈지 판단할 만큼 현명하지 않습니다. 그러나 주님께서 선하다는 진리, 그분의 선이 이 일을 허락하셨으니 선한 열매를 낼 거라는 사실은 알고 있지요. 고로, 주님의 시각으로 모든 일을 바라보고 진심으로 감사해야 합니다.

〈피켓 부인의 선교 상자〉 Mrs. Pickett's Missionary Box 라는 소책자에는 불행한 여인, 미란다가 등장합니다. 그녀는 평생 불평만 하며 살았고 감사로 인한 유익을 한 번도 누려본 적이 없었습니다. 그러던 어느 날 여인은 "나를 향한 주의 모든 베푸심을 내가 주께 무엇으로 보답할까?"라는 말씀이 적힌 모금함을 받았습니다. 이에 감사의 복을 믿는 조카 메리는 삶에서 발견할 수 있는 매일의 복을 동전으로 환산해서 상자에 하나씩 넣으라고 조언했습니다. 자, 그럼 책 속으로 들어가서 여인의 이야기를 들어볼까요?

-

나는 양손을 허리에 대고 모금함을 바라봤다.
'모든 베푸심? 동전 몇 푼이 도움이 되긴 하나?'
한번 두고 보기로 했다. 내 인생에서 감사할 게 얼마나 없는지.

'동전 몇 푼으로 뭐가 바뀐다고.'
그렇게 시간이 흘렀다.

'흠, 모금함은 그대로 있군. 안은 텅텅 비었겠네.'
다음 선교 회의 때까지 동전을 한 푼도 넣지 않았다. 상쾌한 공기를 들이마시며 편하게 앉아 있을 때 메리가 집으로 들어왔고 내 옆에 앉아 회의에 관해 떠들어 대기 시작했다.

"인도네시아에 사는 과부들, 학대당하고 굶주리고 스스로를 돌볼 수 없는 불쌍한 사람들에 관해 이야기했어요. 저보다 더 잘 아시지 않아요?"

"글쎄, 내가 과부라면 다른 사람에게 의지할 필요 없이 혼자 벌어 먹고살면 되니까 감사할 거 같은데? 방해할 사람도 없고!"

그러자 메리가 웃으며 말했다. "그러면 감사할 게 생긴 거네요?"

그 말에 자극을 받아 동전을 집어넣었다. 그런 곳에 선교하러 가서 무얼 얻을 수 있겠냐고 생각했지만, 감사할 게 생긴 건 맞으니까. 며칠 동안 외로운 동전 하나가 모금함 속을 굴러다녔다. 후에, 선반을 지날 때마다 모금함을 흔들어 보았다. 모금함을 볼 때면 인도네시아의 불쌍한 사람들이 생각났고 자연스레 내 처지에 감사하게 되었다. 결국, 마음이 동요해 또 다른 동전을 넣었다. 다음 회의 때 메리는 중국에 대해 이야기했다. 난 중국인이 아니니, 결국 또 다른 동전을 넣었다. 이후로 동전을 넣지 않았고 모금함에는 동전이 거의 없었다. 그러던 어느 날, 달걀을 팔아서 번 동전을 세고 있었는데, 메리가 모금함을 들고 오더니 이렇게 말했다.

"고모를 위한 하나님의 은혜군요."

"이건 하나님의 것이 아니야."

"하나님의 것이 아니면 누구의 것이지요?" 메리는 찬송가 가사를 흥얼거리기 시작했다.

'하나님의 은혜는 유일무이한 은혜, 모든 은혜는 하나님의 은혜'

결국, 모금함에 동전을 또 넣었다. 그 찬송가 가사가 귀에서 떠나지 않았기 때문에. 지금껏 이런 일들을 하나님의 은혜라 생각해 본 적이 없었다. 그러나 그날 이후로 메리가 회의에 관해 이야기하면 항상 동전을 넣었고 한 번도 생각해보지 않은 것들에 대해서 감사를 드렸다. 관심이 없던 것들에 대해 다시 생각해보고 주변에 일어나는 일들에 주의를 기울이며 동전을 넣고 또 넣었다. 후에 모금함에는 더 이상 흔들 수 없을 정도로 동전이 꽤 많이 쌓였다.

─

이 이야기에 딱 맞는 성경 구절이 있습니다. 시편 103편은 주님께서 우리에게 부어주신 모든 은혜와 베푸심에 관해 말하고 있습니다. **오 내 혼아, 주를 송축하고 그의 모든 베푸심을 잊지 말라.** 이 모금함을 통해서 여인은 이 시편의 의미를 깨달았습니다. 평생 하나님께서 부어주신 은혜를 잊고 살았지만, 이제는 그 모든 은혜를 기억하기 시작했지요.

그렇다면 우리는 지금 어떤 모습인가요?

지금까지 감사를 드렸던 은혜를 세어보세요.

여러분의 상자에는 동전이 얼마나 있나요?

우리는 예배 시간에 감사의 찬송을 부릅니다. "네 모든 은혜를 세어 보아라. 하나씩 나열해 보아라. 그리하면 주님께서 이루신 일에 놀라리라." 과연 이 찬송을 진심으로 부른 사람이 몇이나 될까요? 은혜를 세어보고 기억하는 사람이 몇이나 될까요?

하나님의 선물은 종종 거친 포장지에 싸여 있습니다. 우리는 보잘것없는 포장지를 보고 선물을 거절하기도 하고 선물을 전달해 준 사람이 적으로 보여 문을 굳게 닫고 열어주지 않기도 합니다. 그러나 명심하세요. 형편없다고 생각해 거절하는 순간, 우리는 생각보다 훨씬 더 많은 걸 잃습니다.

악은 선의 노예일 뿐이고
슬픔은 기쁨의 종이라
미친 혼은 하나님께서 주신 음식을 거절하는구나

*

우리는 감사함으로 그의 문들로 들어가고 찬양으로 그의

뜰들로 들어가라는 명령을 받았습니다. 확신하건대, 감사는 그 어떤 것보다도 가장 빨리 하나님의 문을 여는 열쇠입니다. 한번 감사로 문을 열어보세요. 그 문을 열면 시체처럼 차갑고 우울했던 혼도 주님께 감사와 찬양을 돌리게 될 겁니다. 하나님께서 부어주신 은혜를 헤아려 보고 하나님께 진심으로 감사를 표하세요. 그러면 여러분의 영은 힘을 얻고 마음은 뜨거워질 겁니다.

때때로 너무 낙심하여 기도하기 힘들다면 감사를 드려보세요. 그러면 수많은 하나님의 자애와 온유한 자비 가운데서 "기쁨"을 발견하게 될 겁니다.

하루는 제 친구가 자기 아들과 있었던 일을 말해 주었습니다. 어느 날 밤, 소년은 기도하지 않겠다고 단호히 말했습니다. 그는 이 세상에서 원하는 게 없는데 구해서 무엇하냐고 어머니께 물었지요. 소년의 어머니는 잠시 생각하더니 이렇게 답했습니다. "찰리야, 그러면 우리가 받은 모든 것들에 감사를 돌려보는 건 어떨까?" 그 의견이 무척이나 마음에 들었던 소년은 곧장 무릎을 꿇고 앉아 감사를 드리기 시작했습니다. 이번에 새로 생긴 구슬과 팽이 또 빨리 달릴 수 있는 튼튼한 두 다리, 친구처럼 장님이 아닌 것, 따뜻한 어머니와 아버지, 좋은 침대에 감사를 드리자 은혜는 또 다른 은혜를 낳았고 감사할 목록은 끝도 없이 길어져 다 말할 수 없었습니다. 결국, 소년은 도중에 무릎을 일으켜 세웠습니다. 그는 행복으로 빛나는 얼굴을 들고 어머니에게 이렇게 말했습니다. "엄마, 하나님께서 이렇게 멋진 분인지 처음 알았어요!" 확신하건대, 우리도 소년처럼 기도해 본다면 전에는 알지 못했던 하나님의 선을 발견하게 될 겁니다.

감사는 성전 건축에도 큰 영향을 미쳤습니다. 이스라엘은 성전을 위해 보물들을 모았고 다윗은 모을 수 있게 해주신 주님께 감사를 드렸습니다. 후에 성전을 완공했을 때 이스라엘은 다시 한번 더 감사를 드렸습니다. 그러자 놀라운 일이 일어났지요. **나팔 부는 자들과 노래하는 자들이 하나가 되어, 한 소리로 주께 찬양하고 감사하며, 그들이 나팔과 심벌즈와 악기들과 함께 그들의 음성을 높여 주를 찬양하며 말하기를 "그는 선하시며 그의 자비는 영원히 지속됨이라." 하였을 때 전, 즉 주의 전이 구름으로 가득 차더라. 그러므로 제사장들이 구름으로 인하여 서서 섬길 수가 없었으니 이는 주의 영광이 하나님의 전을 가득 채웠음이더라.** 백성들이 찬양과 감사를 드리자 성전이 주의 영광으로 가득 찼습니다. 우리 마음이 **주의 영광**으로 가득 차지 못한 이유가 여기에 있습니다. 우리의 목소리를 높여 하나님께 감사와 찬양을 돌리지 않았기 때문이지요.

감사가 주의 문들을 활짝 여는 반면에 불평은 그 문을 닫아 버립니다. 유다서는 불평하는 자들에 관한 선지자 에녹의 말을 인용합니다. **보라, 주께서 수만 성도들과 함께 오시나니**

이는 모든 사람을 심판하시고 그들 가운데 경건치 않은 모든 자가 경건치 않게 행한 모든 경건치 아니한 행위와 경건치 아니한 죄인들이 주를 거슬러 말한 모든 거친 말에 대하여 정죄하시려는 것이라. 이들은 원망하는 자들이요, 불평하는 자들이요, 그들의 정욕에 따라 행하는 자들이라.

"원망하고 불평하는" 자들은 최후의 날을 생각하지 않고 주를 거슬러 **거친 말**을 퍼붓습니다. 고로, 그런 자들이 **주의 영광**이 아니라 주의 심판을 받는 건 당연한 결과입니다.

할 수만 있다면 주님께 감사와 찬양을 돌리는 성경 구절을 전부 다 인용하고 싶습니다. 성경에는 감사와 찬양의 구절이 가득하지만, 불평하는 사람들은 이 구절들을 계속해서 무시합니다. 독자 여러분, 시편 144편부터 150편까지 찬찬히 읽고 묵상해 보세요. 감사할 것들을 무한히 발견하게 될 겁니다. 시편에 드러난 은혜와 축복과 감사와 찬양은 모두 하나님의 성품, 길, 방법과 이어져 있습니다. 또한, 각 개인뿐만 아니라 모든 인류에게 부어진 축복에 관해서도 말하고 있지요. 그러나 우리는 이 축복들을 곱씹어 보지도 않고 당연시합니다. 그래서 축복들을 자주 잊어버리고 축복 자체를 알아채지 못하기도 하며 주님께 감사하지도 않습니다.

그러나 시편 저자는 수많은 축복을 헤아리고 하나씩 이름을 나열하는 법을 알았습니다. 우리도 그와 같이해야 합니다. 독자 여러분, 한번 해보세요. 그러면 놀라운 주님의 손길에 진정 감탄을 금치 못할 겁니다. 시편의 구절 하나하나를, 축복 하나하나를 곱씹어 보세요. 앞서 보았던 소년처럼 감사하지 않고는 "하나님이 얼마나 멋진 분인지" 알 수 없습니다.

시편의 마지막 구절은 요한계시록에서 요한이 본 환상과 연결됩니다. 우리는 이 중요한 진리에 주목해야 합니다. 시편 저자는 **호흡이 있는 모든 것들로 주를 찬양케 하라**고 말하고 우리의 형제이자 환란에 동참자인 요한은 요한계시록에서 이렇게 말합니다. **또 내가 들으니, 하늘과 땅과 땅 아래 바다에 있는 각 피조물과 그 안에 있는 만물이 말하기를 "보좌에 앉으신 분과 어린양에게 찬송과 존귀와 영광과 권세가 영원무궁토록 있을지어다."**라고 하더라.
  전 우주적인 찬양의 때가 가까워 오고 있습니다. 지금 우리는 우리의 몫을 다 해야 합니다.

제가 알던 사람도 놀라운 변화를 경험했습니다. 불만과 불평으로 가득했었지만, 이 진리를 깨달은 뒤 감사로 충만해져 밝고 행복한 사람이 되었습니다. 그의 친구도 이 변화에 놀라 그를 한동안 지켜보았습니다. 오랜 시간을 두고 본 결과, 일시적인 변화가 아니라 영구적인 변화라는 결론을 짓고 무슨 일이 있었던 거냐고 물었지요. 형제는 웃으며 답했습니다. "아, 거주지를 바꾸니 해결되더군. 그전에는 불평의 거리에 살았었는데 지금은 감사의 광장으로 이사했다네. 여기에 살면서 풍성한 축복을 누리다 보니 행복하지 않은 날이 없더군."

여러분은 어디에서 살고 있나요?
우리도 지금 당장 감사의 광장으로 가보면 어떨까요?

그분께서는 미리 아신 자들을
자기 아들의 형상과 일치하게 하시려고
또한 예정하셨으니
이는 그를 많은 형제 가운데서
첫태생이 되게 하려 하심이니라.

그리스도의 형상과 일치하려면

Conformed to the image of Christ

15

하나님께서 우리를 창조하신 궁극적인 목적은 우리가 "그리스도의 형상과 일치"하는 겁니다. 그리스도께서는 많은 형제 가운데서 첫태생이 되셨고 그분의 형제들은 그분과 같이 될 겁니다. 이 목표를 달성하기 위해 사는 동안 많은 훈련을 거칩니다. 하나님께서는 완벽에 이르기를 바라는 소망을 모든 사람의 마음에 심어 두셨습니다.

그리스도는 우리 각자가 완성될 때의 모습이자 우리의 모범입니다. 그분께서는 많은 형제 가운데서 첫태생이 되기 위해 우리를 그분의 형상과 일치하도록 **예정**하셨습니다. 우리는 그리스도와 함께 **하나님의 본성에 동참하는** 자들이며 그리스도의 영으로 충만케 되고 그분의 부활에 참여하여 그분과 같이 행하는 자들이 될 겁니다. 또한, 그분과 하나가 되어 그리스도께서 아버지와 하나이신 것처럼 우리도 그분과 하나가 되고 하나님께서 아들에게 주신 영광을 그분께서 우리에게 주실 겁니다. 이 모든 일이 이루어지면 우리를 창조하신 하나님의 목적이 온전히 성취될 겁니다. 그제서야 우리는 "그분의 형상대로, 그분의 모습을 따른" 존재가 됩니다.

하나님의 생각 안에서는 우리가 그분의 형상을 입는 일이 이미 완성된 일이지만, 현재 우리는 만들어져 가고 있습니다. 장인이 섬세한 손길로 우리를 빚고 있지요. **우리가 어떻게 될 것인지는 아직 나타나지 아니하였으나 그가 나타나시면 우리가 그와 같이 되리라는 것을 아노니, 이는 우리가 그분 그대로 그분을 볼 것이기 때문이라.**

따라서 이와 같이 기록되었으니 "첫 사람 아담은 살아 있는 혼이 되었느니라." 함과 같이 마지막 아담은 살려 주는 영이 되었느니라. 그러나 영적인 몸이 먼저가 아니요, 타고난 몸이며 그다음이 영적인 몸이라. 첫째 사람은 땅에서 나서 흙으로 만들어졌으나 둘째 사람은 하늘에서 나신 주시니라. 무릇 흙으로 만들어진 사람은 흙으로 지음 받은 것들과 같고 무릇 하늘에서 나신 분은 하늘에 있는 것들과 같으니 우리가 흙으로 만들어진 자의 형상을 입은 것같이 하늘에 속한 분의 형상도 입으리라.

이 과정은 창세기부터 시작되어 요한계시록에서 완성됩

니다. 이 과정을 지켜보면 매우 흥미로울 겁니다. **인자 같은 이**는 요한에게 이기는 자들에 관한 중요한 메시지를 전달합니다. **이기는 자는 내가 내 하나님의 성전에 기둥으로 삼으리니, 그가 결코 다시 나가지 아니하리라. 또 내가 그 사람 위에 내 하나님의 이름과 내 하나님의 도성, 즉 내 하나님으로부터 하늘에서 내려오는 새 예루살렘의 이름을 기록하고, 또 나의 새 이름도 그 사람 위에 기록하리라.** 성경에서는 이름이 항상 성품을 뜻하기 때문에 이 구절은 하나님의 뜻이 성취되었다는 점을 보여줍니다. 즉, 인간의 영적인 혁명을 완수했다는 거지요. 하나님께서 시작부터 계획하셨던 일이 요한계시록에서 막을 내립니다. 우리는 그분의 형상대로 또 그분의 모습을 따른 존재, 하나님의 이름을 부여받을 자격이 있는 존재가 될 겁니다!

말로는 이 영광스러운 운명을 다 표현할 수 없습니다. 그러나 우리 주님께서는 이 영광스러운 운명을 형제들을 위한 기도를 통해 예시하셨습니다. **이는 그들 모두가 하나 되게 함이오니, 아버지시여, 아버지께서 내 안에 계시고 내가 아버지 안에 있는 것같이 그들도 우리 안에서 하나가 되게 하여서 세상으로 하여금 아버지께서 나를 보내신 것을 믿게 하여 주옵소서. 또 아버지께서 내게 주신 그 영광을 내가 그들에게 주었사옵니다. 그리하여 우리가 하나인 것같이 그들도 하나가 되게 하려는 것이옵니다. 내가 그들 안에, 또 아버지께서 내 안에 계심은 그들을 하나로 온전하게 하시려는 것이옵니다. 완벽한 일치입니다. 이보다 더 완벽한 방법이 있을까요?

바울도 이 영광스러운 완성을 예시합니다. 우리가 그와 함께 고난을 받은 것은 함께 영광도 받게 하려 함이니라. 이는 현재의 고난들이 우리에게 나타나게 될 영광에 감히 비교되지 못한다고 내가 여기기 때문이라. 모든 창조물은 이 영광이 나타날 때를 기다리고 있습니다. 바울은 이어서 이렇게 말합니다. 피조물이 간절한 기대를 가지고 하나님의 아들들이 나타날 것을 기다리고 있으니 그들뿐만 아니라 성령의 첫 열매들을 가진 우리까지도 속으로 신음하며 양자 되는 것, 곧 우리 몸의 구속을 기다리고 있느니라.
   이 영광스러운 운명을 바라본다면 아무리 고통스러워도 과정과 훈련을 기꺼이 맞이하고 기쁨으로 견뎌야 하지 않을까요? **하나님과 함께 일하는 동역자들로서** 이 목적을 이루기 위해 열과 성을 다해야 하지 않을까요? 하나님께서는 훌륭한 건축가지만, 우리의 성품으로 건물을 지으실 때 우리의 협조를 원하십니다. 그래서 건축법에 주의하라고 명령하시지요. 우리 일생의 모든 순간이 이 건축물에 담겨 있습니다. 때때로 우리는 기초 위에 금, 은, 귀한 보석들로 짓기도 하고 나무, 짚, 그루터기로 짓기도 합니다. 이에 관해 바울은 이렇게 경고합니다. 각 사람의 일한 것이 나타나게 되리니 그 날이 그것을 밝힐 것이라. 이는 그것이 불로써 드러나고 또 그 불은 각 사람의 일한 것이 어떤 종류인지를 시험할 것이기 때문이라.** 피할 수 없습니다. 그 날이 오면 나무, 짚, 그루터기를 숨길 수 없습니다. 그러니 그 날이 오기 전에 불에 타서 없어질 것들을 치워 버려야 합니다.

지극히 제 개인적인 생각이지만, 성경에 갈라디아서의 말씀보다 더 엄숙한 구절은 없는 것 같습니다. **속지 말라, 하나님은 우롱당하지 아니하시느니라. 이는 사람이 무엇을 심든지 그대로 거둘 것이기 때문이라. 자신의 육신에 심는 자는 육신으로부터 썩은 것을 거두고 성령에 심는 자는 성령으로부터 영생을 거두리라.** 경외심을 불러일으키는 말씀을 피할 방법은 없습니다. 육신을 따라 행한 결과는 그 어떤 임시적인 처벌보다도 비참합니다. 그런 처벌은 바뀔 가능성이 있지만, 육신에 심은 것들은 그 결과를 바꿀 수 없기 때문이지요.

아래 내용은 교리 문답서에 있는 질의응답입니다.

Q. 자비에 대한 보상은 무엇인가요?
A. 더 큰 자비입니다.

Q. 인색에 대한 벌은 무엇인가요?
A. 더 큰 인색입니다.

참으로 옳은 답변입니다. 우리 모두가 잘 알고 있는 법이

기도 하지요. 우리 주님께서는 달란트의 비유를 통해 누구도 피할 수 없는 법에 관해 설명하십니다. 게으른 종을 향한 비난이 우리 눈에는 부당하게 보일 수 있지만, 사람은 심는 대로 거두는 법입니다. 그러므로 그에게서 그 한 달란트를 **빼앗아 열 달란트를 가진 사람에게 주라. 누구든지 가진 사람은 더 받게 되어 풍성하게 가지게 될 것이요, 가진 것이 없는 사람은 그 가진 것마저도 빼앗기게 되리라.** 일시적인 선언이 아닙니다. 자연의 법칙처럼 그 누구도 피할 수 없는 절대적인 선언이지요.

*

하나님과 함께 일하는 동역자가 되려면 그분이 정한 자재를 써야 할 뿐만 아니라 그분의 방식대로 지어야 합니다. 그러나 많은 사람이 이 점을 간과하고 건축을 진행합니다. 우리는 우리의 땀을 흘리는 힘든 노동을 해야 한다고 생각하고 그것이 우리의 역할이라고 단정 짓지만, 하나님의 생각은 우리의 생각과 다릅니다. 바울은 이렇게 말합니다. **유리를 통해 보는 것같이 수건을 벗은 얼굴로 주의 영광을 보는 우리 모두는 주의 영으로 말미암은 것같이 영광에서 영광에 이르는 똑같은 형상으로 변모되느니라.** 우리가 할 일은 보는 겁니다. 우리가 볼 때 주님께서는 경이로운 변화를 일으키시어 주의 영을 통해 우리를 그분과 똑같은 형상으로 변모시키십니다. 여기서 "본다"는 말은 당연히 육신의 눈이 아니라 영적인 눈으로 보이지 않는 것들을 바라본다는 뜻입니다. 우리는 영적인 눈으로 주의 영광을 바라보고 그 영광에서 눈을 떼면 안 됩니다. 주의 영광은 광채나 후광이 아닙니다. 참된 주의 영광은 그분이 어떤 분이신지, 어떤 일을 하시는지, 즉 그분의 성품이 내뿜는 영광입니다. 우리는 이 영광을 바라봐야 합니다.

예시를 들어 보겠습니다. 어떤 사람이 제 기분을 상하게 했고 그 때문에 분노가 치밀어 오른다고 가정해 봅시다. 이럴 때는 어떻게 해야 할까요? 이때도 주님을 바라봐야 합니다. 그리스도를 바라보고 그분의 역사를 생각하며 원수를 향한 그분의 온유와 자비와 사랑을 곱씹으면 그분과 같이 되고 싶은 바람이 차오르게 될 겁니다. 결국, **하나님의 본성에 동참하는 자**가 되겠다는 고백과 함께 분노가 사라지고 원수를 사랑하며 주를 섬기게 되겠지요.

*

말씀 그대로 그리스도를 바라볼 때 그분의 형상으로 변모됩니다. 그분께 더 가까이 다가갈수록 변화는 더 빨라질 겁니다.

포물면 거울이 무엇인지 아나요? 포물면 거울은 오목한 원뿔 모양으로 그 축에 평행하게 입사한 광선을 수차 없이 초점에 모으는 성질을 가지고 있습니다. 그래서 초점에 가까워질수록 빛의 힘은 더욱 강해집니다. 오목한 여러 거울이 완전히 하나가 되어 하나의 초점을 만들어 내면 초점의 힘이 태양 광선의 모든 빛을 집중시켜서 인간의 눈이 지금껏 본 적 없는 것을 볼 수 있게 해주지요. 강한 빛을 멀리까지 내보내기 때문에 이 거울을 이용하면 아주 작은 것들도 볼 수 있고 아주 멀리 있는 것들도 볼 수 있습니다.

여기서 더 나아가 거울의 내부를 들여다볼까요? 거울의 내부에 태양 광선의 열이 충분히 집중되면 철을 16초 만에, 합금을 14초 만에 녹인 뒤 순금속 덩어리만 남길 겁니다.

더 나아가 볼까요? 거울의 내부에 모인 빛으로 사진을 찍으면 거울을 지나쳐간 찰나의 순간을 강렬한 이미지로 남길 수 있습니다.

좀 더 나아가 봅시다. 초점에 가까워지면 빛의 힘이 그만큼 강력하기 때문에 자력이 생길 수 있고 그 빛에 노출된 사물을 강력한 자석으로 만들 수도 있습니다.

이 가정들이 과학적으로 입증 가능한지는 모르겠지만, 적어도 혼의 과정, 곧 영광에서 영광에 이르는 "그분의 형상"으로 변모하는 과정을 보여주는 하나의 비유로 삼을 수는 있습니다.

우선, 거울 안에서 주의 영광을 보면 우리는 우리의 죄와 필요를 드러내는 빛의 초점에 다다르게 됩니다. **그때에 예수께서 다시 그들에게 말씀하시기를 "나는 세상의 빛이라. 나를 따라오는 사람은 결코 어두움 속에 다니지 아니하고 생명의 빛을 얻으리라."고 하시더라.**

주의 영광에 가까이 가면 은의 모든 찌꺼기와 불순물을 불태우는 열의 초점에 이르게 됩니다. 하나님은 정제하는 사람의 불, 재양치는 사람의 비누와 같습니다. **또 그는 은을 정련하고 제련시키는 자같이 앉아서 레위의 아들들을 깨끗게 하고, 그들을 금과 은처럼 깨끗게 하여 그들로 의로운 제물을 주께 드리게 하리라.**

주의 영광에 더 가까이 가면 사진의 초점에 다다르게 됩니다. 이 초점에 이르면 그리스도의 형상이 우리 혼에 잊을 수 없는 잔상을 남기고 우리는 그분 그대로 그분을 봄으로써 그분과 같이 됩니다. **우리가 어떻게 될 것인지는 아직 나타나지 아니하였으나 그가 나타나시면 우리가 그와 같이 되리라는 것을 아노니, 이는 우리가 그분 그대로 그분을 볼 것이기 때문이라.**

이보다 더 가까이 가면 자석의 초점에 이르게 됩니다. 그곳에서는 우리의 성품이 그리스도와 완전히 일치하는데, 그렇게 되면 하늘에 있는 아버지를 찬양할 수밖에 없습니다.

그리스도의 형상과 일치하려면 그분께 더 가까이, 더욱

가까이 가야 합니다. 또한, 그분의 성품과 길을 더 많이 알고 그분의 눈을 통해 모든 일을 바라보며 그분의 기준으로 모든 일을 판단해야 합니다.

이 일치는 투쟁이나 노력을 통해 이루어지지 않습니다. 그저 동화되는 거지요. 자연의 순리에 따르면 우리는 우리가 어울리는 집단을 닮아가고 더 강한 사람이 우위를 차지하며 나머지는 그를 따라갑니다. 거룩한 법 역시 그 어떤 제약도 받지 않는 가장 높은 곳에서는 자연의 법칙과 유사한 모습을 보입니다. 고로, 우리가 그리스도와 영적인 연합을 통해 그분과 같이 된다는 건 당연한 진리입니다.

다시 한번 더 말하지만, 우리의 노력이 아무리 열렬하다 해도 그리스도와의 연합은 그런 노력으로 이루어지지 않습니다. 그리스도께서는 "우리의 믿음을 통해" 우리 **마음속에 거하십니다**. 이 외에 다른 방도는 없지요. 바울은 이렇게 말합니다. **내가 그리스도와 함께 십자가에 못 박혀 있으나 그럼에도 나는 살아 있노라. 그러나 내가 사는 것이 아니요, 그리스도께서 내 안에 사시는 것이라. 내가 이제 육신 안에서 사는 삶은 나를 사랑하시어 나를 위해 자신을 주신 하나님의 아들을 믿는 믿음으로 사는 것이라.**

그리스도께서 내 안에 사시는 것이라. 우리가 그분과 같이 될 수 있는 비결이 바로 여기에 있습니다. 그리스도께서 우리 안에 사시면 그분의 생명이 죽어 없어질 육신에 나타나게 되고 우리는 영광에서 영광에 이르는 그분의 형상으로 변모하게 됩니다.

　우리 주님께서도 이 점을 강조하여 가르치십니다. **내 안에 거하라. 그러면 나도 너희 안에 거하리라. 가지가 포도나무에 붙어 있지 아니하면 스스로 열매를 맺을 수 없듯이 너희도 내 안에 거하지 아니하면 역시 그렇게 되리라. 나는 포도나무요, 너희는 그 가지들이라. 그가 내 안에 내가 그 안에 거하면 그 사람은 많은 열매를 맺느니라. 이는 나를 떠나서는, 너희가 아무것도 할 수 없기 때문이라.**
　진정 진리의 말씀입니다. 우리가 그분 안에 거하고 그분이 우리 안에 거하면 풍성한 열매를 맺을 수밖에 없습니다. 당연한 이치이지요.

　그러나 그리스도 안에는 옛 사람을 데리고 들어올 수 없습니다. 주 예수 그리스도를 입기 전에는 반드시 옛 사람과 그의 행위를 벗어 버려야 합니다. 사도는 골로새에 있는 그리스도인들에게 거룩한 삶을 살라고 권고하면서 이 점을 강조합니다. **서로 거짓말하지 말라. 너희가 그 행위와 함께 옛 사람을 벗어 버리고 그를 창조하신 분의 형상을 따라 지식 안에서 새롭게 된 새 사람을 입었으니**

　그리스도께서 들어오시는 순간, 죄는 사라집니다. 그분

의 뜻과 반대되는 것들을 따르지 않겠다는 각오가 없으면 그분을 받아들일 수 없습니다. 새 사람을 입기 위해서는 옛 사람을 벗어 버려야 합니다. 단, 옛 사람을 벗을 때도, 새 사람을 입을 때도 믿음으로 해야 합니다. 믿음 없이는 이 일을 해낼 수 없습니다. 이전에도 말했다시피, 우리는 자아에서 나온 자만, 자존심, 뜻을 버리고 그리스도 안으로 들어가야 합니다. 또한, 우리 자신을 옛 사람에 대해 죽은 자로, 하나님께만 살아있는 자로 여겨야 하지요. **너희도 너희 자신을 정녕 죄에게 죽은 자요, 예수 그리스도 우리 주로 말미암아 하나님께는 산 자로 여기라. 또 너희 지체를 불의의 병기로 죄에게 내어주지 말고 다만 너희 자신을 죽은 자들로부터 살아난 자들처럼 하나님께 드리며 너희 지체를 의의 병기로 하나님께 드리라.**

*

믿음의 법도 이와 같습니다. 죄의 용서를 가져올 뿐만 아니라 그리스도와의 연합을 이끌어 오지요. 믿음의 법을 이해하지 못한 사람들에게는 믿음의 법이 마치 중력의 법칙을 발견하기 이전에 중력의 신비처럼 불가사의한 일로 보이겠지만, 믿음의 법을 이해한 사람들에게는 믿음의 법이 중력의 법칙처럼 확실하게 작용하고 그에 따른 결과도 분명합니다. 히브리서 7장을 읽어보면 믿음이 모든 걸 관장하는 힘이라는 사실을 알 수 있습니다. 저는 믿음이 우주의 창조적인 힘이자 낮은 것들을 관장하는 높은 힘이라고 생각합니다. 또한, 기적으로 보이는 일들 역시 믿음, 즉 상위에서 관장하는 법의 작용이라고 생각합니다.

믿음은 창조의 법칙입니다. **믿음으로 우리는 세상들이 하나님의 말씀으로 지어진 것을 깨닫나니 보이는 것들은 나타나는 것들로 된 것이 아니니라.** 성경은 이렇게 말합니다. **하나님께서 말씀하시니 그것이 이루어졌고 그가 명령하시니 그것이 확고히 섰도다.** 우리 주님께서는 믿음이 있다면 우리도 그와 같이 할 수 있다고 말씀하십니다. **예수께서 대답하여 그들에게 말씀하시기를 "하나님을 믿으라. 진실로 내가 너희에게 말하노니, 누구든지 이 산더러 '옮겨져 바다에 빠지라.'고 말하고 그의 마음에 의심하지 않으며 그가 말한 것들이 이루어지리라고 믿으면 말한 것은 무엇이든지 이루어지리라. 그러므로 내가 너희에게 말하노니, 너희가 기도할 때에 바라는 것들은 무엇이나 받은 것으로 믿으라. 그리하면 너희 것이 되리라."고 하시더라.**

믿음은 전에 없던 것을 있게 만듭니다. 고로, 눈에 띄는 변화를 볼 수 없을지라도 믿음으로 기만의 욕망에 따라 썩어진 옛 사람을 벗어 버리고 하나님을 따라 의와 참된 거룩함 안에서 창조된 새 사람을 입을 때 믿음이 이 모든 일을 완수

합니다. 교리적으로 이 일에 대해 설명할 수는 없지만, 저는 이 진리가 실제라고 믿습니다. 적어도 옛 사람의 삶을 버리고 자신을 주님의 손에 완전히 드리며 주님 안에 있는 자신의 존재를 발견하고 그분의 선한 기쁨에 따라 뜻을 두고 행하는 혼에는 믿음의 법이 현실이지요.

바울은 에베소 사람들을 위해 **믿음으로 그리스도가 너희 마음속에 거하게 하시며**라고 기도했습니다. 이것이 바로 그분의 형상과 일치하는 비결입니다. 그리스도께서 우리 마음속에 거하시면 우리는 그분과 같이 됩니다. 무정하고 성급하고 부정하고 이기적인 모습이 아니라 아버지의 뜻에 따른 온유, 친절, 따뜻한 동정, 순종이 매일의 행동과 말속에 나타나게 되는 거지요.

물론, 그리스도께서 나타나셔서 우리가 **그분 그대로 그분을** 보기 전까지 완전히 그분의 형상으로 변모될 수는 없지만, 그동안은 우리 믿음에 따라 예수님의 생명이 **우리의 죽을 육신에 나타날** 겁니다. 독자 여러분, 지금 예수님의 생명이 여러분의 죽을 육신에 나타나고 있나요? 여러분은 그리스도의 **형상과 일치**했나요? 사람들이 여러분 안에서 그분의 모습을 엿볼 수 있나요?

한번은 감리교 목사님의 사모가 아들과 있었던 일화를 들려주었습니다. 사건의 발단은 부부가 새로운 곳으로 이사 갔을 때입니다. 이사 온 첫날, 어린 아들은 밖으로 놀러 갔다 와서는 무척 신나서 이렇게 말했습니다. "엄마, 정말 착하고 사랑스러운 소녀를 만났어요. 우리 또 이사 가지 말고 여기 계속 살아요!"

다정한 어머니였던 사모는 아이의 행복한 얼굴에 기뻐했습니다. "좋은 친구를 만나서 다행이구나, 그 아이의 이름은 뭐니?"

생각지도 못한 질문에 아이는 갑자기 진지해지더니 "아, 이름이 예수님이었던 거 같아요."라고 대답했습니다.

아이의 대답에 사모는 너무 놀라 소리쳤습니다. "프랭크! 그게 무슨 소리니?"

아이는 쭈뼛거렸습니다. "실은 그 애가 너무 사랑스러워서 예수님이라고 말한 거예요. 그 이름 말고는 뭐라고 불러야 할지 모르겠어요."

우리의 삶도 이 소녀처럼 그리스도와 똑 닮았나요? 누군가 여러분을 보고 예수님을 떠올릴 만큼 그분을 닮아 있나요? 우리는 그리스도와 함께 하는 사람들입니다. 우리 주변 사람들은 우리를 통해 그분을 볼 수 있는 특권을 가지고 있지요. 여러분의 주변 사람들이 그런 특권을 갖고 있나요? 혹시 그리스도와 정반대되는 본성만 내뿜고 있지는 않나요? 주변 사람들로부터 어떤 평판을 얻고 있나요? 불안하고 화가

들끓는 모습 때문에 주님과 정반대되는 평판을 듣고 있지는
않나요?

*

바울은 우리가 **그리스도의 편지**라고 밝히면서 **잉크로 쓴
것이 아니라 살아 계신 하나님의 영으로 쓴 것이며 돌판에 쓴
것이 아니라 육신의 마음판에 쓴 것이라고** 말합니다. 확신하
건대, 전 세계에 있는 하나님의 자녀가 모두 **그리스도의 편
지**가 되려 한다면 한 달도 채 되지 않아 교회에는 인간의 본
성을 거룩한 본성으로 바꾸어 놓은 신앙을 궁금해하는 사람
들로 인산인해를 이룰 겁니다.

세상에는 그리스도를 믿는 신앙, 그 신앙의 실체를 믿지
않는 사람들이 수두룩합니다. 명백한 사실이 아니고서는 이
들의 마음을 돌릴 수 없습니다. 우리는 변화된 삶으로 명백
한 사실을 보여 주어야 합니다. 한때는 성미 급했던 사람이
지금은 온화한 성품을 드러내고, 한때는 오만했던 사람이 지
금은 겸손한 사람이 되어 남들을 존중하고, 한때는 시도 때
도 없이 불안해했던 사람이 지금은 평온해지는 거지요. 그리
스도를 통해 변화된 삶은 세상 사람들에게 깊은 인상을 남길
겁니다.

각고의 노력 끝에 성실하다는 평판을 쌓은 사람일지라도 성마른 기질과 독설로 나쁜 평판을 얻을 수 있습니다. 그러나 그 누구도 이해할 수 없는 변화가 찾아오면 폭력적이고 날카로웠던 기질과 말본새가 단번에 다정하고 부드러워집니다. 이를 목격한 친구들은 깜짝 놀라 무엇이 그를 바꾸어 놓았는지, 혹시 신앙을 가져서 그렇게 된 건지 물을 겁니다. 그러면 그 사람은 이렇게 답하겠지요. "아니야, 내 신앙이 나를 바꾼 게 아니라 그 신앙이 나를 바꾸도록 내가 나 자신을 맡긴 거야."

우리 신앙이 우리를 얼마만큼 변화시켜 놓았나요?
기독교를 신앙으로 삼고, 기도 모임에 나가고, 교회 일에 참여하는 건 어려운 일이 아니지만, 매일의 신앙을 지키는 건 또 다른 문제입니다. "효도"는 그리스도인에게 매우 중요한 일이지만, 정작 이 말씀을 지키는 사람은 거의 없습니다. 뿐만 아니라 세상 "사람들에게 보이려"고 자기 의를 행하는 사람들도 막상 부모에게 효도하거나 가정에 충실하지는 않습니다. 제가 아는 사람도 이런 부류였습니다. 그는 매주 기도 모임에서 강력한 기도로 청중에게 강렬한 인상을 주고 자신의 독실한 신앙을 강조했지만, 아내와 자녀들에게는 성질을 참지 못하고 악을 썼습니다. 집안사람들은 그가 두려워 단 한마디도 하지 못했지요.

또 네가 기도할 때에 위선자들같이 되지 말라. 그들은 사람들에게 보이려고 회당과 길모퉁이에 서서 기도하기를 좋아하느니라. 진실로 내가 너희에게 말하노니, 그들은 그들의 상을 받은 것이니라. 참으로 중요한 말씀입니다. 사람들에게 보이려고 한 일은 그것이 전부입니다. 그런 의에는 결코 그리스도의 형상이 나타날 수 없습니다. 그리스도의 형상과 일치한 사람은 매일 닥치는 시련을 힘차게 이겨내고 본성을 건드리는 도발에 인내하며 악을 선으로 갚고 가정 안에서 발생하는 크고 작은 마찰에 온화하게 대처하며 오래 참고 친절하며 시기하지 않고 자랑하지 않으며 교만하지 않고 자신의 유익을 추구하지 않으며 급히 성내지 않고 악을 생각하지 않으며 모든 것을 참고 모든 것을 믿으며 모든 것을 바라고 모든 것을 견뎌 냅니다. 그리스도의 형상과 일치한다는 말은 바로 이런 뜻입니다! 이와 같은 의를 알고 있나요?

우리는 종종 교회 예배, 헌신, 여러 사역을 뜻하는 "신앙의 의무"에 관해 이야기합니다. 그러나 그 어떤 것보다도 중요한 "신앙의 의무", 곧 매일 그리스도의 형상과 일치하여 행하고 말해야 한다는 의무는 쉽게 간과하고 잊어버립니다.

서기관들과 바리새인들의 의는 화려한 언변과 의례적인 의식의 의였고 세상 사람들에게 종종 인상을 남기기도 했지만, 그것이 전부였습니다. 우리 주님께서는 이들의 의를 보고 이렇게 질책하십니다. 위선자인 서기관들과 바리새인들아, 너희에게 화 있으리라! 이는 너희가 박하와 아니스와 커민의 십일조는 바치면서 율법과 공의와 자비와 믿음의 더 중요한 것을 빠뜨렸기 때문이라. 너희는 이것들도 마땅히 행하고 또 저것들도 저버리지 말아야 하리라. 위선자인 서기관들과 바리새인들아, 너희에게 화 있으리라! 이는 너희가 회칠한 무덤들과 같음이라. 그것들은 실로 겉으로는 아름답게 보이나 안에는 죽은 사람의 뼈와 모든 더러운 것으로 가득 차 있도다. 이와 같이 너희도 겉으로는 사람들에게 의롭게 보이나 속에는 위선과 불법으로 가득 차 있도다.

신앙생활의 아름다운 것들에 관해 이야기하는 건 쉽지만, 그리스도의 형상을 입는 것, 그분과 같이 되는 건 완전히 별개의 문제입니다. 제가 알던 주일 학교 선생님은 주님께 모든 걸 맡기고 시련의 때에 그분을 신뢰하라고 학생들에게 가르쳤으면서도 정작 자신에게 시련이 닥쳤을 때 완전히 무너져 내리고 말았습니다. 학생들은 시련에 무너진 선생님의 모습을 보고 놀랄 수밖에 없었지요. 그녀는 하나님을 믿지 못하고 그분의 사랑과 선을 신뢰하지 않는 사람처럼 덜덜 떨고 짜증을 내며 걱정하고 불평했습니다. 그녀의 모습은 이전의 가르침을 통해 아이들의 마음 밭에 뿌려졌던 모든 선을 망치는 "본보기"가 되었습니다. 그 모든 모습을 관찰하던 학생 하나가 제게 와서 의기양양하게 말했습니다. "사실, 저는 선생님이 '모든 일에 주님을 신뢰하는 법'에 관해 설명하실 때 믿지 않았어요. 지금 보니 그럴듯하기만 했지 완전히 틀린 말이었네요. 선생님도 막상 일이 닥치니까 완전히 다른 사람이 되셨잖아요?"

성미 급한 그리스도인, 불안한 그리스도인, 낙심하여 침울한 그리스도인, 의심하는 그리스도인, 불평하는 그리스도인, 가혹한 그리스도인, 이기적이고 무자비하며 무정한 그리스도인, 방종한 그리스도인, 냉소적인 영으로 독설을 날리는 그리스도인, 간단히 말하면 그리스도와 같지 않은 그리스도인은 아무리 경건한 말을 내뱉는다 해도 허공에 흩어져 사라질 뿐입니다. 그리고 그 말을 듣는 청중 역시 단번에 그의 상태를 알아차릴 겁니다. 필연적인 결과이지요. 사랑하는 사람이 주를 신뢰하기를 바란다면 우리가 고난의 때에 어떻게 주를 신뢰하는지, 그 모습을 보여 주어야 합니다. 많은 말로는 설득할 수 없습니다. 설교한 대로, 기도한 대로 살지 않으면 오랜 시간 기도해도, 소리 높여 설교해도 소용없습니다. 집안에 어떤 변화도 일으킬 수 없지요.

어떤 그리스도인들은 모임 참석, 구제 사역 등과 같은 외적인 신앙의 의무가 성경이 말하는 열매를 낼 거라고 생각합니다. 그러나 성경은 이런 외적인 신앙을 성령의 열매로 언급하지 않고 오히려 사랑, 기쁨, 화평, 오래 참음, 친절, 선,

믿음, 온유, 절제가 성령의 열매라고 말합니다. 그리스도께서 내주하심으로써 맺은 열매가 바로 그리스도와 같은 성품입니다. 다른 것들은 그 성품의 결과이지요. 다른 무엇보다도 그리스도와 같은 성품이 우선입니다. 성품이 갖춰지지 않은 체하는 일들은 전부 속이 빈 껍데기일 뿐입니다. 한 작가는 이런 말을 남겼습니다. "사람은 자기 성품보다 더 나은 사람이 될 수 없다. 자기 성품보다 더 나은 성품을 구현할 수도 없다. 성품이 없다면 사람에게서는 그 어떤 가치 있는 것도 나올 수 없다. 설교, 시, 사진, 책 등 모든 것의 배후에는 성품이 있다. 성품 없이는 그 어떤 것도 가치가 없다."

그리스도의 형상과 일치하기 위해서는 **하나님의 본성에 동참하는** 자가 되어야 합니다. 하나님의 본성은 하나님 그분 자체를 나타내 보입니다. 이 본성에 동참하게 되면 우리의 가치관, 소망, 목적이 그리스도와 같이 변하게 될 뿐만 아니라 우리의 눈도 그분의 눈과 같이 변하여 그분이 보는 것을 보게 될 겁니다. 이는 거룩한 본성의 필연적인 결과입니다. 하나님의 본성이 나타나는 곳에서는 그분이 그분 그대로 드러납니다. 만약 우리 안에서 거룩한 본성이, 하나님이 나타나지 않았다면 우리는 아직 하나님의 본성에 동참하지 않은 겁니다. 그렇게 결론지을 수밖에 없지요.

하나님의 본성에 참여하는 자가 되려면 우리의 헛된 노력을 그만두고 믿음으로 그리스도를 입어야 합니다. 그리고 그분이 우리 안에서 살고 역사하시도록 우리를 맡기고 그분의 선한 기쁨에 따라 뜻을 두고 행해야 합니다. 여러분은 믿음으로 그리스도를 입는 순간, 믿음이 이 모든 일을 이룰 거라는 사실을 믿나요?

저는 이 질문에 단호히 답할 겁니다. "네, 저는 그렇게 믿습니다." 우리 자신을 하나님께 완전히 맡기면 그분께서 우리 안에 거하시고 그분 자체가 우리의 생명이 되리라고 믿습니다. 우리는 우리 모든 생애, 생각부터 말, 매일의 행동, 앉고 서는 것까지 그분께 맡겨야 합니다. 믿음으로 우리 자신을 버리고 그리스도 안에 들어가서 그분 안에 거해야 합니다. 믿음으로 이 모든 일을 해야 합니다. 믿음으로 옛 사람을 벗고 믿음으로 새 사람을 입어야 합니다. 그리스도께서 우리 안에서 살아 계신다는 사실을 믿음으로 인지하고 우리 자신의 일은 그만두어야 합니다. 그분이 우리 안에서 역사하시도록 그분의 선한 기쁨에 따라 뜻을 두고 행해야 합니다. 여러분의 마음을 그리스도로 가득 채우세요. 살아계신, 사랑스러운, 영광스러운 그리스도, 우리를 거처로 삼고 우리 안에 군림하며 **만물을 자신에게 복종시키는** 분이 바로 그분입니다. **그러므로 누구든지 그리스도 안에 있으면 새로운 피조물이라. 옛 것들은 지나갔으니, 보라, 모든 것이 새롭게 되었도다.**

주님께서 설교하시는 순간, 그리스도의 형상은 더 이상

비유적인 표현이 아니라 현실이 되었습니다. 주님은 제자들에게 이렇게 말씀하셨습니다. **그러므로 하늘에 계신 너희 아버지께서 온전하심같이 너희도 온전하라.** 주님께서는 그분의 말씀대로 그분의 형상과 일치하게 하시려고 우리를 예정하셨습니다. 히브리서에서는 이 일에 관해 이렇게 설명합니다. **이제 양들의 큰 목자이신 우리 주 예수를 죽은 자들로부터 다시 이끌어 내신 평강의 하나님께서 영원한 언약의 피를 통하여 모든 선한 일에 너희를 온전케 하사 그의 뜻을 행하게 하시고 예수 그리스도를 통하여 그분이 보시기에 참으로 기쁨이 되는 것을 너희 안에서 이루시기를 원하노라. 영광이 그분께 영원무궁토록 있을지어다. 아멘.**

우리의 수고나 역사가 아니라 하나님의 역사가, 창조물을 향한 하나님의 뜻이 이 모든 일을 완수할 겁니다. 눈으로 보기에는 우리가 아직 그리스도의 형상과 일치하지 않은 것 같아도, 변화가 일어나지 않은 것 같아도 초조해하지 마세요. 우리 창조주께서 우리를 다듬고 완성하실 겁니다. 머지않아 창세기 때부터 시작된 일이 요한계시록에서 마무리될 겁니다. 기억하세요. 그 날이 이르면 우리를 포함한 모든 창조물이 부패의 속박에서 벗어나 하나님의 자녀들의 영광스러운 자유를 누리게 될 겁니다.

모든 창조물이
이제까지 함께 신음하며 고통받는 것을 우리가 아노니
그들뿐만 아니라 성령의 첫열매들을 가진 우리까지도
속으로 신음하며 양자 되는 것,
곧 우리 몸의 구속을 기다리고 있느니라.

내 혼아, 너는 하나님만 기다리라.
나의 기대가 그로부터 오는도다.
오직 그만이 나의 반석이시며 나의 구원이시라.
그는 나의 요새시니 내가 요동치 아니하리로다.
나의 구원과 나의 영광이 하나님께 있으며
내 힘의 반석과 내 피난처도 하나님께 있도다.

하나님으로 충분하다

God is enough

16

 드디어 마지막이자 가장 중요한 과를 맞이하는군요. 모든 혼은 하나님으로 충분하다는 사실을 배워야 합니다. 이것이 하나님께서 우리를 다루면서 가르치고자 하시는 교훈이고 그리스도인 생애에서 얻을 수 있는 최고의 발견입니다. 하나님으로 충분합니다!

 지금까지 이 책을 통해 주 예수 그리스도 안에서 우리에게 나타난 하나님의 성품과 길을 살펴보았고 우리의 문제점에 대해서도 다루었습니다. 끝으로, 저는 이 마지막 과가 모든 문제의 결론이라고 생각합니다.

 우리가 성경을 통해 본 그분이 진정 하나님이라면, 그분이 진정 **모든 위로의 하나님**이라면, 우리의 목자라면, 우리의 아버지라면, 우리가 공부했던 그분의 성품과 길이 정말 사실이라면 우리는 그분만으로 만족하고, 그분 안에서 완벽히 쉴 수 있습니다. 이 모든 진리를 확실히 확신할 수 있습니다.

대부분의 그리스도인이 아래 찬송가 가사를 습관처럼 입에 담습니다.

> 오 그리스도, 내가 바라는 모든 전부라.
> 그분 안에서 내가 바라는 것 그 이상을 발견하네.

과연 우리 모두가 이 가사를 실제 삶에서도 증명해 보이고 있을까요? 그리스도께서는 우리가 바라는 전부가 되지 못하셨습니다. 우리는 그분 이외에 다른 것들을 원했습니다. 하나님 그분 자체가 아니라 그분을 향한 강렬한 감정, 그분의 임재를 알아채는 인지능력, 그분의 사랑을 확신케 하는 내적인 계시, 신학적인 만족, 성공적인 사역 등을 원했습니다. 다른 모든 것을 배제하고 그리스도, 그분만으로 만족하지 못했습니다. 심지어 그분만으로 어떻게 충분할 수 있는지, 그 비결조차 알지 못했습니다. 그저 의미 없는 찬송만 되풀이할 뿐이었지요.

시편 저자는 이렇게 말합니다. **내 혼아, 너는 하나님만 기다리라. 나의 기대가 그로부터 오는도다.** 그러나 그리스도인들은 실망스러운 답변을 내놓습니다. "내 혼아, 내 건전한 교리를 기다리라. 나의 기대가 그로부터 오는도다." "내 혼아, 내 선한 성품, 감정, 의로운 업적, 열렬한 기도, 진지한 노력을 기다리라. 나의 기대가 그로부터 오는도다." 하나님만을 기다리는 것을 위험한 도박으로 치부하며 그분만을 기대하는 것을 모래 위에 성을 쌓는 것으로 여깁니다. 이런 그리스도인들은 하나님 외에 다른 많은 것들을 신뢰하다가 그 많은 것들이 전부 사라지고 나서야 비로소 하나님만을 신뢰할 겁니다. 조지 맥도날드는 이런 말을 남겼습니다. "우리는 하나님을 가장 빈약한 최후의 수단으로 여긴다. 더 이상 의지할 곳이 없을 때 그분을 찾아가고 그제야 인생의 폭풍이 우리를 그토록 바랐던 안식처로 이끈다는 진리를 깨닫는다."

하나님 외에 의지했던 것들을 전부 버리고 그분만을 의지하지 않고는 그 어떤 혼도 진정한 안식을 취할 수 없습니다. 우리의 기대가 다른 것들로부터 오는 한 좌절만이 우리를 기다릴 겁니다. 감정은 변화무쌍한 환경에 따라 쉽게 변하고 교리와 신조는 뒤집어질 수 있으며 사역은 실패로 돌아갈 수 있고 기도는 그 열정을 잃을 수 있으며 약속은 좀처럼 손에 잡히지 않을 수도 있습니다. 우리가 믿거나 의지했던 것들은 인생의 폭풍에 휩쓸려 갈 수 있지만, 하나님만은 그 자리에 그대로 남습니다. 오직 하나님만이 휩쓸려 가지 않고 그 자리에 있습니다.

우리는 종종 이렇게 말합니다. "내 상황에 맞는 약속을 받으면 마음 놓고 쉴 수 있을 텐데." 약속 자체가 문제는 아닙니다. 문제는 약속들에 모든 걸 의지하는 순간, 약속들을 멋대로 오용하고 곡해할 가능성이 있다는 겁니다. 뒤틀린 약속은 이루어질 수 없습니다. 결국, 우리는 약속이 우리를 배신했다고 생각하며 낙심하고 말겠지요. 그러나 약속의 배후에 계신 분, 곧 약속하신 분은 약속 그 이상이신 분이며 결코 우리를 실망시키거나 변하지 않으십니다. 어린아이는 어머니로 충분하기 때문에 자기만족을 위해 어머니로부터 약속을 받아낼 필요가 없습니다. 어린아이에게는 수천 가지의 약속보다도 어머니 한 분이 더 소중합니다. 고결한 사랑과 우정에는 약속이 필요하지 않습니다. 진정 단단한 우정이라면 상대가 우리 주님처럼 약속하기를 좋아한다 해도 당사자는 약속과 무관하게 그 상대를 사랑하고 소중히 여깁니다. 성경에서 모든 약속이 없어진다 해도 하나님만은 그 자리에 남을 겁니다. 다시 한번 더 말하지만, 감정, 경험, 선한 일, 건전한 교리 등 무엇을 더하지 않아도 하나님 그분 한 분만으로 충분합니다. **오직 하나님만이 나의 반석이시며 나의 구원이시라. 그는 나의 요새시니 내가 요동치 아니하리로다.**

오해하지 마세요. 감정, 경험, 계시, 선한 일, 건전한 교리가 나쁘다는 뜻이 아닙니다. 우리 모두가 이런 것들을 소유하고 있지만, 이것들은 구원의 결과일 뿐 원인이 될 수는 없습니다. 고로, 이것들에 따라 영적인 상태가 좌지우지되어서는 안 됩니다. 이것들은 우리 건강 상태, 주변 환경, 심지어 날씨에 따라 변하기도 하고 사라지기도 하니까요. 어떤 사람들은 산들바람이 확신이나 기쁨을 조금이라도 흔들면 낙심에 빠져 하나님의 사랑을 신뢰하지 못합니다. 우리는 이런 것들과 관계 없이 하나님이 우리의 구세주라는 사실을 붙들어야 합니다. 우리의 내적인 삶은 개인적인 경험이나 행위 없이도 꽃피우고 번영할 수 있습니다. 사막에 있든지, 기름진 평야에 있든지 하나님은 우리가 바라는 전부입니다. 우리는 하박국 선지자처럼 담대히 고백해야 합니다. **비록 무화과나무가 무성하지 않으며 포도나무들에 열매가 없고 올리브나무의 수고가 헛것이 되고 밭들이 양식을 내지 못하며 우리들에 양 떼가 끊어지고 외양간들에 소 떼가 없을지라도 나는 여전히 주를 기뻐할 것이요, 나는 내 구원의 하나님을 즐거워하리라.**

혼은 이를 위해 지어졌고 하나님 외에 그 어떤 곳에서도 진정한 안식을 취할 수 없습니다. 고로, 하나님께서 우리를 다루시고 다듬으신 이유, 그 모든 이유가 여기에 있습니다. 하박국 선지자의 말처럼 우리로 그분 안에서만 기뻐하고 즐거워하게 하려는 거지요. 물론, 그분의 약속과 계시를 기뻐하는 것도 옳은 일이고 하나님 역시 그것을 기뻐하십니다. 그러나 약속이나 경험이나 계시 없이도 그분만을 신뢰하는 것, 이것이 그리스도인 삶의 핵심입니다. 이 핵심을 알아야 모든 이해를 초월한, 그 무엇도 방해할 수 없는 화평을 깨달을 수 있습니다.

이 개념이 독자 여러분에게는 난해하게 와 닿을 수도 있습니다. 다시 설명하자면 우리가 영적 삶의 부산물들을 영적 삶 그 자체로 여기는 데에 너무 익숙해졌다는 겁니다. 많은 사람이 하나님의 사랑과 보살핌을 확신해야만, 확고한 증거가 있어야만 주님으로 충분하다는 개념을 받아들입니다. 이들에게는 그분 안에서 모든 것을 발견한다는 말도 그분 자체가 아닌, 그분을 향한 우리의 감정과 관점을 찾는다는 뜻입니다. 그래서 하나님을 향한 사랑의 빛을 느끼는 순간에는 그분으로 충분하다고 말하다가도 그 빛이 사라지면 그분 안에서 모든 것을 발견하지 못합니다. 실상 우리를 만족케 했던 것이 주님이 아니라 주님에 관한 우리의 감정이었던 것이지요. 그러나 대부분이 이 사실을 인지하지 못한 채 주님 안에서 어떤 감정도 느껴지지 않으면 흑암 속으로 뛰어듭니다.

물론, 무척이나 어리석은 모습이지만 매우 흔히 나타나는 현상이기도 합니다. 예시를 들면 이해에 도움이 될 겁니다. 자, 한 사내가 범죄 행위로 기소당해 판사 앞에 끌려갔다고 가정해봅시다. 이 순간, 사내에게 중요한 것은 무엇일까요? 판사에 대한 자기 감정일까요 아니면 자신을 향한 판사의 감정일까요? 과연 사내는 어떻게 할까요? 자기 감정만 보고 판사가 어떤 사람인지 가늠해볼까요 아니면 판사를 보고 그의 생김새와 말투를 면밀히 관찰하여 관용을 베풀어 줄지 아닐지를 가늠해볼까요? 모든 사람이 같은 답변을 내놓을 겁니다. 판사의 감정과 의견은 중요하지만, 사내의 감정은 이 재판에 그 어떤 영향도 미치지 못합니다. 사내가 아무리 많은 "경험"이 있다 하더라도 소용없습니다. 모든 건 전적으로 판사에게 달려 있지요.

우리는 이것을 자명한 사실이라고 말합니다.

이처럼 상식적으로 이 주제에 접근한다면 주님과 우리의 관계에서 중요한 점이 주님을 향한 우리의 감정이 아니라 우리를 향한 주님의 감정이라는 점을 깨닫게 될 겁니다. 위에 예시를 들었던 사내가 살아남으려면 판사 안에서 자신의 모든 필요를 찾아야 합니다. 그의 만족은 자신이 아닌 자신의 운명을 쥐고 있는 판사로부터 나오니까요. 우리의 만족 역시 바울의 말처럼 하나님께로부터 납니다.

하나님으로 충분하다는 말의 의미도 이와 동일합니다. 우리는 주님 안에서 그분의 성품과 존재뿐만 아니라 우리가 바라는 모든 것을 발견할 수 있습니다. 하나님은 우리의 모든 질문에 답하시고 부르짖음에 응답하십니다. 만일 우리를 구원하신 분께 부족한 것이 있다 해도 우리 힘으로 그 결함을 채울 수는 없습니다. 그러나 그분께는 부족한 것이 없습니다. 고로, 그분은 그분 자체로 충분합니다.

이것이 바로 신앙생활의 불안과 걱정으로부터 영원히 구

원받는 비결입니다. 여러분의 불안과 걱정은 열렬하지만 쓸모없는 노력에서 아지랑이처럼 피어오릅니다. 내가 보기에 올바른 감정, 적절한 열정이나 열성, 영적 문제에 관한 충분한 관심 등 모두 자기 자신에 기반을 둔 것들이지요. 그러나 우리의 혼은 이것들로 결코 만족할 수 없습니다. 이것들에 의존하는 신앙생활은 고통일 뿐입니다.

*

우리는 구원의 시작부터 끝까지 주님만을 신뢰해야 합니다. 그분께서는 **우리가 구하는 것이나 생각하는 모든 것보다 훨씬 풍성하게 행하실 수** 있습니다. 이 점을 알고 깨닫는다면 화평과 위로와 평안이 우리를 관장하고 떠나지 않을 겁니다. 하나님 한 분으로 충분한가 아니면 다른 부속물을 더해야 하는가, 이 질문에 대한 답에 모든 것이 달려 있습니다.

저도 개인적인 경험을 통해서 하나님으로 충분하다는 확신을 갖게 되었습니다. 당시에 제 신앙생활은 여러 의문과 혼란으로 가득했습니다. 전세계에서 저처럼 독특한 어려움을 겪는 그리스도인은 아무도 없을 거 같다는 생각마저 들었지요. 그때 우연히도 신실한 그리스도인이 저희 집 근처에 며칠간 머무르게 되었습니다. 저는 분명 그녀가 제게 깊은 관심을 갖고 큰 도움을 줄 거라고 기대한 채 있는 용기를 다

쥐어짜서 그녀에게 찾아갔고 제 고민을 전부 털어놓았습니다.

그녀는 제 이야기를 가만히 듣기만 하고 참견하지 않았습니다. 제가 이야기를 다 마치자 잠시 침묵이 이어졌습니다. 저는 공감과 이해를 기대했지만, 그녀의 답변은 제 예상을 보기 좋게 빗나가 버렸지요. "그렇군요, 자매님 말이 다 맞을 수도 있어요. 그럼에도 불구하고 하나님이 계세요." 저는 뒷말을 기다렸습니다. 그러나 그게 다였습니다.

저는 당황하며 말을 이었습니다. "그치만 ... 자매님은 지금 제 상황이 얼마나 심각하고 혼란스러운지 이해하지 못하시는 거 같네요."

"아니요, 이해합니다. 다만, 방금 이야기했듯이 하나님이 계세요." 도저히 다른 답변을 유도할 수 없었습니다. 상황이 이렇게 되자 무척이나 실망스럽고 불만족스러웠습니다. 별나고 비참한 제 처지를 "하나님이 계세요."라는 말로 어떻게 단순화해야 할지 이해할 수 없었지요. 하나님이 거기 계시다는 건 저도 알지만, 저는 무언가가 더 필요했습니다. 그래서 스스로 이렇게 결론을 지었습니다. "훌륭한 영적 선생님이라고 명성이 자자하던데 나처럼 독특한 사례는 해결할 수 없나 보군."

그러나 이대로 손 놓고 포기할 수는 없었습니다. 언젠가 그녀가 제 어려움을 이해하고 적절한 도움을 줄 수도 있잖아요? 그래서 저는 틈만 나면 그녀를 찾아가 고충을 토로하고 또 토로했습니다. 결과적으로 아무 소용없었습니다. 무슨 수를 써도 다른 답변을 끌어낼 수 없었습니다. 그녀는 한결같이 "압니다. 그러나 하나님이 계세요."라고 말할 뿐이었지요. 마지막이 되어서야 그 똑같은 답변이 정말 그녀의 최선의 답변이었다는 점을 알게 되었습니다. 그녀는 정말 하나님의 존재를 인류의 창조주와 구세주로, 또 제 존재를 그분의 창조물로서 모든 필요를 공급받는 인류의 구성원으로 믿고 있었습니다. 마침내 그녀의 말이 분명하고 확실하게 들리자 나의 필요에서조차 하나님으로 충분하지 않다면 그분이 과연 만물의 필요를 채우는 창조주가 맞느냐는 생각이 들었습니다. 점점 자매님의 말이 마음에 와닿았습니다. 창조주이자 구세주이신 하나님은 반드시 그분 그대로 충분해야 합니다. 진정 하나님으로 충분하다는 확신이 차올랐고 하나님의 존재 그 자체가 주는 만족에 눈뜨게 되었습니다.

　제 걱정은 순식간에 사라졌습니다. 제가 어리석은 짓을 반복하는 동안에도 저를 지으신 하나님께서는 제 편에 서서 저를 보살피셨습니다. 늘 그 자리에 계셨지요. 자매님의 말을 통해 하나님으로 충분하다는 사실을 깨달았고 제 혼은 안식을 취했습니다.

　자녀에게는 선한 어머니가 전부이듯 하나님의 자녀에게는 하나님이 전부입니다. 여러분도 알다시피 어린아이는 어머니의 존재와 사랑 가운데서 평온한 쉼을 누립니다. 어머니의 존재 자체로 모든 두려움과 걱정들이 사라지지요. 어머니가 어떤 약속을 줄 필요도 없습니다. 약속이나 설명이 없어도 어머니는 존재 자체로 자녀에게 큰 위로를 줍니다.

한때 제게도 어머니가 세상의 전부였던 시절이 있었습니다. 어린 시절 제 어머니는 제 아픈 부위를 전부 치료해 주었기에 저는 어머니가 모든 병을 고칠 수 있다고 믿었습니다. 누군가 제 말을 조롱하고 멸시하면 저는 참지 않고 이렇게 소리쳤지요. "야! 그건 네가 우리 엄마를 몰라서 그래!"

지금도 저는 인생의 폭풍우에 시달린 혼이 하나님으로 충분하지 않다고 말할 때 연민 어린 목소리로 이렇게 말합니다. "아, 그건 당신이 하나님을 몰라서 그런 겁니다! 하나님을 알게 되면 그분이 혼의 모든 병을 치료한다는 사실을 알게 될 거예요. 그분은 존재 자체로 혼에 만족을 주는 만병통치약입니다. 현 상황에 적합한 약속이 없더라도, 내적인 확신을 받지 못했더라도 괜찮습니다. 하나님으로 충분하니까요. 약속하신 분은 약속보다 우위에 있으며 그분의 존재는 열성적인 내적 감정보다도 확실합니다."

아, 마음속 깊은 곳에서부터
오직 하나님의 이름만 부르라.
그리하면 혼을 괴롭히던 모든 불안이
이내 떠나가리라.

*

어떤 사람들은 이렇게 말하기도 합니다. "물론, 의심의 여지 없이 옳은 말씀이지만 확실히 제 상황에 적용할 수 있어야 믿을 수 있을 거 같습니다. 자매님, 저는 보잘것없고 죄 많은 사람입니다. 그래서 이렇게 큰 은혜를 주장할 수 없습니다."

그런 건 이유가 될 수 없습니다. 여러분이 보잘것없는 죄인이기 때문에 오히려 하나님의 은혜를 더욱더 주장해야 합니다. 그것이 우리의 가장 큰 주장인 셈이지요. 어떤 사람의 말처럼 죄인만이 구원을 바라며 구세주의 길에 서서 그를 기다립니다. 성경은 예수 그리스도께 죄인을 구원하기 위해 세상에 오셨다고 말합니다. 그렇습니다. 주님은 의인, 열성적인 사람, 성실한 일꾼이 아니라 죄인을 구원하러 오셨습니다. 그런데 왜 우리는 마땅한 은혜를 주장하지 않고 방해만 되는 것들에 시간과 에너지를 쏟는 걸까요?

우리가 우리 자신, 개인의 경험에 지대한 관심을 갖고 있는 한 주님께 시간과 에너지를 쏟을 수 없습니다. 지극히 당연한 결과지요. 이전에도 언급했듯 우리는 한 번에 하나만 바라볼 수 있습니다. 고로, 스스로에게 초점이 맞추어져 있으면 **하나님을 볼** 수 없습니다. 그분께서 자신을 숨기신 게 아닙니다. 그분께서는 항상 그 자리에 계셨지만, 우리가 다른 곳에 시선을 빼앗겨 그분을 바라보지 않았던 겁니다.

지금까지 우리의 눈은 우리 자신만을 바라보고 있어 내적인 감정과 상태에 관심을 두었습니다. 내가 하나님을 충분히 사랑하고 있나? 내가 성실한가? 하나님을 향한 나의 감정은 어떠한가? 올바른가? 나는 열성적인가? 영적인 필요를 느끼고 있나? 불행의 원인이 바로 여기에 있습니다. 이 질문에 만족스러운 답변을 할 수 없기 때문이지요. 어찌 보면 만족스러운 답변을 내놓지 못하는 게 자비일지도 모릅니다. 오히려 이 질문에 의기양양하게 답한다면 교만과 자기만족으로 콧대만 높아질 겁니다.

하나님을 바라보고 싶다면 질문의 중심이 바뀌어야 합니다. 나를 향한 하나님의 감정은 어떠한가? 그분의 사랑이 충분히 부어졌는가? 그분은 나를 열렬히 바라시는가? 그분은 나의 필요를 충분히 느끼고 계신가? 그분은 나를 향한 뜻을 성실히 이행하시는가? 누군가에게는 이 질문이 무례하게 보일 수도 있습니다. 그러나 그런 사람들은 자기 마음에 의심과 두려움을 품고 있는 겁니다. 이 질문은 되려 그들의 의심과 불안이 불경하다고 꾸짖고 그들의 의심과 직면하게 합니다. 우리는 이 질문에 대한 답을 이미 알고 있습니다. 그 어떤 의심도 이 진리를 막을 수 없습니다. 이 질문을 진심으로 묻고 답한 혼은 하나님으로 충분하다는 사실을 확신하게 될 겁니다.

바울은 이렇게 말합니다. **이는 모든 것이 너희의 것이기 때문이니라. 바울이나, 아폴로나, 게바나, 세상이나, 생명이나 사망이나, 현재의 것들이나 장래의 것들이나, 모든 것이 너희의 것이요, 너희는 그리스도의 것이요, 그리스도는 하나님의 것이로다.** 이보다 더 위로가 되는 말씀이 있을까요? 여러분이 잘나고 가치 있어서가 아니라 그리스도의 것이기 때문에 모든 것이 여러분의 것입니다. 우리가 바라는 모든 것이 그분 안에서 우리의 유산으로 주어졌습니다. 우리는 그저 그 모든 것을 주장하기만 하면 됩니다. 우리 필요나 시련이 클지라도 이 **모든 것**에는 우리가 구하는 것이나 생각하는 것보다 훨씬 더 풍성한 은혜가 담겨 있습니다.

하나님은 그분의 것을 전부 우리에게 주셨습니다. 어머니는 자기 자녀에게 자신의 전부를 내어줍니다. 자녀에게 준 것들이 변한다 할지라도 단 한가지, 어머니만큼은 변하지 않습니다. 어머니가 사는 동안 자녀를 돌보듯 영원하신 하나님께서도 영원토록 자녀를 돌보십니다. 설마 하나님께서 자녀를 돌보지 않으시겠어요? 자녀를 방치하고 무시하는 건 하나님 사전에 있을 수 없는 일입니다. 그분은 모든 걸 아시고 모든 걸 돌보시며 모든 걸 관장하실 수 있고 우리를 사랑하십니다. 그분 외에 더 바랄게 있을까요?

*

　모든 세대를 걸쳐 하나님의 종들은 이 진리를 알았고 하나님으로 충분하다는 사실을 고백했습니다. 욥은 깊은 슬픔과 시련 속에서도 **그분이 나를 죽이실지라도 나는 그분을 신뢰하리라**고 고백했고 다윗은 극심한 고통 속에서도 **정녕, 내가 죽음의 그림자의 골짜기를 지날지라도 악을 두려워하지 않으리니. 하나님은 우리의 피난처요 힘이시며, 고난 중에 나타나시는 도움이시라. 그러므로 땅이 없어지고 산들이 바다 가운데로 옮겨진다 해도 우리가 두려워하지 아니하리니 바닷물이 노호하고 요동할지라도, 바닷물이 불어나서 산들이 흔들릴지라도 우리가 두려워하지 아니하리라. 하나님께서 그 가운데 계시니 그 도성이 흔들리지 아니하리라. 하나님께서 그 도성을 이른 아침에 도우시리로다**라고 고백했습니다.

　바울 역시 수많은 시련 가운데서도 하나님의 사랑을 당당히 고백했습니다. **내가 확신하노니 사망이나 생명이나, 천사들이나 정사들이나 권세들이나 현재의 일들이나 다가올 일들이나 높음이나 깊음이나, 어떤 다른 피조물이라도 우리를 그리스도 예수 우리 주 안에 있는 하나님의 사랑에서 떼어 놓을 수 없으리라.**

　그러니 슬픔에 빠져 의심하는 그리스도인 여러분, 지금까지 배웠던 말씀을 기억하세요. 모든 위로의 하나님을 생각하세요. 욥, 다윗, 바울이 그랬던 것처럼 오직 그분만 바라세요. 그분만이 여러분의 두려움과 불안을 잠재울 수 있습니다. 그분의 존재 자체가 완전한 화평, 모든 필요의 보증입니다. 무엇도 여러분을 하나님의 사랑에서 떼어 놓을 수 없습니다. 사망, 생명, 천사들, 정사들, 권세들, 현재의 일들, 다 가올 일들, 높음, 깊음, 어떤 다른 피조물이라 해도 마찬가지입니다. 말 그대로 그 어떤 것도 그리스도 예수 우리 주 안에 있는 하나님의 사랑에서 여러분을 떼어 놓을 수 없습니다.

이 위대한 선언을 앞에 두고 그 누가 하나님의 사랑을 의심할 수 있을까요? 그분은 우리를 사랑하셔서 우리 곁에 계시고 우리를 도우십니다. 값없는 은혜와 복을 부어주는 이 사랑을 위해 무엇이 필요하던가요? 이미 경험을 통해 알고 있지 않나요? 사랑이신 하나님, 그분이면 족하지 않던가요? 사랑이신 하나님께서는 우리에게 항상 복을 주십니다. 어머니가 자녀에게 그러하듯 멈추실 수 없지요. 우리는 그분께 축복을 구걸할 필요가 없습니다. 우리를 사랑하신 순간부터 축복의 손길을 멈추신 적이 없으시니까요.

우리는 하나님으로 충분합니다! 영원토록 하나님으로 충분합니다. 하나님은 우리의 전부입니다!

가만히 앉아서 하나님을 생각하라.
아, 생각하는 것만으로도 얼마나 즐거운가!
그분을 생각하고, 그분의 이름을 호흡으로 뱉으니
이보다 더 큰 축복이 지상에 있을까!